# 世界と日本をむすぶ

# 「歴史総合」の授業

歴史教育者協議会（歴教協） 編

JN007557

大月書店

# はじめに

　2022 年度から，高校の新科目「歴史総合」の授業が始まります。この新科目について，高等学校学習指導要領（2018 年 3 月告示）は，「世界とその中の日本を広く相互的な視野から捉え，現代的な諸課題の形成に関わる近現代の歴史を理解する」科目としています。

　「歴史総合」を，世界史と日本史を融合した新しい科目であるとか，世界と日本の近現代の歴史を学ぶ初めての科目とみなし期待する声もありますが，その内容が「A 歴史の扉」「B 近代化と私たち」「C 国際秩序の変化や大衆化と私たち」「D グローバル化と私たち」で構成されているため，様々な議論を呼んでいます。近現代の歴史を「近代化」「大衆化」「グローバル化」といった概念でとらえることは，これまでの歴史教育，歴史学にはなかったからです。

　私たち歴史教育者協議会（歴教協）は，戦前の誤った歴史教育が軍国主義やファシズムの支柱となったことを反省して 1949 年に設立され，70 年以上にわたって，生徒を主体とした社会科教育・歴史教育の創造，歴史研究の成果に基づいた創造的な歴史認識・世界史認識の形成を追究してきました。しかし，いま進められている「歴史総合」は，これまでの歴史学や歴史教育の成果をふまえることなく，世界史における日本の近代化と大国化を強調する近現代史になることが危惧されます。

　本書は，学習指導要領を批判的に検討し，歴史教育，歴史研究の成果をふまえて，高校生の歴史認識・世界史認識の形成に役立つ「歴史総合」の授業案を提示しました。現場の教員にとって授業を創るうえでヒントとなり，より深く考察することができるよう工夫しました。授業 1 テーマを 4 ページで構成しています。

　また，激動する世界と日本の近現代史を学びたい人びとにとっても役に立つ内容になっています。「近代化」「大衆化」「グローバル化」の視点だけでは描くことのできない，歴史の変化や発展がわかるような近現代史の叙述に心がけました。本書が学校の教室だけでなく，学習会などでも活用されることを望んでいます。

2020 年 5 月<br>
歴史教育者協議会<br>
本書編集委員会

歴史の扉

# 1 歴史と私たち
## —— 地域の織物製品を調べてみよう

この授業で学ぶこと --------------------------------------------------------------
　身近な地域の産業に着目することにより，地域の歴史が日本・世界とつながることを理解し，なぜ地域の特産品になったのか，その関連性について考えてみる。
--------------------------------------------------------------

## （1）なぜ生糸は国産化されたのだろう

　日本の各地には，「○○織」などと名づけられた，地域に古くから伝わる布地の特産品がある。それらの歴史を調べていくと，日本・世界とのつながりが見えてくる場合が多い。その一つの例として，生糸について見てみよう。

　15世紀初めから16世紀半ば頃までおこなわれていた日明貿易で，中国からの輸入品は銅銭や生糸，絹織物だった。その後，ポルトガル人による南蛮貿易，江戸初期の朱印船貿易でも，主な輸入品は中国の生糸で，日本は銀と交易していた。「鎖国」下の長崎貿易でも，中国からは生糸や絹織物，オランダ商人からも同様に中国やベトナムの生糸を輸入していた。つまり，日本は15世紀から長いあいだ，中国から生糸や絹織物を輸入していたのである。中国の上質の輸入生糸は白糸と呼ばれ，京都の西陣ではこれを織って高級絹織物を生産していたのである。

　なぜこれほどまでに生糸の需要があったかといえば，将軍や大名にとって，絹を持ち，絹を身にまとうことが，彼らの政治的ステータスでもあったからである。このような武家社会のあり方のなかで，中国の生糸や絹織物は長いあいだ輸入品として珍重されてきたのだが，いつから国産の絹織物が生産され，各地に特産品として残るようになったのだろう。

　2007年にユネスコの世界遺産に登録された島根県の石見銀山が，江戸初期の17世紀中頃には銀山としての役割を終えたように，17世紀後半には各地の銀山は枯渇しはじめる。幕府は生糸，絹織物の輸入による金銀の国外流出をくい止める措置を講じたり，銀に替えて銅や俵物と呼ばれた海産物を輸出するように努めた。そして18世紀に入って幕府が国内での生糸生産の奨励策を打ち出した結果，長野・山梨・群馬から東北地方南部にかけて，品質も輸入品に劣らない生糸の生産が広がったのだった。

　金銀の国外流出を抑え，生糸の国内需要をまかなうための幕府の政策という国内事情のために，生糸の国内生産が開始されたのである。蚕を育て繭を生産する養蚕業，繭から糸を取る製糸業が各地に広がり，生産された生糸は京都の西陣に送られるだけでなく，各地域でも絹織物業が広がったのである。19世紀に入りマニュファクチュア生産もおこなわれた桐生・足利の絹織物業は有名である。このような絹の生産拡大の背景には，絹は本来，武士身分が着る衣料だったが，次第に富裕な町人などにも需要が広がっていたことが

あった。こうして各地の特産品としての絹織物業が根づいていったのである。

## （2）幕末の開港時，なぜ生糸がこれほど輸出されたのだろう

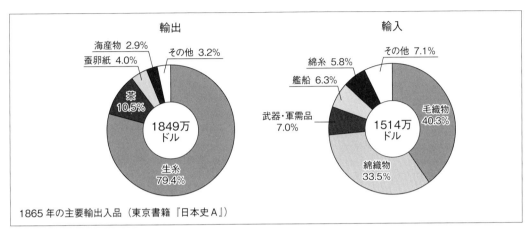

1865年の主要輸出入品（東京書籍『日本史Ａ』）

　上のグラフは，幕末の貿易開始から6年目の1865年の主要輸出入品の割合を示している。まず輸出品に注目してみよう。生糸が約80％と飛びぬけており，次が茶，次が蚕卵紙となっている。蚕卵紙とは，生糸の原料となる繭をつくる蚕の卵（蚕種）が産みつけられた厚紙であり，良質の生糸の生産にとっては重要な原料となるものである。

　18世紀初め頃からの生糸の国産化から約1世紀半，驚くほどの量の生糸が国内生産され，海外への輸出に対応したのである。国内の絹織物業の原料生糸がなくなるほど，なぜ生糸が輸出されたのだろうか。

　この怒涛のような生糸輸出の行き先はヨーロッパだった。19世紀のヨーロッパは，絹の大衆化と，次々と開発される絹の新製品の時代で，その中心地はフランスのリヨンだった。このような，当時のヨーロッパの衣料ファッション事情が，日本の生糸輸出の背景にあったのである。また蚕卵紙の輸出については，当時盛んに養蚕がおこなわれていたフランスで蚕の病気が流行していたために，優良な蚕種が求められていたからであった。

## （3）蕨の「双子織」はなぜ人気を博したのだろう

　輸入品についても見てみよう。毛織物が約40.3％，綿織物が33.5％，綿糸が5.8％と，大半が繊維関係の製品であることが特徴的である。これらの製品が，18世紀後半頃からイギリスで始まった産業革命の主要製品であることは想像がつくだろう。機械で生産されたイギリス製の安価な綿織物は，日本国内の綿織物業を圧迫したとされている。

　塚越村（現在の埼玉県蕨市塚越）は中山道蕨宿近在の農村で，この村の高橋家では19世紀初めから綿織物業を営んでいたのだが，6代目高橋新五郎は開港をきっかけに，次ページのようなストライプ柄の縞木綿「双子織」を開発して，イギリス製綿織物に負けることな

く大いに発展したのである。なぜ，こうしたことができたのだろう。

　イギリスでは17世紀末に軽くて美しいインド綿布（キャラコ，更紗）が輸入されると，熱烈に迎えられたという。この「軽くて美しい」インド綿布への強い需要があり，これに対抗する必要があって，細くて均質な綿糸で織る綿布を生産するために様々な紡織機械が開発されていくのである。これが18世紀半ばからの産業革命の原動力の一つとなっていた。

　実は，19世紀初め「鎖国」下の日本でもインド綿布との出会いは新しい技術革新を呼び起こしていた。インド産の「軽くて美しい」ストライプ柄の縞木綿は長崎貿易で輸入され，「唐桟」<ruby>唐桟<rt>とうざん</rt></ruby>と呼ばれてたちまち人気を博したのだが，庶民には手が出ない高価なものだった。

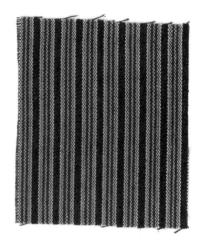

復原された双子織の布

　国産の木綿の性質上，細くて均質な糸をつくるのは難しかったが，なんとか糸や高機<ruby>高機<rt>たかばた</rt></ruby>という織機に工夫を凝らして，この「唐桟」を模した製品を開港前から生産していたのが，武蔵国の入間と高橋家のある北足立地域だった。

　1840年，新五郎は塚越結城や東屋唐桟<ruby>東屋<rt>あづまや</rt></ruby>という「唐桟」を模した新製品を開発して大いに評判となり「関東に冠たる織物屋と称せられ　誰か知らざる者なきが如し」といわれるまでになっていた。また，入間地域での製品は「川越唐桟」と呼ばれて江戸で流行していた。

　写真（下）は，高橋家に伝わる縞帳<ruby>縞帳<rt>しまちょう</rt></ruby>のあるページに貼られたラベルである。縞帳とは，様々な柄の織物の布切れが番号を付けて丁寧に貼りつけられたもので，お客さんの注文を取る際の

縞帳のラベル

カタログのような役割を果たしていたと考えられている。

このラベルのなかに「MANCHESTER」という文字があることがわかるだろう。マンチェスターは，イギリスの産業革命期に綿工業が盛んだった都市である。ここで生産された綿糸を使って織ったということで貼りつけたのだろう。

1860年，新五郎は横浜に行き，イギリス製綿糸を購入し，これを使って開発した製品が，美しく華麗な「双子織」と呼ばれる綿織物になったのである。イギリス製綿糸は，ミュール紡績機で生産された細くて均質な製品だった。「唐桟」を模した製品の生産技術と，機械紡績による綿糸の導入によって「軽くて美しい」縞木綿を生産することができたのである。

その後，「双子織」は江戸市中でも販売され，明治に入り「埼玉双子」「東京双子」とも称され，広く全国に行きわたり，評判になるのである。高橋新五郎は，産業革命という世界史的な歴史のなかで生み出された製品を，日本国内の産業に取り入れることによって，人気を博する新製品を開発したのである。

---

**探究活動**

地域に古くから伝わる特産の絹織物や綿織物が，いつ頃から生産されたものか，またその歴史的背景について調べてみよう。

◆京都を除けば，18世紀以降の江戸時代が多いだろう。当時の海外交易との関係，幕府の産業政策との関連について調べてみよう。

---

**授業づくりのポイント** --------------------------------------------------

● 「歴史総合」の導入として位置づける学習なので，中学校の歴史学習をふまえて展開したい。
● 地域の製糸工場や紡績工場の創立年代，働いていた女工の出身地，製品の主な輸出先などを調べることでも，地域と日本・世界のつながりが見えてくるだろう。
● 食品や食生活の変化も，世界とつながる場合が多い。たとえば，長崎貿易でのインドネシア産の砂糖の輸入，日清戦争による台湾植民地化と砂糖生産なども考えられる。
● 地図を活用して，世界とのつながりを空間的にもイメージできるように展開したい。

**参考文献** --------------------------------------------------

青木美智男『日本文化の原型』小学館，2009年
甘粕健・網野善彦ほか編『紡織（講座日本技術の社会史 第3巻）』日本評論社，1983年
田村均「ファッションから見た幕末明治の日本と国際関係」『歴史地理教育』2016年6月号
川越織物市場の会編『川越商都の木綿遺産』さきたま出版会，2012年

（関原正裕）

# 2 歴史の特質と資料

## ——満州事変で国民はなぜ軍の行動を支持したのだろう

この授業で学ぶこと ------------------------------------

　満州事変に関係する新聞，漫画，写真などを史料として活用し，ここから読み取った情報の意味や特色を考察することによって，当時の国民がなぜ軍の行動を支持し，戦争に熱狂していったかを考察する。

------------------------------------------------------------

## （1）柳条湖事件 —— なぜ国民は謀略を見抜けなかったのだろう

　教科書にもあるとおり，1931（昭和6）年9月18日，関東軍は奉天郊外の柳条湖で南満州鉄道（満鉄）の線路を自ら爆破し，これを中国軍のしわざだとして軍事行動を開始した（柳条湖事件）。満州事変の始まりである。その後，この時の関東軍の軍事行動の正当性を否定するリットン報告書が国際連盟に出されるが，日本政府はこれに反対して1933年に連盟を脱退していく。

　満州事変の開始と国際社会との対立へと突き進む出発点となった柳条湖事件を，なぜ国民は，軍の謀略だと見抜くことができなかったのだろうか。

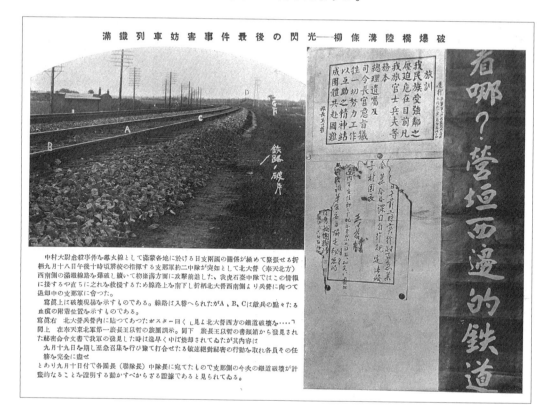

　上の写真は，『満蒙事変写真帳』（1932年1月発行）に掲載されていた写真で，中国軍に

よる鉄道爆破であることを証明するものであると説明されている。左側の鉄道線路の写真のA，B，C地点には点々と血痕が付着し，北方300メートル付近に3人の中国兵の死体があったという。これは，爆発音を聞いて出動した関東軍兵士によって撃たれた中国兵の血痕と死体であろうと説明されている。右側の写真

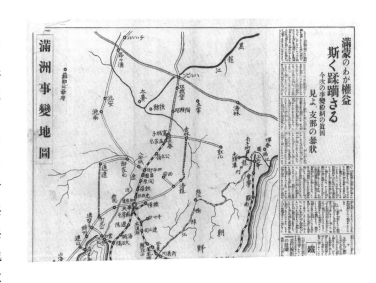

の一部焼かれた紙は，中国軍の書類箱から，半ば焼却された状態で発見された秘密命令文書で，各連隊長に宛てて9月19日をもって鉄道破壊を実行せよと指示したものであるとしている。関東軍は，これだけ手の込んだ謀略を実行していたのだった。

　多くの国民の間には，日露戦争でせっかくロシアから獲得した鉄道，「帝国の生命線」である満蒙の動脈，満鉄を，乱暴に破壊した中国に対する怒りが沸き起こったのである。

　大手の新聞は，こうした国民意識の形成にとって決定的な役割を果たした。上の記事は，当時100万部を超える発行部数を持っていた『東京日日新聞』の1931年9月28日付号外である。見出しには「満蒙のわが権益（けんえき）　斯く蹂躙（じゅうりん）さる　今次の事変紛糾の真因　見よ，支那（しな）の暴状」とある。左に，満州における鉄道路線図が大きく描かれているが，このなかの太い点線で示されている路線が，日本との約束を無視して満鉄に対抗して中国側が敷設（ふせつ）した満鉄平行線だと示している。この他にも多くの「満蒙特殊権益」と呼ばれた日本の権益を中国側が侵害していると書いている。


## （2）国民は当時の国際社会をどう見ていたのだろう

　次ページの漫画は，柳条湖事件から約2週間後の1931年10月4日付の『時事新報』の日曜付録「漫画と読物」に掲載されたものである。『時事新報』は福沢諭吉が1882（明治15）年に創刊した日刊新聞で，1921年から毎週日曜日に色刷りの風刺漫画「時事漫画」が付録として折り込まれ，読者に親しまれていた。漫画の作者は北沢楽天（きたざわらくてん）で，庶民の生活・風俗，世相，政治などをユーモラスな風刺漫画に表現し，「日本近代漫画の父」とも呼ばれている。

　満州事変開始直後の国際社会と日本の立場を庶民感覚で描いたこの漫画から，当時の国民の国際社会に対する意識を推察することができるだろう。まず，描かれた人物と，手に持っているものを読み取ってみよう。左から「不戦条約」を持つアメリカ人，「連盟理事会」を持つイギリス人と想定される人物，「国家の自衛権」という刀を持つ日本兵，アメ

リカ人・イギリス人の足下から日本兵を小馬鹿にする中国人などである。

柳条湖事件から3日後の9月21日，中国国民政府は事件を国際連盟に提訴した。イギリス・アメリカは自国の世界恐慌の対応で日中の軍事衝突どころではなかったので，当初は日本に対し宥和的であった。しかし，連盟理事会は日中両国政府に，事件の不拡大と両国軍隊の即時撤兵を通告した。アメリカ政府も同様の通牒を，日中両国政府に送っていた。

漫画の右下に，この絵の題名と思われる一文「列国の蔭にかくれて吠える支那」がある。これは，国際連盟に提訴した中国を嘲笑している言葉だろう。「国家の自衛権」と書かれた軍刀を手に堂々と胸を張る日本兵，「不戦条約」を手にするアメリカ人と「連盟理事会」を手にするイギリス人，そしてその足下に隠れて小さくなっている中国人。アメリカ人・イギリス人の足下に隠れる中国人を明らかに蔑視し，その中国を擁護する米英を中心とした国際社会に対して「国家の自衛権」を掲げて堂々と立ち向かう日本，という構図で描かれている。

満州の日本の権益を侵害する卑怯な中国人をかばうイギリス・アメリカ，その大義名分になっているのが国際連盟であり，パリ不戦条約である，という捉え方である。第一次世界大戦後のワシントン体制のもとで米英協調路線をとってきた幣原喜重郎外相の外交路線を真っ向から否定し，「自衛」の名のもとの武力行使により中国における自国の権益を確保することを主張しているのである。

＊　パリ不戦条約（1928年）は，戦争を違法とし「戦争放棄」を定めた国際条約で，アメリカとフランスが提起し15ヵ国が調印（後に63ヵ国）した。日本も，第1条の「人民の名に於いて」という部分は「国体」に合致しないという理由で保留したものの，条約を批准している。

## （3）歌や演劇は戦争とどのように関わったのだろう

柳条湖事件以後，多くの新聞やラジオは関東軍の行動を支持し，排外熱を煽る報道に明け暮れる。「正義の前に支那軍殆ど壊滅」（『名古屋新聞』1931年9月20日），「悪鬼の如き支那暴兵！　我軍出動遂に掃蕩」（『東京日日新聞』1931年10月15日）などの見出しが躍り，各社は大々的に慰問金の募集を呼びかけた。

また，1932年1月の第一次上海事変のなかで3人の兵士が作戦のなかで戦死したこと

が，爆雷とともに敵陣に突撃した話として，美談に仕立て上げられた。これは「肉弾三勇士」と名づけられ，歌や映画・演劇にもなって，国民の戦争熱はますます高まっていった。下は，当時大流行した「肉弾三勇士」の歌のレコードジャケットである。他にも何種類かの歌がつくられたが，与謝野寛作詞，戸山軍楽隊作曲の作品が最もはやった。

肉弾三勇士の歌の歌詞
1番　廟行鎮の，夜は明けて　残月西に，傾けば
　　　時こそ今と，決死隊　敵陣深く，潜入す
2番　あの塹壕を，破らずば　わが工兵の，恥ぢなるぞ
　　　任務は重し，国の為　捨つるは易し，この生命

このように，歌や演劇などの芸能活動も，国民の戦争支持を高めていくうえで大きな役割を果たしたのである。

探究活動
満州事変において，当時の新聞・ラジオ・漫画・雑誌，さらに歌・映画・演劇までが，国民を戦争に動員していくために重要な役割を果たしていたことがわかるだろう。しかし，今日から見ると，これらメディアの発信内容には欠落している視点があることにも気づくだろう。どんな点が欠けているのか，みんなで話し合ってみよう。

授業づくりのポイント ----------------------------------------------------
● 写真，新聞，漫画，レコードなどが，当時の庶民の生活を取り巻くメディアだったことを確認しながら展開したい。
● 戦争の遂行のためには，謀略とメディア操作を駆使して，戦争への国民の同意を取りつけることが必要だったことに気づかせたい。
● 実物資料を利用できれば，より生徒を引きつけることができるだろう。

参考文献 ----------------------------------------------------
江口圭一『十五年戦争小史』新版，青木書店，1991年
山田朗編『外交資料　近代日本の膨張と侵略』新日本出版社，1997年
伊香俊哉『満州事変から日中全面戦争へ』吉川弘文館，2007年

（関原正裕）

近代化と世界（近代化と私たち）

# 1 18世紀のアジアと日本

この授業で学ぶこと --------------------------------------------------------------

　19世紀に入るとアジアは，列強による植民地化と，それに対する抵抗という時代を迎える。17世紀の東アジアは激動の時代だったが，18世紀のアジアはどうだったのだろうか。植民地化以前のアジアについて，ここでは日本を含む東アジアについて学習しておきたい。

--------------------------------------------------------------

## （1）「鎖国」の日本 ── 世界のなかの日本の銅

　江戸時代の国際関係の特徴は，長崎・対馬・薩摩・松前という「四つの口」で国際関係が営まれていたことである。貿易は幕府によって統制され，長崎を介したオランダと中国との関係は1715年に出された「正徳新例」（長崎海舶互市新例）によって枠組みが定められ，来航船は年にオランダ船2隻，中国は30隻と限定された。

　輸出品は，江戸初期には銀や金だったが，その後は銅（棹銅）が主体となった。加工された棹銅は輸出品として最も重要なもので，主に大坂で精錬され，オランダ人は江戸参府の帰途，大坂の精錬所を見学するのが恒例だった。世界的に見て銅山がまだ多く開発されていなかった1697年（元禄10年）の銅の生産量は，世界一の約1000万斤（6000トン）といわれ，長崎貿易の輸出量はその半分にも達する状況だった。

　日本銅はヨーロッパにも運ばれているが，オランダはアジア間貿易に力を入れ，長崎で入手した銅を南アジアに回送して，日本向けの商品やヨーロッパ向けの香辛料などの購入資金を得た。南アジアで日本銅の用途は家庭用品など多岐にわたるが，重要な用途は貨幣

---

**探究活動**

長崎における銅の輸出量──グラフから何がわかるだろうか。

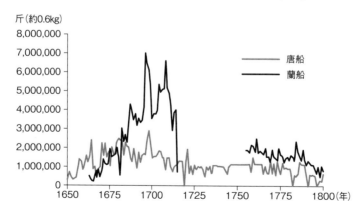

◆長崎での銅輸出量のグラフだが，蘭船のグラフが切れているのは不明の部分。荒野泰典ほか『近世的世界の成熟（日本の対外関係6）』吉川弘文館，2010年

---

鋳造の原料だった。中国に運ばれた銅も大部分は，国内の銅山開発以前の清朝の貨幣鋳造に用いられた。銅は対馬藩によって朝鮮にも輸出されている。日本の銅が，世界経済と大きく関わっていたのである。

## （２）18世紀の中国 —— 清朝とマカートニー使節団

　今日の中国の領域は，18世紀半ばの清朝の最大領域とほぼ重なる。領域だけでなく，中国は社会の仕組みなど，18世紀から多くを継承しているといわれる。清朝の安定と繁栄をもたらした18世紀は，康煕・雍正・乾隆帝の時代にあたる。イギリスは対中国貿易で茶の輸入が増大し，また産業革命を達成したイギリスは中国を市場と考え，毛織物を輸出しようとした。しかし清朝は，伝統的な朝貢貿易の姿勢を変えず，自由貿易を拒否していた。海外貿易は広州一港に限定され，しかも特許商人の組合である公行によって管理され，外国商人の行動には大幅な規制も設けられていた。イギリスは，直接の貿易交渉では受け入れられないので，国王ジョージ3世からの乾隆帝80歳（実際には83歳だった）祝賀を名目に使節団を派遣した。マカートニーは，イギリス最初の中国使節として乾隆帝に直接面談して，通商条約締結の交渉をおこなおうとした。

　1793年9月，使節団は北京北郊の避暑山荘で乾隆帝への謁見を許されたが，清朝はあくまで朝貢使節として扱い，皇帝の前で三跪九叩頭（三回跪き，九回頭を下げる）の礼を求めた。マカートニーはこれを拒否，イギリス流に片膝をついて親書を奉呈することで妥協が成立した。実際にどのような礼がとられたのか，史料では曖昧にされている。目的の条

---

**探究活動**

マカートニー使節団の乾隆帝との謁見——風刺画から考えてみよう。

◆この絵の作者であるジェイムズ・ギルレイは，イギリスの風刺画家である。

約締結については，一切交渉できずに終わった。次いで1816年，イギリスはアマースト
を派遣したが，やはり謁見儀礼で折り合いがつかず，皇帝との面会すらできなかった。


## （3）琉球とアイヌ —— 薩摩藩と松前藩の支配

　かつて貿易で繁栄していた琉球王国は，1609年に薩摩藩に武力制圧され，その支配下
に置かれた。琉球は守るべききまりとして「掟十五条」を認めさせられ，貿易は薩摩藩が
監督することとなった。薩摩は在番奉行を那覇に置き，琉球王国を間接的に支配した。

　薩摩藩の支配を受けつつ，琉球は清朝からの冊封を受けるという二元的な外交体制を
とった。1634年から18回にわたり謝恩使と慶賀使を清国風の装いで江戸に送り，単純
計算では12年に1回の割合になる。清朝への朝貢使節は2年に1回の割合で北京に派遣
された。清朝の冊封体制下の国や民族のなかでは，朝鮮に次ぐ第2位の席次だった。

　薩摩侵攻から約50年後に摂政に就任したのが羽地朝秀である。彼は混迷した琉球を
立て直すために一連の改革にとりくんだ。18世紀には蔡温が羽地の改革路線を継承し，困
窮した農村地域の活性化と，山林資源の確保，王府財政の立て直しなどをおこなった。王
府と薩摩に納める税などを負担しなければならない農民には，厳しい統制がおこなわれた。

---

### 探究活動

「掟十五条」——薩摩藩は琉球をどのように支配したのか，考えてみよう。

1. 薩摩の命令なしで，唐へ誂物（品物の注文）をしてはいけない。
2. 現在官職についていない者には知行をやってはいけない。
3. 女には知行をやってはいけない。
4. 個人で人を奴僕としてはいけない。
5. 諸寺社を多く建立してはいけない。
6. 薩摩の許可がない商人を許してはいけない。
7. 琉球人を買いとり日本へ渡ってはいけない。
8. 年貢，その他の公物は，薩摩の奉行の定めた通りに取納すること。
9. 三司官をさしおいて，他人につくことはいけない。
10. 押し売り押し買いをしてはいけない。
11. 喧嘩口論をしてはいけない。
12. 町人百姓等に定めおかれた諸役のほか，無理非道を申しつける人があったら鹿児島に訴える。
13. 琉球から他領へ貿易船を出してはいけない。
14. 日本の桝以外用いてはいけない。
15. ばくちや人道にはずれたことをしてはいけない。

---

　江戸時代，蝦夷地で松前藩は，家臣に対しアイヌ漁業区域での独占的交易権を与え，そ
の一部を税として納める商場知行制度をとった。やがて交易は商人に任せる場所請負制
と変化し，場所請負商人が実権を握り，アイヌを魚場の労働力として扱った。交易や労働
の実態は，アイヌにとって圧倒的に不利・不当なもので，アイヌ側の武装蜂起につながっ
た。1669年のシャクシャインの蜂起はよく知られ，ロシアの南下を背景に，1789年には
クナシリ・メナシの蜂起が起こっている。

また，中国とアイヌの交易が，樺太を中継地に，サンタン人とおこなわれた。サンタン人とは，アムール川流域下に住んでいた北方民族である。サンタン交易では，アイヌ側は毛皮や鉄器などを，サンタン人側は清国から手に入れた「蝦夷錦」と呼ばれる絹織物などを扱った。また，ロシアとは千島を中心に毛皮などの交易がおこなわれ，18世紀末，ロシアの脅威が迫ってくると，幕府は蝦夷地を直轄領とし，アイヌに対しては日本人化，同化政策がとられるようになった。

## 探究活動

蝦夷錦——どのようにしてアイヌは手に入れたのだろうか。

◆右の絵は，蠣崎波響の「夷酋列像」の一枚である。クナシリ・メナシの蜂起の鎮圧に功のあったアイヌ首長12人が描かれている。蝦夷錦の上にロシア風の赤いマントをまとい，裸足で鑓を手にしているのはイコトイである。蝦夷錦は，松前藩から幕府に献上され，松前藩はアイヌを介して蝦夷錦を手に入れた。そのためアイヌには大きな犠牲が強いられていたことを，探検家の最上徳内は『蝦夷草子後編』に怒りを込めて記している。

参考　海保嶺夫『エゾの歴史』講談社，2006年

## 授業づくりのポイント ------------------------------------------

● 「鎖国」と呼ばれる江戸時代の外交・貿易の現実をとらえたい。
● 江戸時代における海外のモノと情報の流れに留意したい。
● 18世紀の中国の繁栄を押さえておきたい。
● イギリスの自由貿易の要求の始まりを確認したい。
● 薩摩藩の琉球支配を具体的に知っておきたい。
● 松前藩のアイヌ支配を含め，蝦夷地支配を押さえたい。
● 北海道と大陸のつながり，そこでのアイヌの暮らしを把握したい。

## 参考文献 ------------------------------------------

荒野泰典ほか『近世的世界の成熟（日本の対外関係6）』吉川弘文館，2010年
吉澤誠一郎『清朝と近代世界（シリーズ中国近現代史1）』岩波新書，2010年
浪川健治『アイヌ民族の軌跡』山川出版社，2004年

（石出法太）

# 2 独立と人権をめざして

2-2

## この授業で学ぶこと

　アメリカ合衆国の独立は，王政を倒した革命でもある。フランス革命，ラテンアメリカ諸国の独立へとつながる一連の変革は，自由と平等，人権を求めるたたかいとして，世界に大きな影響を与えた。封建的な身分制度を廃止し，個人を尊重する近代社会がどのように成立したのか，また実現しなかったこと，失われたものは何かを考える。

## （1）アメリカ合衆国の独立革命

　アメリカ人はいつアメリカ人になったか。あるいは，北米植民地の主体であったイギリス人は，いつイギリス人をやめたのだろうか。

　アメリカ合衆国では，紅茶よりもコーヒーがよく飲まれる。浅く炒った豆を多めの湯でいれる薄いコーヒーで，日本では「アメリカンコーヒー」と呼ばれる。しかし独立以前，植民地であった頃には，本国と同じように茶がよく飲まれていた。主流は，中国からイギリスを経て運ばれる紅茶や緑茶である。ワシントンはハイソンという緑茶を好んだという。

　初期の北米移民は，ほとんどが年季奉公人だった。彼らは貧しく渡航費がないために，4年間白人奴隷として肉体労働をする契約を結んで渡航した。宗教的動機による移民では

---

**探究活動**

アメリカ合衆国の独立はなぜ革命なのか。

**アメリカ合衆国独立宣言**

　「……国王は，他者と共謀し，われわれの政体とは相容れない，またわれわれの法律によって認められていない司法権にわれわれを従わせようとしてきた。（すなわち）われわれの間に大規模な軍隊を宿営させる法律。その軍隊が諸邦の住民に対して殺人を犯すようなことがあった場合でも，見せかけばかりの裁判によって彼らを処罰から免れさせる法律。われわれの世界各地との貿易を遮断する法律。われわれの同意なしにわれわれに課税をする法律（である）。」（一部を抜粋，要約）

引き倒されるジョージ3世像

ない。また兵士，犯罪者，孤児など，強制的に年季奉公人として移住させられた人もいた。

　苦労した下層階級の人びとが，プランターとなり大成功すれば，本国の上流階級の真似がしたくなる。イギリスの文化や風習，家具，衣服，そして紅茶やウェッジウッドなどの陶器はその象徴，成功の証だった。それが1773年の茶法で激変する。

　七年戦争後の財政難に苦しむイギリスは，北米植民地に課税を強化しつづけた。植民地の人びとは不買運動で抵抗したが，その中核となったのが茶である。マサチューセッツの新聞は「茶を飲むことは政治的に悪である」と書いた。不買は経済的な理由よりも，イギリス支配階級，ジェントルマン階級の生活文化の象徴に対する "No" だった。人びとの「理想」「憧れ」は，拒絶すべき「悪」「敵」に一変したのである。その後，合衆国では独自の生活スタイルが形成され，100年ほどかけてコーヒーが大衆の飲料となった。


## （2）フランス革命と女性 ── 「市民」は男性だけ？

　フランス革命は，身分制と封建的特権を廃止し，自由と平等，国民主権を掲げた，近代民主主義，市民社会成立の原点とされる。しかし『人権宣言（人間と市民の権利宣言）』（1789年）の原題は "Déclaration des Droits de l'Homme et du Citoyen" で，Homme（人間）もCitoyen（市民）もフランス語の男性形で，女性を含まない。1791年の憲法では，市民とは「フランス人の父親から生まれたフランス人の男性」とされた。

　ルイ16世に人権宣言と封建的特権の廃止を認めさせた1789年10月のヴェルサイユ行進で，7000人もの貧しい女性たちが，刃物や槍，大砲を引いて「パン，パン，パン！」と叫び，雨のなか泥まみれになって武装した市民を先頭で率いたことは有名である。パンは，子どもを育て，食事をまかなう女性たちの切実な問題だった。

　1791年，劇作家のオランプ＝ド＝グージュは人権宣言を批判して，「母親・娘・姉妹たち，国民の女性代表者たちは，国民議会の構成員になることを要求する」を冒頭に，第1条を「女性は生まれながらに自由であり，男性と同等の権利を持つ」とする『女性および女性市民の権利宣言』を発表した。しかし男女の平等，女性の選挙権は問題外とされ，新聞や書物を読み，政治を論議する活動は「家庭に帰れ」と非難された。国民公会は，女性の議会の傍聴も禁止した。

　人間の平等を主張したルソーも，性についてはこう考えていた。女性は「男性に服従するように生まれついている」「男性が幼い時には養育し，成人したら世話を焼き……，男性の生活を心地よく楽しいものにすること，これが女性の義務である」（『エミール』）。コンドルセのように，権利の平等を人類の半数から奪ってはならない，男女に平等の教育の機会を与えるべきであると考える男性は，稀だった。

　1795年，総裁政府は「女性は家庭にとどまること。5人以上の集会に参加した女性は逮捕する」という布告を出した。ナポレオンによるフランス民法典も，「夫は妻を保護する義務があり，妻は夫に服従する義務がある」（第213条）とし，妻の持参金は夫が管理，

妻の就職には夫の許可が必要とした。夫は妻の信書を開封し，処分することも認められ，妻は経済的にも人格的にも，すべてにおいて夫に依存させられた。

**探究活動**

国民国家の形成――「フランス語」の誕生

◆ 1793 年の国民公会での報告によると，当時 2300 万人とされる人口のうち，4 分の 1 から半数にあたる国民がフランス語を話していなかった。「フランス語」とは北フランスのオイル語で，他の地域ではオック語やブルトン語など，それぞれのことばを話していた。同年，「共和国のすべての子どもはフランス語を話し，読み，書かねばならない」とされる。すべての国民が共和国の法の前に平等で自由であるためには，同一の言語が必要と考えられたからである。

パリを中心として全国の言語，文化を均一にする変革は，自分は「フランス共和国の国民」だという意識をつくった。しかしこうした同一化や近代化は，新たな問題も生んだ。どのようなことだろう。

田中克彦『ことばと国家』岩波新書，1981 年

## （3）メキシコ独立運動の始まり――「ドロレスの叫び」

1808 年，ナポレオン軍がスペインを占領し，本国が混乱すると，ペルー，ボリビア，またポルトガルの植民地ブラジルなどで独立運動が急速に拡大した。

1810 年 9 月 16 日，ドロレスという小さな村で，クリオーリョの神父イダルゴが，革

チャプルテペック城の壁画（メキシコシティ）

命の呼びかけをした。彼はアシエンダ（大農園）で働く先住民やカスタ（メスティーソ，ムラート，サンボなど混血人種の総称）の貧しい農民を救うには，スペインからの独立しかないと考えた。スペイン人の多くは鉱山やアシエンダ，すなわち本国の利益だけを求めたからである。彼はアメリカ合衆国の独立宣言やフランス革命の人権宣言を，仲間とともに学んでいた。

　「革命軍」は農民，鉱山労働者，クリオーリョ軍人，下級聖職者で構成され，槍や山刀，棍棒や弓矢に石つぶてとわずかな火器で武装した先住民とカスタが合流した。イダルゴが先住民への土地返還，租税の廃止，奴隷制の廃止などを約束したからである。しかし軍隊らしい武器や規律はなかった。「軍」は10万人を超え，メキシコ北部と西部を支配下に入れたが，暴徒と化した。1811年3月革命軍は敗北し，イダルゴも銃殺された。メキシコの独立は1821年だが，9月16日が独立記念日とされている。

---

**探究活動**

支配層であるクリオーリョの多くは，イダルゴの革命軍に背を向けた。彼らが望んだ独立とイダルゴがめざした独立，社会変革には，どのような違いがあったのだろうか。

---

## 授業づくりのポイント ------------------------------------

- 「自由」「平等」「人権」について，革命前後の変化を示し具体的に理解する。
- アメリカ独立革命，フランス革命，ラテンアメリカ諸国の独立を，民主主義と自決権を求める一連の共通の動き（環大西洋革命）としてとらえる。
- 独立や革命の過程での女性や先住民，黒人の動きと扱われ方に注目する。
- ラテンアメリカ諸国の独立では先住民や民衆にも目を向ける。
- アメリカ独立革命，フランス革命が日本の近代化，民主主義形成に与えた影響も押さえたい。
- 独立や革命運動の指針となった思想，スローガンに注目し，運動の高揚，団結の強まりを理解する。
- 独立や革命が，国内の諸勢力や外国の動きを反映しつつ進行したことに留意する。

## 参考文献 ------------------------------------

川北稔『世界システム論講義』ちくま学芸文庫，2016年
ロペスほか『メキシコの歴史（世界の教科書シリーズ）』明石書店，2009年

（石出みどり）

# 3 産業革命と世界

この授業で学ぶこと --------------------------------------------------

　18〜19世紀，イギリスの産業革命はアメリカ独立革命，フランス革命，ナポレオン戦争，ウィーン体制と同時代に進行した。技術革新は暮らしを豊かに便利にする一方，資本家と労働者という新たな階級と問題をつくりだす。アメリカ合衆国では奴隷制が定着，拡大し，インドは本国に収奪される本格的な植民地となった。

-----------------------------------------------------------------

## （1）Cottonopolis
## ——綿工業を生み，育て，栄えたマンチェスター

　ヨーロッパでキャラコ（輸出港のカリカット，現コージコードに由来）と呼ばれたインドの綿織物には，ヨーロッパで使用されていた麻や毛，絹の織物にはない魅力があった。薄さ，軽さ，染色のしやすさ，吸湿性，速乾性，洗濯がしやすく清潔なこと，そして羊毛のようにチクチクしたり，麻のようにゴワゴワしない肌触りの良さなどである。赤青黄などの自在な色だけでなく，人や獣，花鳥の模様を型染めや手描きでプリントした更紗や，マドラス（現チェンナイ）港から輸出された多色の縞や格子柄もあった。ヨーロッパの人びとはインドから運ばれる綿織物に驚き，夢中になった。

　マンチェスターはこの高級輸入品をイギリス国産の目玉商品に変えた。Cottonopolis（綿業都市）と呼ばれ，周辺地域のグレイターマンチェスターとともに綿工業で栄えた。一帯はもともと繊維業が盛んな地域で，飛び杼や三大紡績機はここで発明された。

　それまで，1メートル以上の広幅の織物を織るには，数千本の縦糸のあいだに杼を通さねばならず，力のいる男性の仕事だった。幅2メートル以上の織物は，織り手が2人並び，杼を通した。1733年，紐を引いて杼を飛ばす飛び杼が発明されると、緯糸を通す速度は5，6倍に増し，広い幅で織ることが可能となった。綿糸の需要が高まり，糸不足が糸の奪い合いを起こす。そのため，綿糸を大量生産できる紡績機が必要となった。

　綿工業は，原料の綿花から綿糸を紡ぐ紡績と，綿糸で布を織る織布の2工程からなる。糸車では一人が1本の糸しか紡げなかったが，1760年代以降ハーグリーヴズのジェニー紡績機，アークライトやクロンプトンの水力紡績機（三大紡績機）が発明され，綿糸が大量生産されると今度は逆に糸余りが起きた。1785年にカートライトが蒸気機関を用いた力織機を発明すると，紡績も織布も機械化され，綿糸と綿織物の生産バランスは安定に向かった。さらに1793年，綿花生産地のアメリカで綿繰り機が発明され，綿から種を楽に外せるようになると，農園主は黒人奴隷を増やして駆使し，綿花需要の急増に応えた。

　当初，工場は水力を動力としたので，アークライトが工場を建設したダーウェント峡谷やニューラナークのように，川沿いに建てられた。しかし，動力が蒸気にかわり，機械が大型化すると，工場は，労働力が豊富で輸送に便利なマンチェスターとその周辺に移っ

た。1830年には，マンチェスターと貿易港リヴァプールを結ぶ鉄道が開通する。

　発明者たちに学者はいない。ジョン＝ケイは手織機づくりの職人，ハーグリーヴズは手織り工兼大工，アークライトはかつらの行商人，クロンプトンは糸紡ぎ工，ワットは大学の実験器具職人である。専門的な機械工がいない当時，こうした職人や大工が機械の部品づくりや組み立てをした。「産業革命の父」と呼ばれたアークライトは複数の工場を経営してナイトにもなったが，ジョン＝ケイは，機械が仕事を奪うと恐れた人びとに襲撃されフランスに逃亡，ハーグリーヴズも襲撃を受け移住，クロンプトンは不遇の生涯を送った。

---

**探究活動**

ワットを支えた人物——50ポンド紙幣に描かれた起業家ボールトン

◆イギリスの最高額紙幣50ポンド（使用は2021年まで）には，左にボールトンと "I sell here, Sir, what all the world desires to have: POWER."，右に蒸気機関の改良者ワットと "I can think of nothing else but this machine." が書かれている。蒸気機関の開発，普及には，どのような支援が必要だったのだろう。ボールトンが果たした役割は何だろうか。

写真提供　PPS通信社

---

## （2）労働者の暮らし——豊かさのかげの貧窮

　紡績と織布に始まった綿工業の機械化と工場制度は，羊毛や麻，絹など他の繊維工業，炭鉱業，機械製造業，金属加工業，鉱山業，そしてあらゆる工業に広がった。大量生産によって生活必需品の価格は下がり，市場は拡大，労働（賃金）も一般的に安くなった。さらに運河建設，汽船建造，鉄道開通と交通・輸送手段も変わり，生活と社会は一変した。

　なかでも重要な変化は，労働と労働をめぐる社会関係の変化である。労働は賃金と交換に資本家に売るものになり，長時間労働（一日14〜15時間）のうえ低賃金（生産単価切りつめのため），男性一人の稼ぎでは家族を養えないので，女性や子どももさらに低い賃金で奴隷のように働いた。手工業で重用された熟練工は不要となり，労働者は機械に自分を合わせ単純労働をした。政府は勝手な経済競争を黙認，放任したので，悪どい利潤の追求も違法とならず，少数の資本家はますます富み，労働者との経済格差は急速に拡大した。

　劣悪な労働環境は心身の健康を害し，早老，早死にさせる。エンゲルスは『イギリスにおける労働者階級の状態』で，労働者の男性は非常に早く消耗してしまい，たいていは40歳で働けなくなる。視力が弱るのはミュール紡績機のためで，細くて平行に走る糸の長い列から目を離してはならないので，目を酷使せざるをえない，と書いている。

　子どもたちはムチで叩かれ，働かされた。つらさで自死する子どももいた。エリザベス・ベントリーは，6歳から工場で働きはじめ，10歳で移った紡績工場では朝食なしで朝5時半から夜9時まで働いた。綿が入った重いカゴを持ち上げ，計量する係だが，蒸

し暑い室内は，互いの顔がかすむほど綿ぼこりが立ちこめ，肺を痛めた。13歳の時には骨もずれ，ひどく変形した。23歳の今は全く働けなくなったという（1832年下院議会での証言）。過酷な労働と貧しい食事，不衛生は，からだつきや身長に現れ，労働者の寿命を縮めた。

賃金は出来高払いで，紡績工ならば「糸を重さ1ポンドつくればいくら」と決まっていた。しかしその仕組みは巧妙で，働けば働くほど資本家が得をするようにできていた。

---

**探究活動**

綿糸の生産量と賃金の推移

| 年代 | 生産量 | 労働者数 | ひとりあたり生産量 | 1ポンドあたり賃金 |
|---|---|---|---|---|
| 1819〜21年 | 106.5百万ポンド | 110千人 | 968ポンド | 6.4ペンス |
| 1829〜31 | 216.5 | 140 | 1,546 | 4.2 |
| 1844〜46 | 523.3 | 190 | 2,745 | 2.3 |
| 1859〜61 | 910.0 | 248 | 3,671 | 2.1 |

『ファミリー版 世界と日本の歴史7』大月書店，1988年

問1　表中の約40年間に，綿糸の生産量と一人当たりの生産量はそれぞれ何倍に増えたか。

問2　この間，賃金はどのように変化したか。

---

## （3）インド ―― なぜインドは農業国になったか

ヨーロッパ諸国でも綿工業が発達すると，イギリスは綿織物の輸出をインドに向けた。産業革命により，インドからイギリスに輸出される手織りの綿織物は減少したが，1820年頃，イギリス産綿織物の輸出量がインド産綿織物の輸出量を上まわり，逆転する。

その背景には，インド産綿織物への高関税など，政府の保護政策があった。さらに「イギリス人はインドの手織り職人を捕え，腕を切り落とした。目をくり抜いた」とされる。ある研究者はインド訪問の折，この話を何度も聞いた，語る時，彼らは決まって興奮して震え，怒りで顔をこわばらせ，拳を机に叩きつけた，と記している[*]。インドの綿織物は，海外市場はおろか，国内市場まで失った。

＊　角山栄『産業革命と民衆』河出書房新社，1975年

それまで東インド会社は，植民地インドで得た税収（銀）で綿織物を購入し，本国で売却して換金し国庫に納付するという「送金」方法をとっていた。しかし産業革命で「送金」用の他の商品が必要となり，ベンガルの藍やアヘンが開発される。力をつけたイギリスの産業資本家は，1813年，東インド会社のインド貿易独占の特権を撤廃させ，インドに自国製品を無制限に無関税で流入させる準備を整えた。彼らは，農民が輸入品を購入で

きるよう地租の引き下げも主張し，インドの西欧化を唱えた。

　こうしてインドの手工業は衰退し，インドはイギリスが必要とする原料やプランテーション作物，穀物の供給地，かつイギリス製品の消費地となった。これらはすべて，インドが独立国であったなら，できなかったことである。

---

**探究活動**

19世紀植民地インドの輸出品（単位：％）

|  | 1814～15 | 1828～29 | 1834～35 | 1839～40 | 1850～51 | 1857～58 |
|---|---|---|---|---|---|---|
| 綿布 | 14.3 | 11.0 | 7.0 | 5.0 | 4.0 | 2.9 |
| 綿花 | 8.0 | 15.0 | 21.0 | 20.0 | 12.7 | 15.6 |
| 生糸 | 13.3 | 10.0 | 8.0 | 7.0 | 4.0 | 2.9 |
| 藍 | 20.0 | 27.0 | 15.0 | 26.0 | 10.0 | 6.1 |
| 砂糖 | 3.0 | 4.0 | 2.0 | 7.0 | 10.1 | 4.3 |
| アヘン | 不明 | 17.0 | 25.0 | 10.0 | 34.1 | 32.7 |
| その他 | ― | 16.0 | 22.0 | 25.0 | 25.1 | 35.5 |

佐藤正哲ほか『ムガル帝国から英領インドへ（世界の歴史14）』中公文庫，2009年

輸出品はどう変化したか。それはなぜか。関連して起きるできごとは何か。

---

**授業づくりのポイント** --------------------------------------------------------

- 手工業から工場制機械工業への大変革を，綿工業技術の発展から具体的に取り上げる。
- 綿花，綿糸，綿織物，紡績，織布については，実物教材が楽しく，有効である。
- 工業化前後の社会・生活の違いを明らかにする。19世紀イギリスの社会・生活については統計・資料が豊富である。イラスト，英文も含め活用したい。
- 自由主義経済のもとで，環境汚染や公害が始まった。何が優先されたのだろう。
- 中産階級以上の家庭では，妻が外で働かず，良き妻，母であることが理想とされた。男女の関係はどのように変化したか，考えたい。
- スエズ運河の開通（1869年）は，イギリスとインドの関係をどのように変えただろうか。

**参考文献** --------------------------------------------------------------------------------

　日下部信幸『糸とファッション』東京図書出版，2019年
　佐藤正哲ほか『ムガル帝国から英領インドへ（世界の歴史14）』中公文庫，2009年
　長島伸一『世紀末までの大英帝国』法政大学出版会，1987年

（石出みどり）

# 国民国家の形成とヨーロッパ

この授業で学ぶこと --------------------------------------------------------------------------

　フランス革命に端を発する国民国家の形成は，ナポレオンによる「革命の輸出」によってヨーロッパ各地にもたらされ，19世紀を通じたヨーロッパの動きとなっていった。ナショナリズムがそれぞれの地域でどのように現出したか考えてみたい。

--------------------------------------------------------------------------------------------

## （1）ナポレオン帝国の形成と民族意識

　フランス革命が国民国家成立のきっかけとなったのは言うまでもない。革命の過程で「自由と平等」が普遍的な原理とされ，革命政府が対外戦争を通じて暴力装置を国民軍としてまとめあげていった。またフランス語が公用語としての地位を確立する一方，バスク語など地方言語は抑圧されていった。これら国民国家システムは，ナポレオン法典によって確立した。

　フランス革命中から「革命の輸出」的な宣言，つまり専制君主を追い払って民衆を自由にするために他国を占領するという理屈は存在していた。たとえばライン左岸地域では諸侯領が一掃され，フランス式の行政区画となり，ナポレオン法典が適用されるようになる。他方でフランス語が公用語化されてドイツ系住民は苦汁をなめ，また「フランス人」としての徴兵と重税も大きな負担となった。こうした境界地域におけるナショナリズムは，

---

### 探究活動

**ナポレオンは「解放者」なのか，「侵略者」なのか？**

◆ナポレオンの支配下に入った地域では，在地の専制的支配が否定されて，ナポレオンの（もしくは傀儡政権の）直接支配下に入り，いちおうナポレオン法典が適用されて，民衆の「自由と平等」が保障されたように見える。

　他方，ナポレオンの支配は，各地のナショナリズムを呼び覚まし，ナポレオンによる支配への抵抗運動は1814年の「諸国民戦争」に結実する。

　フランス以外のヨーロッパの人びとにとって，ナポレオンとは「解放者」だったのだろうか，「侵略者」だったのだろうか。どちらの側面のほうが強かったのか，ナポレオンの歴史的評価を問う場面を授業に設定してみよう。

　視覚的に訴える絵として，ゴヤの「1808年5月3日」を授業のきっかけにしたい。反乱を起こしたマドリード市民を，ナポレオン軍が銃殺しているシーンである。

時代は下ってプロイセン・フランス戦争の時期になるが，フランス領でありながらドイツ語圏であったアルザス・ロレーヌの人びとのアイデンティティを，ドーデの『最後の授業』から考えることもできる。

　ナポレオンの「侵略」によって国家統合のイメージをつくる必要性が生まれたのがドイツである。フィヒテの「ドイツ国民に告ぐ」がこの時期の講演として有名だが，果たして「ドイツ人」という枠組みは自明のものなのだろうか。

　18世紀末のドイツでは，300を超える領邦国家，さらに1400を超える帝国騎士領が存在し，これを束ねるはずの神聖ローマ帝国は政治的機能を喪失していた。1806年にナポレオンを後見人としてライン連邦が結成されたが，これが即座に「ドイツ」意識の高揚につながったわけではない。ナポレオンによる軍事的侵攻が，「近代化されたドイツ」，すなわちドイツ人意識を持った強力な軍制と教育制度の必要性を生んだといえる。シュタインとハルデンベルクによるプロイセン改革はその典型である。1807年の十月勅令をはじめ，農奴解放令，内閣制度の確立，営業の自由や国内関税撤廃がおこなわれた。そして国民意識に関わる点では，フンボルトの教育改革がおこなわれるとともに，国民軍創出のための軍制改革がおこなわれた。しかしプロイセン自身もまた諸国家の集合体的側面を残しており，またシュタインもハルデンベルクも「下から」の動きを認めなかったことから，身分制社会の枠組みは崩せなかった。

## （2）ウィーン体制

　ウィーン体制は，自由主義とナショナリズムを抑圧する反動体制という側面がある。ドイツのブルシェンシャフトの運動も，イタリアのカルボナリの蜂起も，ウィーン体制下において鎮圧されてしまった。

　しかし一方で，勢力均衡によってヨーロッパ全体の秩序を維持しようという考え方は，今日のヨーロッパ連合にも通ずるものと見ることもできる。その意味で，メッテルニヒに対する評価も，「自由主義とナショナリズムを抑圧する反動政治家」「神聖ローマ帝国亡き後の新しいリージョナリズムを模索した政治家」という2つが考えられるだろう。教科書に書いてあるウィーン体制やメッテルニヒに対する評価を再検討させたい。

　現在のドイツ連邦の国旗は「黒・赤・金」の3色であるが，これはナポレオンに抵抗した学生義勇軍が起源である。ブルシェンシャフトの学生たちもこれを用いていた。ドイツ・ナショナリズムの原点としてブルシェンシャフトの運動を評価

メッテルニヒ

することは，ウィーン体制がナショナリズムに対抗するものであるという立場に立つことになる。一方，メッテルニヒのオーストリアはドイツ人は 20% 強しか住んでおらず，マジャール人やスラヴ系の人びとからなる複合民族国家であった。オーストリアにおいて民族単位のナショナリズムが高揚することは，メッテルニヒにとって容認できることではない。このことが結果的に，原状維持を原則とするヨーロッパ協調体制を築こうとする彼の思想となった。果たして，勢力均衡の原則（と君主権の保護）によってナポレオン戦争後のヨーロッパから 30 年間戦争を除去したという評価は成立しうるのだろうか。

---

**探究活動**

メッテルニヒをどのように評価するか？

◆以下の文章を生徒に読ませ，教科書に載っている反動政治家としてのメッテルニヒの評価と比較させてみたい。

　「私（メッテルニヒ）は共通の平和を維持するために，ヨーロッパの主要国の団結を強固にする以外に何も考えたことはなかった。同盟の基礎，スローガン，日日の関心は，すべての国の真の独立を尊重すること，すべての国との友好関係を保持し，オープンな議論を望むことで，重大な問題が平和と安全を脅かす時にはいつでも，すべての国の権利を尊重し，合法的な存在を持つすべてを尊重することだ。」

塚本哲也『メッテルニヒ　危機と混迷を乗り切った保守政治家』文藝春秋，2009 年

---

# （3）ドイツの国民国家化

　ドイツの「近代化」においては，先述のナポレオンの影響がきわめて大きい。ナポレオンによるライン同盟の結成は，数百からなる神聖ローマ帝国内の諸領邦の主権を再編する転機となった。そしてウィーン体制下におけるドイツ連邦の結成，ドイツ関税同盟による経済的統合，1848 年革命におけるドイツ統合の試み，そしてビスマルクを中心とするプロイセンによるドイツ統合の試みに結実していく。

　19 世紀半ばのヨーロッパは，イギリスが圧倒的な経済的成功を収めており，この「パクス＝ブリタニカ」的状況に対抗するためには，経済的，また軍事的な国民統合が求められた。ある程度均質な労働者を確保するためにも，徴兵制をとるためにも，国内が統一的な法体系による統治のもとに置かれる必要があったのである。

　ビスマルクの「鉄血演説」はあまりにも有名であるが，当時のプロイセンは国王ヴィルヘルム 1 世を中心とする勢力と，プロイセン憲法に基づく下院とが対立する状況下のものであることを確認したい。プロイセン憲法は欽定ではあったが，下院の勢力を無視することはできず，その舵取りを任されたのがビスマルクであった。

　プロイセン中心にドイツの国家統合を進めていくことは，南ドイツ諸邦からは強い反発を受けることになる。プロイセン＝オーストリア戦争の結果として北ドイツ連邦を結成してオーストリアを除外し，プロイセン＝フランス戦争では「ナポレオン」（3 世）率いるフ

ランスを破ってプロイセンの力を見せつけ，ドイツ帝国の成立にこぎつける。その後の文化闘争と呼ばれる南ドイツ諸邦への弾圧は，力による国家統合の道を示している。

---

**探究活動**

ビスマルクの鉄血演説はどこでおこなわれたのか？

◆ビスマルクの鉄血演説は授業でもよく取り上げられるが，軍事予算を下院で通すための演説であったことは，もっと意識されてよい。生徒の「統一されることは良いこと」という素朴な国家観念への疑問を導く史料としたい。

　「ともかく，プロイセンでは個々人の自主性が強いために，立憲政治を行うことが難しくなっております。……われわれはおそらく，憲法を支えるにはいわゆる『教育を受け』すぎています。われわれは批判的すぎるのです。……ドイツが注目しているのはプロイセンの自由主義ではなくて，プロイセンの力であります。……現下の大問題が決せられるのは，演説や多数決によってではなく——これこそが1848年と1849年の重大な誤りだったのですが——，まさに鉄と血によってなのであります。……もし予算が成立しないとしますならば，すべては白紙状態であります。憲法は出口を示しはしません。と申しますのは，解釈と解釈がぶつかりあうからであります。法のきわみは不法のきわみでありまして，文字は人を殺してしまいます。」

歴史学研究会編『世界史史料6』岩波書店，2007年

---

**授業づくりのポイント** --------------------------------------------------------------

● 19世紀を通じて，ナショナリズムがヨーロッパ全体に行きわたったこと，そのきっかけがナポレオン戦争であったことに気づかせる。

● ドイツ統合に注目し，ドイツという国家イメージをどのように形成していったのかを考える。

● ウィーン体制下におけるナショナリズムの発露であるブルシェンシャフトの運動と，それを弾圧したメッテルニヒによる「平和」とを，生徒に評価させる。

● 生徒の素朴な「国家が統一されたり独立したりすることは良いこと」という観念を壊し，ビスマルクの鉄血演説の意図を知ったうえでナショナリズムの功罪を考える。

**参考文献** ------------------------------------------------------------------------------

塚本哲也『メッテルニヒ——危機と混迷を乗り切った保守政治家』文藝春秋，2009年
大内宏一『ビスマルク』山川出版社，2013年
谷川稔ほか『近代ヨーロッパの情熱と苦悩（世界の歴史22）』中公文庫，2009年
福井憲彦『近代ヨーロッパの覇権（興亡の世界史第13巻）』講談社，2008年
鳥山孟郎・松本通孝編『歴史的思考力を伸ばす授業づくり』青木書店，2012年

（飯塚真吾）

# 5 産業革命の広がりと19世紀のヨーロッパ

この授業で学ぶこと --------------------------------------------------------------

　産業革命が始まり，19世紀にはヨーロッパ全域に広がっていく。各国に生み出された労働者たち，また植民地に置かれた人びとは，何を考え，どのように自分たちの政治的権利を主張したのだろうか。産業革命と資本主義に対する，弱者からの問いかけについて考えてみたい。

--------------------------------------------------------------

## （1）イギリスの自由主義改革

　18世紀に始まったイギリスの産業革命は，19世紀になって本格化する。他方で，「自由と平等」を掲げたフランス革命とナポレオンに対してイギリスは徹底して対抗し，ウィーン体制下においても四国同盟に加わって，自由主義とナショナリズムとを抑圧する姿勢を見せていた。

　しかし，議会政治の伝統と名誉革命を経験したイギリスは，この時期の議会において，様々な「自由」について議論している。アイルランド人のオコンネルによるカトリック解放運動，ウィルバーフォースによる奴隷制廃止運動などがこれにあたる。前者はアイルランドを併合した「イギリス」の問題，後者は信仰に基づく人道的な動きに起因するが，当然ながら議会制定法によってこれらの「自由」が認められていることに注目したい。

　産業革命の進展は，資本家の発言力を向上させ，1832年には第1回選挙法改正がおこなわれて，資本家たちが参政権を得ている。これに前後して，東インド会社の貿易独占権が次第に廃止されたり，穀物法や航海法が廃止されたりして，「自由貿易を推進すべし」との立場による政策が次々と実行された。他国に先駆けて産業革命を実現し，国際的な競争力を持っていたからこそ，重商主義的な保護貿易政策からの転換が求められたのである。

　しかし，これら「自由」貿易の持っていた暴力性に注目しなければならない。そもそも「イギリス」はその内部にアイルランドという植民地を抱えており，1840年代のジャガイモ飢饉はアイルランドの人口を餓死者と移民とで大幅に減らした（1841年の人口が817万人，1851年の人口が655万人）。自由貿易帝国主義の視点に立つならば，インドはインド大反乱後に「公式帝国」に変化し，中国はアヘン・アロー両戦争後に「非公式帝国」へと組み込まれる。これらについては次テーマに譲るが，「自由」貿易が持つ暴力性について，現在と比較しながら考えることもできるだろう。

1840年代，アイルランドのジャガイモ飢饉──自由貿易は誰に何をもたらしたか？

◆1845年のジャガイモ飢饉は，貧しいアイルランド人の小作人の食料を奪った。イングランド人不在地主とアイルランド人小作人との関係を生徒にとらえさせたい。同じヨーロッパのなかでの「自由」貿易が何をもたらすのか，共感的に考える素材となるだろう。

**「飢饉の状況についての報告書」1847年2月15日**

「スカルの村で出会う住民の4分の3は，骨と皮ばかりの人となり果てており，体力はすっかり萎え果てて，顔も体も哀れというしかない。彼らはことごとく乞食同然になっている。……飢饉はそのあらゆる恐ろしさを見せつけて凄まじいほど存在している！……ドクター・トレイルが前日一緒にいた母親について『フィリス，お母さんは今日はどうだ』と戸の穴から呼びかけると，『ドクター，あなたですか，お母さんは死にました』と娘の答えが返ってきた。何たる恐ろしい現実か，娘も骨と皮ばかりになって母親の死体にうずくまって泣いていた。」

歴史学研究会編『世界史史料6』岩波書店，2007年

## （2）ロバート＝オーウェンのとりくみとチャーティスト運動

産業革命の進展が，工場労働者たちの過酷な労働環境・住環境をもたらしたことはよく知られている。先に述べた第1回選挙法改正は，資本家たちによるジェントリへの主張だとするなら，労働者たちによる資本家たちへの主張もこの頃のことである。1824年に団結禁止法が撤廃されると，労働組合も姿を現すようになる。

資本主義的な「自由」は資本家を喜ばせるが，それは生産コストを低減させるための劣悪な労働環境も導く。当初，労働者の就労時間は，19世紀前半で一日12〜14時間に及んでいたし，10歳にも満たない子どもも働いていた。このような状況に対して議会は，工場法を成立させた。1833年の工場法では，9歳未満の児童労働を禁止し，9歳以上18歳未満の若年者の労働時間を週69時間以内に制限した。

この頃，2つのとりくみが注目される。一つは，ロバート＝オーウェンによるニューラナーク工場の経営である。産業革命が富の集中とそれによる害悪をもたらすと的確に指摘したオーウェンは，協同社会の必要性を説き，自分の経営するニューラナーク工場において労働時間の短縮や福利施設の拡充をおこなった。資本家の善意に期待するその方法はやがて限界を迎え，オーウェン自身も労働運動・組合運動に力をそそぐようになる。

もう一つがチャーティスト運動である。1830年代後半以降盛り上がりを見せたこの運動は，1838年に「人民憲章」として①男子の普通選挙権，②平等な選挙区，③議員の財産資格の廃止，④毎年の議員改選，⑤無記名投票，⑥議員への歳費支給からなる6項目を採択し，これを1839年・42年・48年の3度，下院に請願として提出した。この後，穏健派と急進派の対立もあり，運動は沈静化していった。

**探究活動**

チャーティスト運動による「人民憲章」は，何度となく議会に提出されたが，最後まで否決された。それは，「暴力革命」につながる可能性を指摘されたから，という側面がある。貴族・ジェントリ・資本家が占める議会のなかで「人民憲章」がどう扱われたか，考えてみよう。

**「内務大臣ジョン・ラッセル卿による，チャーティズムに対応する特別法的措置の拒否」**
1839 年 5 月 15 日

　「ジョン・ラッセル卿は，問題とされているきわめて憂慮すべき時期に，進行していた事態を政府が軽視していたわけではないと述べた。ただし彼は，きわめて差し迫った必要性がない限り，議会ですぐに新たな立法措置をとるより，すでに存在している法によって対処した方がよいと考えていた。なぜなら，一般の人々の考えに影響を与えたり，武装に駆り立てたりしようとする者たちの目的は，疑いもなく邪悪なものであり，彼らのやっていることは明確に犯罪行為であるため，公衆の賛同を得ることは不可能だからである。」

歴史学研究会編『世界史史料6』岩波書店，2007 年

# （3）フランス二月革命と1848年革命

　1830 年のフランス七月革命は，過度な革命を嫌う大資本家の立場から，立憲王政という妥協点を見出した。フランスにおいては，この間の産業革命の進展はイギリスに比べれば緩やかだったが，それでも労働者の生活は悲惨であり，制限選挙制の不満を中小資本家とともに訴えることになるのが，フランス二月革命である。

　注目したいのは，失業者対策としての国立作業場の継続の賛否をめぐって，労働者とそれ以外の人びととが対立したことである。1848 年 4 月に普通選挙がおこなわれるが，投票率 84% のこの選挙で，社会的共和派勢力は 880 名の当選者中およそ 100 名程度の議席しか確保できなかった。6 月，政府と決裂した労働者たちはバリケードを築き，蜂起する。これまで同様，暴力による革命によって自らの主張を通そうとした労働者たちは，この時は鎮圧されてしまった。マルクスの社会主義思想やチャーティスト運動と比較してみるとどうだろうか。

　なお，フランス二月革命から波及する「諸国民の春」，すなわち 1848 年革命については，グリム兄弟と「ウィーンのプロレタリア」に注目してみるのもよいだろう。前テーマのナショナリズムの高揚という観点からも取り上げられる。

**探究活動**

男子普通選挙の結果は，労働者にとっては望ましいものではなかった。普通選挙の結果は尊重されるべきだろうか？　それを「革命」によって打ち破ることを，どのように評価すればよいだろうか。

**「フランス人民への臨時政府の宣言」** 1848 年 2 月 24 日

　「……民衆の血が七月（革命）と同様に流れた。しかし今度は，この高潔なる血は裏切られることはないであろう。その血は，この偉大にして献身的な民衆の権利と進歩と意志とにふさわしい国民的人民的政府を獲得したのだから。……国民の統一は国民を構成するすべての市民諸階級で今後は形成され，国民の政府は国民自身によって形成される。」

**マルクス「フランスにおける階級闘争」** 1850 年

　「労働者にはもう選択の余地はなかった。彼らは餓死するか，それとも戦端をひらかざるをえなかった。6 月 22 日に彼らは巨大な反乱をもってこたえた。それは，現代社会を分裂させている二階級間の最初の大会戦であった。それは，ブルジョワ秩序の存続か滅亡かのたたかいであった。共和政をおおっていたヴェールが引き裂かれた。」

歴史学研究会編『世界史史料 6』岩波書店，2007 年

## 授業づくりのポイント -------------------------------------------------

● 産業革命がもたらした植民地からの搾取の構造の一例として，イギリス帝国内のアイルランドの問題を取り上げる。

●「ジャガイモ飢饉の悲惨さ」と「システムとしての資本主義」とを結びつけながら考えさせたい。

● 労働者たちの悲惨な生活を改善するためにどのような考え方が生まれたのか，ロバート＝オーウェンとチャーティスト運動とを比較しながら検討する。

● 史料から，チャーティスト運動やフランス二月革命の「理想」と「現実」を比較させたい。労働者の生活を守ることと，仕組みとしての「民主主義」とが相いれなかった時，どうしたらよいのか考えさせたい。

## 参考文献 -------------------------------------------------

秋田茂『イギリス帝国の歴史』中公新書，2012 年
谷川稔ほか『近代ヨーロッパの情熱と苦悩（世界の歴史 22）』中央公論新社，1999 年
日髙智彦「人物と民衆の姿から学ぶ一八四八年革命」『歴史地理教育』2011 年 6 月号

（飯塚真吾）

# 6 19世紀初めのアジア

この授業で学ぶこと ------------------------------------------------------------------

　産業革命はイギリスを成長させ，アジア・アフリカの各地に様々な形で進出することになった。イギリスの掲げる「自由」貿易は，それぞれの地域にどのような影響を及ぼすのか。自由貿易が持つ「正義」と「暴力性」とを，アジアの視点から考えてみたい。

------------------------------------------------------------------

## （１）アヘン戦争とイギリス人

　産業革命期の労働者は，紅茶にたくさんの砂糖を入れて飲むことが習慣となった。そのため，茶を輸入することはイギリスにとってきわめて重要なことであり，当時の茶の生産国である清朝との貿易拡大は必須であった。しかし清朝は，東アジア古来の外交システムである朝貢・冊封体制を維持しなければならない。「自由」貿易を求めるイギリスは，19世紀に入っての東インド会社の貿易特権の廃止を背景に，インドを介した東アジア三角貿

---

**探究活動**

アヘン戦争は「正義」といえるのか？　あなたが当時のイギリスの下院議員だったら，どちらの演説を支持するかを考えよう。

◆その際，歴史的事実を根拠として引用することを心がけさせたい。なお，この評決は，262 対 271 の 9 票差で，政府の主張が支持された。

「**グラッドストンの議会演説**」1840 年 4 月 8 日

　「その起源においてこれほど正義に反し，この国を恒久的な不名誉の下に置き続けることになる戦争をわたくしは知らないし，これまで聞いたこともないと，明言できる。……今やその国旗は高貴な閣下の庇護の下で，悪名高い密貿易を保護するために掲げられているのである。……わたくしはアヘン貿易をどれだけ激しく弾劾しようと何の躊躇も感じない。」

「**パーマストンの議会演説**」1840 年 4 月 9 日

　「中国の国内法に反し，きわめて多くの人々に道徳的退化の手段を提供し，よき秩序と正しい行いに一致しない習慣を生み出しやすいような貿易をわたくしが擁護することなどあり得ないだろう。しかし……中国における芥子栽培業者，そして貴金属の流出を防ぎたいと考えている実際的なエコノミストこそが，中国政府にこのアヘンの密貿易の取り締まりを求めさせているのである。……こうした人々〔ロンドンの中国貿易に従事する商人たち〕の利益こそが危機に瀕しており，こうした人々こそがこの問題にもっとも利害関心を持っているのである。……武力の示威が，さらなる流血を引き起こすことなしに，われわれの通商関係を再興するという願わしい結果をもたらすかもしれないと，すでに表明されている。」

歴史学研究会編『世界史史料6』岩波書店，2007 年

易をおこなうようになる。インドから清へ輸出されるのは，アヘンである。このアヘン密貿易をめぐって戦われたのが1840年に始まるアヘン戦争であり，清朝の敗北が「非公式帝国」へ移行する端緒となった。

「アヘン戦争で負けて南京条約を押しつけられた」という「アジア＝敗北」というイメージを克服する視点も必要である。このアヘンの密貿易に対して，当然，清朝でも対応が協議され，林則徐を中心とする「厳禁論」と，許乃済を中心とする「弛禁論」との議論があり，清朝内部でもイギリスの横暴に対処しようとしていた姿を描くことができる。

また，このアヘン戦争について，イギリス本国では反論はなかったのだろうか。この点について，グラッドストンとパーマストンの議論が参考になる。果たして「自由」貿易は「正義」であるといえるのか。清朝とイギリスでおこなわれたそれぞれの議論を知ることで，単純な「アジア＝敗北」イメージの相対化につなげたい。

## （2）インド大反乱とナショナリズム

清朝が「非公式帝国」であったのに対し，「公式帝国」への道を歩みはじめたのがインドである。18世紀以降，ムガル帝国の弱体化に伴ってイギリスによるインド進出が本格化していく。そして産業革命の進展はインドをイギリス製綿製品の市場に変え，自由貿易の名のもとにアジア三角貿易のなかにインドを組み込んでしまった。巧妙なイギリスによる統治に対し，反旗を翻したのがインド大反乱である。

1857年に始まるこの反乱は，シパーヒーと呼ばれるインド人傭兵たちが用いるエンフィールド銃の薬包に，牛や豚の脂が用いられていると

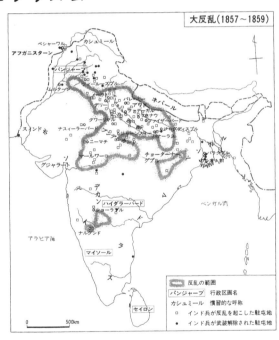

インド大反乱（佐藤正哲ほか『ムガル帝国から英領インドへ（世界の歴史14）』中公文庫，2009年

いう情報によるものだった。いうまでもなく，ヒンドゥー教徒は牛を，イスラーム教徒は豚を口にすることが宗教的禁忌であり，薬包は噛み切ることが前提だったから，反乱が始まったということである。またシパーヒーたちが反乱の象徴に据えたのがムガル皇帝だったことも特筆される。清朝とは異なり，ほぼ統治の実態がなかったにもかかわらず担ぎ出されたことが，広大なインドのナショナリズムの難しさを物語っている。実際，シク教徒など反乱の鎮圧にまわったインド人も多い。

反乱は鎮圧され，東インド会社も廃止されて，1877年のインド帝国の成立につながっ

た。イギリスによるインド統治は巧妙で，カーストや宗教，貧富の差などを利用した一種の「分割統治」がおこなわれた。

**探究活動**

植民地主義は「正義」といえるのか？

◆イギリスによる植民地支配は，当然のことながらイギリスにとっては「正義」であった。この風刺画はインド大反乱を描いたものだが，「正義」というタイトルが付けられている。おそらく生徒たちは違和感を抱くだろう。イギリス人たちが植民地支配をどのように「正義」だと位置づけたのか，考えさせたい。

「正義」『パンチ』誌の風刺画 1857 年 9 月。ミカエル・ライリーほか『イギリスの歴史【帝国の衝撃】——イギリス中学校歴史教科書』明石書店，2012 年

# （3）クリミア戦争と「ヨーロッパの論理」

中東・イスラームの大帝国であるオスマン帝国もまた，ヨーロッパ諸国の進出の対象となっていた。ロシアが領土的野心からキリスト教徒であるバルカン諸民族のナショナリズムに働きかけ，彼らの自治・独立の動きを促していく。ナショナリズムに対置する国家統合の理念が必要になったオスマン帝国は，タンジマートやミドハト憲法の制

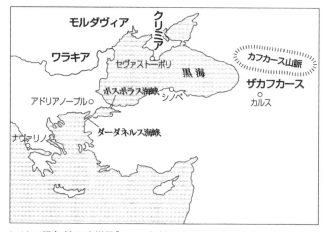

クリミア戦争（和田春樹編『ロシア史（世界各国史 22）』山川出版社, 2002 年）

定など，ヨーロッパ諸国にならった近代化を進めざるをえなかった。これからオスマン帝国では，「新オスマン人」「パン＝イスラーム」「トルコ＝ナショナリズム」の 3 つのアイデンティティを行き来することになる。

1853 年に始まるクリミア戦争は，ロシアのボスフォラス・ダーダネルス両海峡をめぐる東方問題として取り上げられるが，一方でヨーロッパの論理にオスマン帝国が巻き込ま

れていく過程としても見てみたい。ナショナリズムを口実にヨーロッパの主権国家体制へ組み込まれていく過程は，清朝において総理衙門が設置された時期と重なっている。

---

**探究活動**

クリミア戦争後のパリ講和条約から何を読み取るか。

◆パリ講和条約からは，ロシアが飲まされた外交・領土に関する屈辱的な内容とともに，オスマン帝国をヨーロッパの論理に組み込む内容が読み取れる。アジアとヨーロッパとがどのような関係にあったのかを考える手がかりにしたい。

「パリ講和条約」1856年3月30日

　「第7条　連合王国女王，オーストリア皇帝，フランス皇帝，プロイセン国王，全ロシア皇帝ならびにサルデーニャ国王は，オスマン帝国にヨーロッパ公法とヨーロッパ協調体制への参加を許すことを宣する。これら諸君主は，オスマン帝国の独立と領土的統一とを尊重することを，おのおの約束し，その約束を厳守することを共に保障し，その結果として，この取り決めへの背馳につながるいかなる行為をも共通の関心事とみなす。

　第9条　オスマン帝国スルタンは，臣下の幸福を常に思いやる中で，勅令を発し，臣下が置かれている条件を宗教や人種の別なく改善する方針をとるとともに，帝国内のキリスト教徒に対する寛大な思いやりを示し，この点に関する自らの思いをさらに示す証として，自らの意志から自然に発したこの勅令を，本条約締約者に伝えることを決定した。」

歴史学研究会編『世界史史料6』岩波書店，2007年

---

## 授業づくりのポイント ---------------------------------------------------------------

● 「自由」貿易はアジアへの「進出」なのか，「侵略」なのか。その評価を生徒に考えさせる。

● 歴史上における「判断」の場面に生徒を立たせる実践も，歴史的思考力を高めるのに有効である。アヘン戦争における「弛禁論対厳禁論」「グラッドストン対パーマストン」などはその好例である。

● イギリスにとって不可欠なインドの統治をどのようにおこなったのか，考えさせたい。

● 清朝，ムガル帝国，オスマン帝国というアジアの大国が，どのようにヨーロッパの論理に巻き込まれていくのかを考察する。「主権国家体制」と「ナショナリズム」という論理が，それぞれの大国にどのように影響し，また反発するのかを考える。

## 参考文献 -----------------------------------------------------------------------------

吉澤誠一郎『清朝と近代世界──19世紀（シリーズ中国近現代史1）』岩波新書，2010年

長崎暢子『インド大反乱　一八五七年』中公新書，1981年

鳥山孟郎・松本通孝編『歴史的思考力を伸ばす授業づくり』青木書店，2012年

（飯塚真吾）

# 7 列強の進出と日本

この授業で学ぶこと --------------------------------------------------------------------
「開国」は，日本の近代化にとって起点といえる。では，日本の開国は，世界史のなか
でどのように位置づけられるのか。また，開国をめぐる状況を通して，日本は東アジアの
なかでどのような道を歩もうとするのかを学びたい。
------------------------------------------------------------------------------------------

## （1）開　　国

　アメリカによってなされた開国は，近代世界システム論から見れば，日本が世界経済に
包摂される過程であり，日本を含め東アジアが組み込まれることで世界経済の一体化が完
成する。では，一体化を推し進めた列強のなかで，なぜイギリスではなく，アメリカだっ
たのだろうか。

　一つには，イギリスが，アヘン戦争以後の対中国政策や，ヨーロッパにおける対ロシア
政策で，余力のなかったことが要因である。もう一点，ここでは交通ネットワークの変化
に着目し，グローバルな視野から理由を探る。

　太平洋は，その大きさゆえに，海上輸送ルートから見ると大きな障壁であった。19世
紀には捕鯨船が行き交う海域になっていたが，海運を担うルートではなかった。主要ルー
トは，ヨーロッパからアメリカ大陸への大西洋航路と，アフリカからインドを通って中国
に至る東回りの航路であった。しかも，このルートを押さえていたのはイギリスであっ
た。

　1846〜48年のアメリカ＝メキシコ戦争により合衆国はカリフォルニアを領有し，太
平洋への拠点を得る。さらに，汽船の登場により，風や海流の影響にあまり左右されない
航海が可能になった。そこでアメリカ合衆国が求めたのは，主導権を握ることができる中
国への最短航路，太平洋を横断する大圏航路の開設であった。日本はまさに大圏航路上に
位置していた。

　ペリーが日米和親条約締結において，通商の要求を取り下げたのも，開港地として下田
と函館が設定されたのも，第一に大圏航路の確保が目的であり，日本海航路と太平洋航路
の寄港地を確保することにあった。和親条約から13年後，1867年にサンフランシスコ
と香港の定期航路が開設され，1869年には大陸横断鉄道が開通し，西回りルートが完成
する。

　そして，もう一つ，日本に求められていたものがあった。それが石炭である。汽船の動
力源であることはいうまでもないが，その後，日本産石炭は，上海の石炭市場で1890年
には9割近くを占めるに至る。

**探究活動**

次の問いを考えながら，どうしてアメリカ合衆国が最初に開国を迫ったのか考えてみよう。

1. ペリー艦隊は，どのようなルートで日本にやってきただろう。

授業では白地図を用いる。大日方純夫『はじめて学ぶ日本近代史上』大月書店，2002年

2. この地図で，ロサンゼルスから上海に行く最短ルートはどれか。

三谷博ほか編『大人のための近現代史　19世紀編』東京大学出版会，2009年

3. 次の新聞記事から，日米和親条約の意義を読み取ってみよう。

「二つの重要な港町が通商に扉を開き，石炭貯蔵所も確保されている。国際的権利も認められ，日本沿岸は遭難した捕鯨船員や難破船乗組員にとって，もはや恐ろしい悪名高い海岸ではない。太平洋横断航路建設

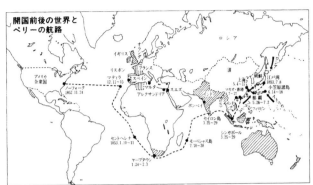

開国前後の世界とペリーの航路

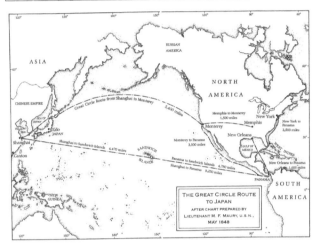

計画は，ペリー提督遠征の成果を示す好例となろう。そして合衆国からさらにヨーロッパに至るカリフォルニア・ルートの開設は，二つの交通機関と規制の行き届いた競争とにより，P&O郵船会社による独占の危険を除くのに時宜を得たものとなるかもしれない。計画中の蒸気船航路で太平洋を横断する者は，その生涯の公職を過ごし終えた旧友ペリー提督を思い起こすことであろう。」

1854年11月11日『ノース・チャイナ・ヘラルド』上海の英字新聞。小風英雅「世界史の中の明治維新——日本の開国・開港が促進した『交通革命』」『明治維新とは何か？』東京堂出版，2018年

## （2）アヘン戦争と日本

　アヘン戦争は，イギリスが対清貿易における輸入超過を解消するため，主にインド産アヘンを密輸したことに端を発する戦争である。戦後，清は列強各国と不平等条約を締結せざるをえなかったことから，中国の半植民地化の始まりとされてきた。しかし，中国の貿易黒字はその後も続き，ただちに中国の弱体化に結びつくものではなかった。

また，日本はアヘン戦争や戦後の中国の状況については，オランダや琉球・薩摩を通じて，比較的正確につかんでいた。幕府は外国船に対して，異国船打払令から薪水給与令に転換し，各地で海防体制が整えられていった。

　近年，幕府が決して弱腰外交ではなかったことが明らかになっている。列強との戦力差を認識し，戦争を避けつつ，慎重に開国を進めていく。列強各国とは等距離外交を展開しつつ，特にイギリスを警戒しアヘンの密輸にも警戒していた。国内では攘夷論が台頭し，武威を示せなくなった幕府の権威は失墜していく。しかし，こうした外交姿勢は不平等条約を締結することになりながらも，独立を保ち，明治以降の近代化を可能にした。

　ただし，アヘン禍にさらされることなく近代化の準備ができた国際的な背景には，列強があくまで中国をターゲットにしていたことを押さえておかなければならない。

---

**探究活動**

幕府はペリーの開国要求に対するため，大名や幕臣に意見を求めた。代表的な大名の意見を比べてみよう。あなたならどの意見を採用しますか。

**長州藩毛利慶親《通商反対》**

　「アメリカに通商を許すと他の国にも許さなくてはならない。清は通商を認めたことから戦争となり人々は苦しんだ。通商は拒否し，防備を厳重にするべき。日本はかつて元寇で撃退したこともあるのだから。」

**薩摩藩島津斉彬《戦争回避》**

　「清のようになるから通商は受け入れてはならない。ただし，戦争で負けるのを避けるために，回答を3年ほど延ばして，軍備が整ったところで打ち払うべき。」

**津山藩松平斉民＆中津藩奥平昌服《通商賛成》**

　「通商は世界の大勢で，軍事力では日本は外国に対抗できない。」
　「世界の諸国は交易の利益によって軍備を整え国力を強めている。」

小野正雄「大名のアヘン戦争認識」『岩波講座日本通史第15巻』より抜粋・要約

---

# （3）岩倉使節団 ── 日本の進んだ道

　黒船に象徴される開国は，いわゆる外圧をきっかけに展開される。一方，内からの開国の契機となったのは，1871年に横浜を出発した岩倉使節団であった。政府関係者や留学生を含め，現地での合流を合わせると総勢150人が関わり，欧米各国12ヵ国を1年と10ヵ月にわたり視察した。欧米との圧倒的な国力の差を目の当たりにして，資本主義のシステムを導入し，「殖産興業」「富国強兵」の道を自覚的に歩むことになる。使節団を通して，工業技術や法律，教育など多岐にわたる分野で欧米の文化が導入されるが，国家のモデルとして注目されたのは，「上からの近代化」を推し進めるプロイセンであった。

　一方で，こうした政治姿勢は民意をくみ取る政治システムの導入を遅らせ，自由民権運動が起こっていく。また，「脱亜入欧」の論理は，「文明国」による「非文明国」の支配を

是とする意識を生んでいくことになる。

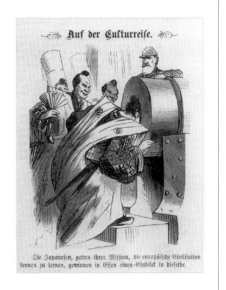
## 授業づくりのポイント ------------------------------------------------------

● 「開国」を，東西の貿易ルートをめぐる米英の覇権争いのなかに位置づけたい。
● 日本が東アジアにおける重要な石炭の産出地であったことを押さえておきたい。
● 時間があれば，日本の急速な近代化の背景に，江戸期の生産流通システムの発達があったことにもふれたい。
● 巨大市場の中国が控えていることで，日本がアヘン禍や植民地化を避け近代化を図ることができたことも押さえておきたい。
● 幕末期，すでに自由貿易が世界の趨勢であるという認識に達していた大名がおり，海外の情報をかなり正確に分析していたことを確認したい。

## 参考文献 ------------------------------------------------------

小風秀雅「世界史の中の明治維新——日本の開国・開港が促進した『交通革命』」『明治維新とは何か？』東京堂出版，2018年
荒野泰典ほか編『近代化する日本（日本の対外関係7）』吉川弘文館，2012年
井上勝生「東アジアの中の明治維新——幕末の開国から」『歴史地理教育』2007年12月号
大日方純夫『はじめて学ぶ日本近代史　上』大月書店，2002年

（田城賢司）

# 8 日本とアジアの国際関係の変化

2-8

**この授業で学ぶこと** ----------------------------------------------

　西欧列強の進出は，東アジアの国際関係である華夷秩序（冊封体制）を大きく揺るがせた。しかし，この体制に終焉をもたらしたのは，「脱亜入欧」「富国強兵」に舵を切った日本である。日清・日露戦争に至るまでのこの時期を，台湾や琉球に目を向けながら学ぶ。

----------------------------------------------

## （１）日清修好条規 —— 東アジアの国際関係の変化

　これまで東アジアの国際関係は，中国（清）を中心とした華夷秩序であった。中心国（華）である中国に対して，周辺国（夷）が貢ぎ物を贈り（朝貢），支配者として認めてもらう（冊封）。この関係は儀礼的なもので，この際おこなわれる朝貢貿易が実態であり，管理貿易体制の一種であった。

　朝鮮は清の冊封下にあり，鎖国政策をとっていた。江戸幕府とは対馬藩を介して修好関係を結んでいた。明治政府は朝鮮に対し，天皇名による修好を申し入れるが，日本側の文書中の「皇」が中国皇帝のみ使用できる文字であることから，受け取りを拒否される。

　この時，日本ではいわゆる征韓論も出たが，打開策として，朝鮮の宗主国である清と対等な条約を結ぶことで，名目上，上位となることをねらった。それが1871年に締結された日清修好条規である。中国に対して対等ではあるが，目的は華夷秩序の枠組みを利用して，朝鮮問題の打開を図ろうとすることであった。日清修好条規は，東アジアにおける国際関係の変化の過渡期に位置づけられる。

　その後，1876年にかけて，大久保利通が主導し「万国公法」に基づく外交に転換して

---

### 探究活動

「万国公法」に基づく国家の見方は，日本にどんな影響を与えただろうか。

◆万国公法に基づく西欧型国際関係では，世界は３つに区分された。

「文明国」……対等な国家関係。

「半文明国」……法体系や経済システムの未整備を理由に不平等条約の対象。

「未開国」……無主の地として征服の対象。

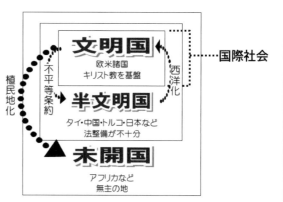

小林啓治『国際秩序の形成と近代日本』吉川弘文館，2002年，34ページの説明する近代国際法世界観を図案化

---

いく。ヨーロッパでは主権国家間の対等平等を基本に，国家間が守るべき法（国際法）を定めた国際関係が構築されてきた。ただし，対等であるのは「文明国」同士であり，中国・日本・タイやトルコなど「半未開国」に対しては，主権が制限されることが可とされていた（不平等条約）。さらに「未開国」は無主の地として，先に領有した国に帰属させる「先占」の原則が適用された。日本は，いわば強者の論理に基づく外交を，アジアにおいて推進することになる。

## （2）台 湾 出 兵 と 琉 球 処 分

　外交方針が転換されると，国境の確定が必要となってくる。そこでまず懸案となったのは琉球であった。琉球王国は江戸時代より薩摩藩の支配を受けながら，清に対しては朝貢をおこなう「両属」の状態にあった。政府としては，清との関係を解消して，日本の「内地」化をおこなう必要があった。そのためにおこなわれたのが台湾出兵であった。

　1871年宮古島の漁民が台湾に漂着し，66名中54名が先住民に殺害される事件が起こった。72年，日本は琉球藩を設置しており，日本人である琉球人の保護という名目と，殺害をおこなったのが「化外の民（清の支配が及ばない民）」という中国側の発言を逆手にとって，台湾は万国公法上，未開国であるとして，3000人規模の出兵をおこなった。1874年5月から現地民との戦闘を開始し，マラリアなど病気にも苦しみながら，半年後，戦闘が終了した。清は台湾が属領であることを主張し，交渉は平行線をたどる。イギリスの仲介があり，日本が台湾から撤兵するかわりに，琉球を日本の領土であることを実質的に認めさせた。

　1879年，ついに琉球藩は廃止され，沖縄県が設置される。国王一族は東京に連行され王国は消滅した。清と琉球の関係も廃される。当然朝貢の継続を望む清は抗議し交渉に入

---

**探究活動**

琉球処分はどのようにとらえられたか——当時の意見を比べよう。

3つの主張のうち，あなたならどの主張を支持するだろうか。

**(1) 琉球放棄論**（『郵便報知新聞』明8・5・24）
　　本土に近い蝦夷地すら，世に放棄論がある。藩属の不明確な琉球は棄てて，内地に力を注ぐべし。

**(2) 琉球独立自治論**（『近事評論』（二）明9・6・10）
　　条理と権利のある所に従い，日本なり清国なりの管理に帰し，琉球の衆心が望むなら，独立自治を育成し，日本の大義を首唱せよ。

**(3) 琉球処分論**（『朝野新聞』明12・1・9）
　　日本政府は琉球に対し慰撫開導につとめてきたが，琉球士族は頑迷で，清国への藩属に恋々としている。琉球処分を断行せよ。

「琉球処分と台湾出兵」『週刊朝日百科90日本の歴史』2004年，一部改変

るも，互いの主張は平行線をたどる。アメリカの調停もあり，一時は先島地方（宮古・八重山諸島）を清，沖縄島以北を日本領とする分割案が妥結した。しかし，中ロ関係が落ち着いたこと，在清の琉球人らによる阻止運動によって，調印は延期される。日清戦争終了まで，琉球問題は両国の懸案でありつづけた。


## （3）朝鮮の開国 —— 江華島事件をめぐって

　朝鮮は清との冊封関係にあり，鎖国政策を続けていた。江戸幕府は対馬藩を通じて修好を続けていた（朝鮮通信使）。日本では幕末期よりすでに征韓論が現れていた。ただ，この段階では植民地化よりも国威発揚が主なねらいであった。政府内では大久保利通ら内政重視派が西郷隆盛らの征韓論派を退けながら，台湾出兵，江華島事件と対外強硬策に出る。内政改革に対する国民，特に士族の不満をそらすという国内的な要因が大きかったと考えられる。また，新たな外交方針に基づき近代国家として領土を確定し，対外関係を構築しなおす一環でもあった。

　朝鮮では，鎖国を続けてきた大院君が失脚し，高宗と王妃閔氏一族が政権を握ると，対日政策にも軟化が見られた。こうしたなか，1874年，維新後初めて日朝官吏の公式会談がおこなわれ，交渉が始まる。しかし，書面の文言や交渉時の着衣の問題から，交渉は頓挫してしまう。その局面打開として引き起こされたのが，江華島事件であった。かつては示威測量とされていたが，近年，軍艦・雲揚号艦長の報告書の改竄が明らかになった。日本軍は3日にわたる戦闘で軍民約35名を殺害し，大砲や武器を奪い，挑発以上の軍事的な圧力をかけていた。事件後の交渉で，日本はペリーにならい艦隊を派遣し，軍事的な威圧を背景に交渉を進めた。

　1876年，日朝修好条規が締結される。当然，朝鮮国内でも，開国によってキリスト教が広まる懸念や経済的な悪影響が予想されることから反対があったが，軍事的に対抗できる見通しが立たないなか，日本との衝突を避ける道を選んだ。また，列強各国も開国を望んでおり，国際的な批判はほとんど出なかった。

　釜山以外の2港の開港に加え，続く通商章程で定められた日本に対する無関税特権や開港場における日本紙幣・貨幣の使用は，その後の朝鮮経済に悪影響を与えるものであった。

　第1款で朝鮮国は「自主の邦」とされた。日本側からすれば，朝鮮が清の宗主権から離れたと解釈するが，清からすれば，冊封関係にあっても，内政や外交権はもともと認めていたもので，日朝修好条規によって宗主権を失ったとは必ずしも考えられていなかった。

　開国後，安価な米が日本に大量輸出され，米価の高騰をもたらしたり，日本による資源開発ラッシュが始まり，経済的な支配が進んだ。

## 探究活動

開国と朝鮮の人々──地図を見ながら考えよう。

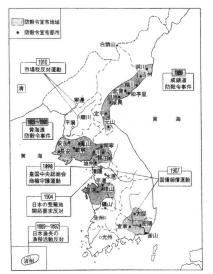 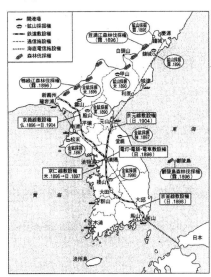

大槻健・君島和彦・申奎燮 訳『新版 韓国の歴史【第二版】』明石書店，2003年，365ページ，
362ページ

2枚の地図を見て，開国後の朝鮮半島がどのようになったのか，また朝鮮の人びとが
どのような動きを見せたのか，まとめてみよう。

1876年 日朝修好条規
1882年 米朝修好条規
　　　　 イギリス・ドイツ フランス・ロシアと通商条約
※防穀令……日本人商人の進出と過剰な穀物搬出を防ぐ命令

## 授業づくりのポイント ------------------------------------------------------------

● 日清修好条規を，華夷秩序から万国公法体制（西欧型国際関係）への転換の過渡期と位
置づけたい。

● 「文明国」「半文明国」「未開国」という西欧型の国家秩序を日本も受容することで，台
湾出兵以降の外交政策が展開されていった。また，それは日本人のアジア蔑視を助長す
るものでもあった。

● 琉球処分をめぐる言説を見ると，独立自治論といえども，琉球を対等に見る視点が感じ
られないことを押さえておきたい。

● 日朝修好条規において朝鮮を「自主の邦」としたが，日本・清の解釈は異なり，このこ
とが日清戦争へつながっていく。

## 参考文献 -------------------------------------------------------------------------

明治維新史学会編『明治維新とアジア』吉川弘文館，2001年
三谷博ほか編『大人のための近現代史　19世紀編』東京大学出版会，2009年
大日方純夫『はじめて学ぶ日本近代史　上』大月書店，2002年

（田城賢司）

# 9 自由民権のたたかい

この授業で学ぶこと ------------------------------------------------------------

「西洋の衝撃」後，始まった近代化は，国家主導の「上からの近代化」であった。これに対し，自由民権運動は，国会開設や立憲・地方自治などを求めた，草の根の運動であった。同時期の西アジアの動きとも関連させ，世界的な視野で学びたい。

------------------------------------------------------------------------------

## （1）世界のなかの自由民権運動

　19世紀後半の世界は，帝国主義が本格化する時期であり，東南アジア・アフリカ諸国は列強の植民地獲得競争にさらされる。一方，アジアの各地では列強各国に対峙し，「国民国家」の形成が試行錯誤された時期でもあった。

　欧米各国に様々な国家モデルがあるなかで，日本やトルコ，エジプトでは，いわゆる「上からの近代化」が推し進められた。これに対し，立憲体制や民族の独立が掲げられ，新たな国家像を求めたのが，自由民権運動であり，エジプトのオラービー運動であった。

　運動はいずれも未完に終わったといえるが，農村や都市，女性を巻き込んだ社会運動の一面を持っている。「歴史総合」においては，アジアの東西でありながら同時期に起きた2つの運動を，世界史的な背景で比較する視点を持ちたい。

---

**探究活動**

民権数え歌を見ると，民権運動家が世界やアジア，日本をどのように見ていたのかがわかる。歌の意味を確認してみよう。

　　　五ツトセー　五つにわかれし五大洲　中にも亜細亜は半開化　コノかなしさよ
　　　六ツトセー　昔おもえば亜米利加の　独立なしたるむしろ旗　コノいさましや
　　　十二トセー　西と東はひるとよる　文明野蛮のわかちこそ　コノくちをしさ
　　　十三トセー　栄え行く世のそのもとは　民の自由にあるぞいな　コノしれたこと
　　　十五トセー　五大洲中の亜米利加は　自由の国のさきがけぞ　コノうれしさよ
　　　二十トセー　日本は亜細亜の灯明台　消えては東洋が闇となる　コノ照さんせ

『民権数え歌』作詞　伝：植木枝盛。鳥塚義和『授業が楽しくなる「歌と演説」』日本書籍，1996年より抜粋

---

## （2）オラービー運動とマフディー運動

　オラービー運動はどうして，エジプトの自由民権運動といわれるのだろうか。当時，実質的にエジプトを統治していたムハンマド＝アリー朝の急速な近代化策は財政破綻を招き，財政は英仏主体の列強各国に管理され，ヨーロッパ人による内閣が成立した。これに

対抗して，1881年，農民出身の将校アフマド＝オラービー大佐が主導して武装蜂起するも，翌年，イギリスのエジプト占領により終息した。

「エジプト人のエジプト」を掲げ，エジプト初の民族運動という側面だけでなく，一時的にせよ立憲体制を確立したこと，軍隊に加え都市や農民，イスラーム指導者らも加わり，広範な社会運動として展開されたところに，日本の自由民権運動と比する点がある。特に，アメリカ南北戦争を契機に綿花栽培が盛んになり，成長した地方中小地主層が農村を巻き込み運動を主導した点も共通点といえるだろう。

日本人はオラービー運動をどのように見ていたのだろうか。オラービー運動については，基本的に列強に抑圧された人びとへの共感や連帯がある一方で，民権派新聞のなかには，「あのエジプトが立憲を成し遂げたのだから日本も当然……」とエジプトへの優越感が現れたものや，オラービー運動を軍事的に抑え込んだイギリスと朝鮮での壬午軍乱に対する日本の姿勢を重ね，軍事的な介入を批判する論調も見られた。

マフディー運動とはどのような運動だったのか。スーダンは1820年よりエジプトの属領，植民地の地位にあった。オラービー運動開始から数ヵ月後，1881年，ムハンマド＝アフマドは自らをマフディー（神に導かれたもの・救世主）と名乗り，反エジプト，スーダン独立の闘争を開始する。農民や遊牧民，商人など様々な階層の人びとを巻き込み，マフディー国家を形成する。結果的に，1899年実質的に英領となるまで独立を保つ。戦いのなかで狂信性や野蛮性を指摘される側面もあったが，基本的にはイスラーム法に基づく政治を求めるものであった。

---

**探究活動**

オラービー運動の思想はどのようなものだろう。

◆次の文章は，学校の運営に生徒たちが関わる時，大切なことは何かを聞いた質問に対するナディーム先生の回答。学校は国家，学校運営は国政を暗示している。

**ナディーム先生**　シューラー〔合議〕とは，思想という種を話し合いの畑に蒔き，自由という水をやって，適切に世話してやることだ。すると正義の木が育ち，真実の花が咲いて，文明が実るのだ。これを行うには，知性があり，学校運営の経験を積んでいなければならない。いろいろな学校の状況や歴史や関係を知っていなければならない。

**生徒**　私たちの学校に先生たち以外に，それに適した者，それらの資質を備えた者がいるでしょうか？

**ナディーム先生**　学校には，賢い者もいれば愚かな者もおり，金持ちもおれば貧乏人もおり，王侯貴族もいれば身分の卑しい者もいる。もし会議の選挙資格を金持ちだけに限り，賢い者たちを排除するようなことがあれば，生徒たちにとっても学校にとってもひどい結果になるだろう。（以下略）

アブダッラー・ナディーム「ためになる授業」（『笑い話泣き話』紙第17号，1881年10月9日）。歴史学研究会編『世界史史料9』岩波書店，2008年より抜粋・一部改変

マフディー運動とオラービー運動・エジプトとの関係は、どのようなものであっただろうか。当然、属国の反乱に警戒感を持つ意見があり、オスマン帝国の権威を完全に否定し神政一致の独自の国家を築こうとするマフディーと方向性を異にする人びとも多かった。一方で、抑え込まれたオラービー運動を引き継ぐもの、同じイスラーム教徒として列強各国に対峙するものとして連帯感を持つなど、当時の国際情勢も相まって複雑なものであった。


# （3）自由民権運動から国会開設・大日本帝国憲法制定へ

　自由民権運動の主な担い手は、藩閥政治に不満を持つ士族、地租軽減が掲げられたことを契機に加わった豪農層、都市部では弁護士やジャーナリストなど知識層であった。運動の後期には、秩父事件のように、困窮する農民の生存権を守るため、あえて政府に対し武装蜂起を選択した例もあった。色川大吉は民衆の精神革命としている。各地に生まれた2000を超える結社が、演説会や新聞・雑誌といったメディアを通して主張を展開し、やがては全国的な統一組織や政党を生む。各地での私擬憲法草案づくりや、一部とはいえ女性の自立が主張されたことも加え、広範な社会運動の性格を有した。

　政府はどのように対応したのだろうか。当初から運動に対する取り締まりを強化していたが、1881年、明治十四年の政変によって、10年後の国会開設を公約するとともに、民権派であった大隈重信一派を政府内から追放した。以降、民権派の分断策や県令三島通庸<rp>（</rp>みちつね<rp>）</rp>に代表されるような徹底した取り締まりと強硬策に打って出る。こうしたなか、急進派は秩父事件など武力蜂起を試みるもことごとく弾圧され、やがて合法的に活動をおこなっていた民権派の政党も解党への道をたどっていった。

　東アジアの情勢は、民権運動にどのような影響を与えたのだろうか。1876年に甲申事変<rp>（</rp>こうしん<rp>）</rp>（朝鮮において親日派のクーデタが清の介入によって崩壊した事件）が起こると、民権派のなかから、対清強硬論を唱え、国益を第一とする国権論が沸き起こる。民権派には、脱亜入欧に反対してアジア共同主義を唱える者、軍事大国化に反対し常備軍の設置を否定する者があった。しかし、民権派の多数は、欧米モデルの国民国家の樹立をめざす者で、国内では諸権利の確立を求めても、対外的には国益の拡大を求めたのであった。

　大日本帝国憲法の成立によって確立した体制は、どのようなものだったのだろうか。成立以前、五日市憲法をはじめ50近い私擬憲法が起草され、現憲法とも比べられる人権規定や、植木枝盛案のように抵抗権を定めたものがあった。しかし、こうした民意は反映されることなく、君主権の強いプロイセンを手本にした憲法が制定される。

　日本の立憲体制は、確かに自由民権運動があったからこそという歴史的な経緯はあるものの、その結果は、民権運動が抑え込まれたうえでできあがったものであった。国民の人権は一定の範囲に限られるとともに、天皇を政治・軍事の中心に据え、国権優先の国家体制が確立する。民権派も当初は多数を取り議会主義を掲げ政府と対立するが、日清・日露戦争と日本の膨張政策が進められるなかで、その多くが政府との妥協路線を進むことに

なった。

---

**探究活動**

どんなことが討論のテーマになっているだろう？

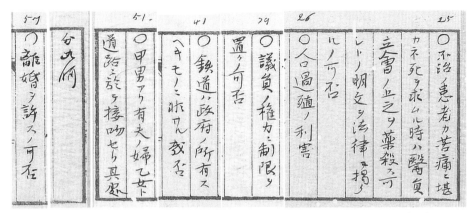

深沢権八手録「討論題集」（一部）1882 年。深澤篤彦氏所有，写真提供：あきる野市教育委員会

五日市憲法を生み出す背景となった研究会での討論テーマである。あなたならどのような意見を述べるだろうか？　さらに，憲法を考えるにあたって，あなたならどんな問題を討論したいか。

---

## 授業づくりのポイント

● 民権数え歌では，市民革命の啓蒙思想を受け継ごうとする意志と，遅れたアジア，アジアの盟主たらんとする日本の意識が見て取れる。

● それぞれの運動の背景を見る時，エジプトはスエズ運河という交通の要衝であり，スーダンはアフリカ進出の重要な拠点であったことを押さえておきたい。

● ナディーム「ためになる授業」では，参考文献から全文を引きたい。普通選挙の思想を読み取り，現在や民権運動以降の日本の歴史とも比較したい。

● 『討論題集』では，今日につながるテーマが取り上げられていること，民間の研究の質の高さを確認したい。

## 参考文献

堀越智「自由民権の 19 世紀末世界」『あたらしい歴史教育 1』大月書店，1993 年

加藤博「エジプト・オラービー運動に関する覚書──軍隊・農民・立憲運動」『歴史評論』452 号，1987 年

大日方純夫「自由民権期のエジプト認識──オラービー運動・マフディー運動をめぐって」『社会科学討究』第 41 巻第 3 号，1996 年

大日方純夫『はじめて学ぶ日本近代史　上』大月書店，2002 年

『週刊朝日百科 91　日本の歴史　近代 I-1』新訂増補，朝日新聞社，2004 年

（田城賢司）

# 19世紀後半のアメリカ大陸

この授業で学ぶこと --------------------------------------------------------

19世紀後半、アメリカ合衆国は領土を拡大し、北部、南部、西部を一国にまとめていく。さらにイギリスなど列強諸国を追って植民地を持つ帝国となるが、その過程は、先住民や黒人、また中南米、太平洋、アジアの人びとにとって、どのようなものだっただろうか。

--------------------------------------------------------------------------

## （1）南北戦争 ── 戦争の性格を変えた奴隷解放宣言（1863年）

民主党と共和党はアメリカ合衆国の二大政党だが、結党時と現在では、イメージがだいぶ異なる。民主党は、1829年に西部出身の初めての大統領となるジャクソンの選挙期間中に結成された。その後、南部のプランター（大農園主）が支持基盤となり、黒人奴隷制の拡大を強く主張した。「拡大」とは、西部に生まれた新しい州に奴隷制を認めることである。自由州と奴隷州は、1850年まで同数で拮抗していた。しかし民主党政権下の同年、カリフォルニアが自由州になると、逃亡奴隷法が北部にも適用され、両勢力の均衡を保った。

その後1850年代に両勢力は緊迫の対立を続け、1854年、民主党の一部も含む奴隷制拡大に反対する人びとが結集して共和党を設立し、リンカンが大統領に当選した。

リンカンが奴隷解放宣言の法制化（憲法修正第13条）のために、戦争終結すら差し置いて議会工作に奔走したことは、2012年の映画『リンカーン』でも知られる。しかし、解放宣言前年の8月でも、彼は「戦争の最高の目的は連邦を救うことで、奴隷制度を救うことでも破壊することでもない」と表明している。戦争初期の最重要事項は、南部の連邦からの離脱、合衆国の分裂を防ぐことだった。しかし奴隷解放宣言は、この戦争の性格を奴隷解放戦争に修正し、国内的にも、英仏向けにも、軍事的に有利な状況をつくりだした。南部（市場かつ一次産品供給地）の保持という北部資本の意志は、表立たないものとなる。

一方、北部の自由黒人は開戦直後、リンカンの義勇兵募集にただちに応じた。この戦争は奴隷制度を永久化するために南部が政府に挑む戦争だとして、志願したのである。しかし政府は、「この戦争は白人同士の戦いで、黒人には関係がない」と取り合わなかった。それでも彼らは軍事訓練をして備え、南部の奴隷も暴動や大量逃亡を起こして抵抗した。政府が積極的に黒人兵士の募集を開始したのは、奴隷解放宣言後である。

---

**探究活動**

州旗に今も残る南軍のイメージ

◆アメリカ合衆国の州旗には、アメリカ連合国（南部）国旗やその陸軍旗のデザイン、イメージが用いられたものが複数ある。これらはK.K.K.などが掲げ、白人優位主義や人種差別主義のシンボルとなっている。どの州に、なぜ残っているのだろう。州旗のデザインの変遷も調べてみよう。

左）アメリカ連合国旗、
右）同陸軍旗（南軍旗）

---

## （２）西部開拓 ──「良いインディアンは死んだインディアンだけ」

　東部13植民地から始まったアメリカ合衆国は，独立戦争でミシシッピ川まで西に領土を広げ，19世紀には戦争（テキサス，カリフォルニア）と買収（ルイジアナ，フロリダ，アラスカ，ガズデン）によって領土を拡大した。この大西洋岸から太平洋岸への領土拡大の過程は，アメリカ合衆国の「発展」とされる。しかしそれは，先住民の土地を奪い，追い立て，殺害して得たものだった。白人の西部開拓は先住民の抹殺だったが，それを神が白人に与えた使命だとする「明白な天命<sub>マニフェスト＝デスティニー</sub>」の思想は，蛮行を意識から消し去った。

　1830年頃，北部では急速な産業革命の進行によって，産業資本家と労働者の対立が現れた。南部では1840年に綿花輸出が全米輸出額の52%となり，黒人奴隷人口は1830年の約200万人から1860年には395万人に倍増した。北部で奴隷制反対運動が高まると，南部は北部の労働者よりも黒人奴隷のほうがマシだと反論した。また開拓地西部の勢力は，テネシー出身のジャクソンを大統領に当選させるほど高まった。

　その政治は「ジャクソニアン＝デモクラシー」といわれる。しかし「デモクラシー」と言い切れるだろうか。彼は米英戦争（1812年）での勝利，イギリス側についた先住民への報復，掃討という軍功で名を挙げ，1829年の大統領就任後は先住民の強制移住法を制定し，最後までねばったチェロキーを軍隊に護送させ，移動させた（「涙の道」）。

　先住民は白人との平和共存と対等の立場を望んだが，政府と結んだ273もの条約はすべて無視された。「フロンティア＝スピリット」の歴史には，先住民への蔑視<sub>べっし</sub>と裏切りが重なる。居住地に金鉱が発見されれば，なおさらだった。「良いインディアンは死んだインディアンだけ」という文句は1869年のシェリダン将軍のものとされるが，多くの人びとの共感を得て，広く使われた。1890年の国勢調査の報告で，政府は「フロンティアの消滅」，西部開拓の完了を宣言する。それはウンデッドニーの虐殺によって，先住民の組織的抵抗が終わった年でもあった。

---

**探究活動**

ディズニー・パークが描く歴史像

◆ディズニーのテーマパークには，西部開拓時代をテーマにした「フロンティアランド（ウェスタンランド）」など歴史がテーマのものがある。そこではアメリカの歴史はどのように描かれているだろうか。またカリブ海やアフリカ，アジアを，ディズニーの世界はどのように描いているだろうか。

---

## （３）アメリカ＝スペイン戦争 ── 植民地帝国アメリカの始まり

　1890年，アメリカ合衆国の領土が太平洋岸まで空白なく埋められると，この動きは止まることなく太平洋を西へ進んだ。向かいには広大な市場の中国があり，東回り航路をとるヨーロッパ諸国よりも近い。しかも清は日清戦争で敗北し，「眠れる獅子」ではないことを露呈する。中国市場参入の出遅れを取り戻す好機が，アメリカに到来した。

　1898年のアメリカ＝スペイン戦争（米西戦争）で合衆国は圧勝，ジョン＝ヘイ国務長官

はこれを "splendid little war" と呼んだ。合衆国はプエルトリコとグアムを手に入れ，キューバを実質保護国化して製糖産業に乗り出し，カリブ海支配のために米軍基地を置いた。そしてキューバと同じくスペインからの独立を求めて戦っていたフィリピンも，スペインと戦い獲得，基地を置いてアジアの拠点とした。フィリピンはスペインへの支払金2000万ドルで，合衆国のものとなった。さらに戦争中に，ハワイも併合している。ハワイにはアメリカ本土とアジアを結ぶ大きな戦略的価値があった。

　当時，日本を含む列強諸国は，イギリス帝国を手本に「海を制する国が富を制す」「貿易で儲けるためには強力な海軍と海軍基地が必要」とするマハンの海軍戦略の影響を受け，建艦競争を進めていた。西部開拓を正当化した「明白な天命」は選民思想の一つだが，先住民殺戮の後，その対象はカリブ海や太平洋，アジアの人びとへと拡大し，残虐な戦争と支配が正当化された。20世紀を目前に，合衆国は海外に植民地を持つ帝国となり，建国の理念との矛盾をさらに深めたのである。

---

**探究活動**

アメリカ合衆国はなぜ西進を続けたのだろうか。

**上院議員ビバリッジのことば**

　「アメリカの政治家と事業家は，帝国の味をよく知るようになっていた。アメリカ合衆国はフィリピンという新領土を支配しつづけるべきだ，という点で，彼らの意見は一致していた。明白なる天命と文明教化には，金もうけの話も混じっていたのだ。『フィリピンは永遠にわれわれのものであります。』上院議員ビバリッジは議会で述べた。『そしてフィリピンのすぐ先には，中国という限りない市場がひかえています。わが国には，いずれからも手を引くことはありえないのです。』」

ハワード・ジン『学校では教えてくれない本当のアメリカの歴史　上　1492～1901年』あすなろ書房，2009年

---

# （４）アメリカの植民地になったハワイ
## —— ハワイ王国転覆（1893年）

　合衆国は19世紀の前半，捕鯨船の基地を求めてハワイに接近した。その後アメリカ人はサトウキビ・プランテーションの経営を始め，製糖業に進出。持ち込んだ病原菌がハワイ人の人口を激減させると，アジアから移民労働者を引き込み，土地や水源を手に入れていった。近代化，西洋化の進行は，白人の権益拡大と並行している。ハワイ王国は植民地化の危機感を強めたが，ハワイのアメリカ人は1887年にパールハーバーの独占使用権を入手する。さらに同年，王権を最大限に縮小し要職を白人に占めさせる新憲法を，武力によって成立させた。

　抵抗したカラカウア王は謎の死を遂げ，続くリリウオカラーニ女王は「ハワイ人のハワイ」を掲げて王権の回復に奔走したが，1893年，アメリカ人は海兵隊を出動させて王宮を包囲のうえ，王政の廃止を宣言し，合衆国への併合を進めた。しかし当時のクリーブラ

ンド大統領は，「王政復古すべきだ」「これは国際的犯罪ではないか？」と併合を拒否したので，翌1894年7月4日，ひとまずハワイ共和国が成立した。女王はこのクーデターを「ハワイ人をインディアンと同じ条件に陥れた」と抗議したが，成果はなかった。

　こうしてカメハメハ1世以来約100年続いたハワイ王朝は滅亡し，アメリカ＝スペイン戦争中のマッキンリー大統領のもとで，一度は拒否したハワイ共和国の併合が実現した。

---

**探究活動**

ハワイ王国と明治の日本──調べよう，考えよう。

1. ハワイへの日本人移民はいつ始まり，なぜ増えたのか。移民したのはどのような人びとだろうか。
2. 白人勢力の拡大に悩むカラカウア王は，1881（明治14）年の日本訪問時，日本との結びつきを強めて対抗しようとしたが，日本人移民の再開以外は実現しなかった。明治政府はなぜ国王の提案に非協力的だったのだろうか。
3. 1893（明治26）年，クーデタを知った日本は「在留民の保護」を名目として，東郷平八郎を艦長とする軍艦「浪速（なにわ）」を派遣した。真の目的は何だったのだろうか。

---

**授業づくりのポイント** ----------------------------------------------------------------

● 南北戦争は当初，奴隷解放を目的としなかった。なぜ南部を離脱させてはならなかったのか。北部が掲げる戦争の目的は，なぜ奴隷解放に変化したのか。

● 奴隷解放宣言の背景に，黒人の主体的な要求があったことに注意する。

● アメリカ合衆国の「発展」はどのようにしてもたらされたか。「明白な天命」の思想は過去のものか。合衆国のアジアでの戦争や，米中関係についても考えたい。

● 王政から立憲君主制，共和制への移行は通常は「民主化」だが，ハワイ王国の歴史では異なる。なぜなのか，何が問題なのか。

● 1870年代以降に創刊された雑誌『Puck』や『Judge』の政治風刺漫画は，ネット上でも多く見られる。画中の英語にも留意して，教材に使いたい。

● 西部開拓の途上，合衆国がメキシコから広大な領土を獲得する過程にも注目したい。

**参考文献** ----------------------------------------------------------------

猿谷要『物語アメリカの歴史──超大国の歴史』中公新書，1991年

歴史教育者協議会『100問100答　世界の歴史』河出書房新社，1990年

本田創造『私は黒人奴隷だった──フレデリック・ダグラスの物語』岩波ジュニア新書，1987年

同『アメリカ黒人の歴史　新版』岩波新書，1991年

（石出みどり）

# 11 アジアの植民地化と抵抗

この授業で学ぶこと ------------------------------------------------------------

　アヘン戦争後，中国の半植民地化が進行する。これに対して清朝政府と民衆は，どのような対応をしたであろうか。また，東南アジアにおける欧米の植民地化の過程と，それに対する各地の民族運動について，民衆の視点から学びたい。

-------------------------------------------------------------------------

## （1）太平天国の乱

　19 世紀半ば，アヘン戦争後の清朝社会の矛盾が深まるなか，民衆は重税による生活苦に直面し，宗教などを媒介とする結社が各地に生まれた。広東省出身の洪秀全が組織したキリスト教的な宗教結社が，拝上帝会である。洪秀全は，中国の古くからある神々を否定し，偶像破壊運動をおこなって勢力を拡大し，1851 年に広西省の金田村を拠点に蜂起し，「太平天国」の国号で新国家の樹立を宣言した。太平天国は各地で民衆の不満を吸収し勢力を拡大しながら北上し，1853 年には 20 万を超える大軍で南京を占領，天京と改称し首都とした。

　太平天国では，洪秀全は天王という最高位につき，そのもとに何人もの王を置いて各方面を守らせた。太平天国は，「滅満興漢」を掲げて清朝の打倒をめざし，土地を均分とする天朝田畝制度（実施はされなかった）などの政策を打ち出し，満州族の支配，外国貿易の開始による物価騰貴などに苦しむ農民・貧民の心をとらえた。また太平天国内では，アヘンの吸引が禁止され，満州人の習俗である辮髪は否定され，女性の自由を奪うとして纏足の風習なども廃止された（女性に仕事を負担させるためともいわれる）。

　やがて太平天国は内紛により弱体化し，漢人官僚が組織した義勇軍である郷勇とアメリカ人のウォードやイギリス人のゴードンが指導した常勝軍の攻撃により，1864 年に天京が陥落して滅亡した。イギリスなどの列強は，清朝を利用して中国での利権拡大をめざ

---

**探究活動**

太平天国は何をめざしていたのか――「天朝田畝制度」から考えてみよう。

　「およそ天下の田畑は天下の人がみんなで耕すべきものであって，ここの耕地が不足ならかしこに移って耕し，かしこの耕地が不足するならここに移って耕すようにすべきだ。天下の田は豊凶互いに融通すべきであって，ここが凶作なら，かしこの豊作をもって救い，かしこが凶作なら，ここの豊作をもって救う。こうして天下の人々をしてみなともに天父上主皇上帝の大いなる福を享受できるようにする。田があればみんなで耕し，食物があればみんなで食い，衣服があればみんなで着用し，銭があればみんなで使い，いずこの人もみな均等にし，一人のこらず暖衣飽食できるようにする。」

小島晋治『洪秀全と太平天国』岩波現代文庫，2001 年

し，民族主義的な太平天国を危険視したのである。

## （2）オランダのインドネシア支配と独立運動

17世紀初めに成立したオランダ東インド会社は，ジャワ島のバタヴィアに拠点を置き，1623年のアンボイナ事件でイギリス勢力を排除して，香辛料貿易を独占した。江戸時代に長崎に入港したオランダ船はバタヴィアから出帆した。18世紀末，フランス革命軍がオランダを占領すると，オランダ東インド会社は解散し，19世紀初頭にはジャワ島がイギリス軍に占領された。ウィーン会議でジャワ島の支配を回復したオランダは，イギリスと英蘭協定を結んでマラッカ海峡の西と南の支配権を獲得し，オランダ領東インドとして直轄領とした。

オランダの植民地支配に対して，ジャワ戦争やパドリ戦争，アチェ戦争などの抵抗があったが，オランダは1830年からジャワ島を中心に強制栽培制度を開始し，サトウキビ，コーヒーなどの商品作物で莫大な利益をあげた。このためジャワでは飢饉が起こり，森林の乱伐による環境破壊が起きた。

19世紀末から，カルティニら知識人による民族主義運動が芽生え，20世紀に入るとブディ＝ウトモや商人や知識人を中心とするイスラーム同盟（サレカット＝イスラーム）など組織的な運動が始まった。オランダに対する激しい民族抵抗運動はやがて，地域や宗教の枠を超えたインドネシアとしての独立をめざす運動へと広がり，インドネシア共産党や，スカルノを党首とするインドネシア国民党が組織された。

---

**探究活動**

インドネシアの国章――何を意味しているのか，
歴史的に考えてみよう。

◆国章には，神鳥ガルーダが描かれており，ガルーダのつかむ帯にはジャワ語で「多様性の中の統一」を意味する言葉が記されている。

---

## （3）フィリピンの独立運動 ―― フィリピン＝アメリカ戦争

16世紀以来，スペインの植民地支配が続いていたフィリピンでは，19世紀になると民族意識，ナショナリズムが芽生えはじめた。それは主にスペインに留学したフィリピンの知識人のなかから生まれた。ホセ＝リサールはフィリピン独立の父として，現在も国民的な敬愛を受けている。彼は留学先のスペインで小説『ノリ・メ・タンヘレ（我にふれるな）』

を出版し，スペインの植民地支配を批判した。フィリピンに帰国したリサールは小作料値上げ反対の運動を指導し，運動が弾圧されると日本に亡命した。東京の日比谷公園には東京に滞在した彼の記念碑が建てられている。フィリピンに戻ったリサールは1892年，平和的に独立をめざすフィリピン民族同盟を組織する。

　一方，ボニファシオらが組織したカティプーナン党が，労働者や農民を中心に，1896年に独立革命に立ち上がった。これに対しスペインは激しい弾圧を加え，見せしめに，蜂起とは関係のないリサールを革命の指導者として処刑した。しかしカティプーナン党は内部対立が深刻化し，主導権を握った有産階級を代表するアギナルドはボニファシオを処刑する。独立運動は弱体化し，アギナルドはスペイン当局と妥協して香港に亡命した。

　1898年，キューバ問題からアメリカ＝スペイン戦争（米西戦争）が起きると，アメリカはスペインとの戦いを進めるうえで，フィリピン独立運動を支援した。アメリカの援助のもと帰国したアギナルドは革命軍を指導してスペインと戦い，1899年，ルソン島中部のマロロスで国会を召集して憲法を定め，フィリピン（マロロス）共和国の初代大統領となった。

　アメリカ＝スペイン戦争の結果，フィリピンの領有権を得たアメリカは，フィリピンの独立を認めなかった。アギナルドらは，1899年からフィリピン＝アメリカ戦争を展開する。フィリピン共和国側のゲリラ戦に対し，アメリカは12万の大軍を送り，苦戦の末に平定できたのは1902年のことである。米軍の犠牲4000人に対しフィリピン人の犠牲は20万人ともいわれる。アメリカは統治するうえでフィリピンの独立運動を配慮せざるをえなかった。

---

**探究活動**

ホセ＝リサールの生涯——なぜ日本にリサールの銅像があるのだろう。

◆碑文には，「フィリピンの国民的英雄ホセ・リサール博士　1888年この地東京ホテルに滞在す　1961年6月19日建立」とある。胸像は，1998年にフィリピン独立100周年を記念してつくられた。

---

# （4）アジアの植民地化と抵抗 —— 劉永福（りゅうえいふく）のたたかい

　劉永福は，清末から中華民国にかけての軍人である。彼は中国南部の広東省の客家（はっか）の出身で，太平天国に呼応して始まった秘密結社天地会の蜂起に参加し清朝軍と戦った。太平天国の天京（てんけい）が陥落後はベトナムに逃れ，中国との国境付近で独立した勢力を築き，武装組織である黒旗軍（こっきぐん）を組織した。

　フランスのインドシナへの侵略が開始されると，1873年に劉永福と黒旗軍は，ベトナムの阮朝（げんちょう）の要請を受けてハノイに赴き，フランス軍と戦った。1884年から開始される清

仏戦争では，宣戦布告なしに侵入してきたフランス軍に黒旗軍が応戦し，開戦後はベトナム北部で清朝軍と協力してフランス軍と戦い，しばしば勝利をあげた。しかし，清朝政府が一方的に講和に踏み切り，ベトナムの保護国化が確定すると，劉永福は黒旗軍と共に帰国する。そして日清戦争が開始されると，清朝政府は劉永福を台湾へ派遣した。

　日本に対する抵抗運動の先頭に立った彼は台湾民主国崩壊後も南部に拠って抵抗を続けたが，戦況が不利となり厦門（アモイ）に脱出した。後には日本の二十一カ条要求にも反対した。

---

**探究活動**

年表から劉永福の足取りをたどってみよう。

| | |
|---|---|
| 1864 年 | 太平天国滅亡 |
| 1867 年 | 黒旗軍を組織 |
| 1873 年 | フランスとの戦い |
| 1883 年 | ベトナムの保護国化 |
| 1884 年 | 清仏戦争 |
| 1885 年 | 天津条約 |
| 1887 年 | フランス領インドシナ連邦 |
| 1894 年 | 日清戦争 |
| 1895 年 | 下関条約 |

---

**授業づくりのポイント** --------------------------------------------------------

● アヘン戦争から太平天国までの流れを確認したい。
● 太平天国の政策から，当時の民衆が置かれた状況を把握したい。
● どのようにして太平天国は敗北したのかを押さえたい。
● オランダのインドネシア支配の実態を押さえたい。
● インドネシアの民族運動の発展を把握したい。
● アメリカ＝スペイン戦争とフィリピン革命のつながりを押さえたい。
● アメリカによるフィリピン植民地化を，フィリピン＝アメリカ戦争からとらえたい。
● フランスのインドシナ植民地化の過程を押さえたい。

**参考文献** ---------------------------------------------------------------------

　小島晋治『洪秀全と太平天国』岩波現代文庫，2001 年
　『インドネシアの歴史　インドネシア高校歴史教科書』明石書店，2008 年
　鈴木静夫『物語フィリピンの歴史──「盗まれた楽園」と抵抗の 500 年』中公新書，1997 年

（石出法太）

# 12 東アジアの民族運動
## ──甲午農民戦争と日清戦争

**この授業で学ぶこと** ------------------------------------------------

　日清戦争は，近代日本が経験した最初の本格的な対外戦争だった。戦争は朝鮮や中国，台湾でおこなわれ，現地の多くの人びとが戦争に巻き込まれた。戦争はどのようにして始まり，何をもたらしたのか，東アジア世界という視点で学びたい。

------------------------------------------------------------------------

## （1）甲午農民戦争

　日清戦争はなぜ起こったのか。それは朝鮮を抜きには考えられない。1894年春，朝鮮半島南西部で大きな農民蜂起が起こった。その頃，朝鮮では，人間の平等を説く新宗教の東学が多くの信徒を集めており，東学の指導者全琫準（チョンボンジュン）らが立ち上がったのである。5000人の農民軍は，派遣された朝鮮政府軍を打ち破り，中心都市の全州（チョンジュ）を占領した。

　この後，休戦交渉が開始され，農民軍は政府と和約を結んで全州から撤退する。背景には，農繁期が近づいたことや，日清両国による派兵があった。史料として，農民軍が提示した改革案を挙げてある。南西部一帯には執綱所が設置され，改革が進められた。

　日清両国の派兵は，清は農民軍を鎮圧するために朝鮮政府が援軍を要請したもので，日本はこれに対抗しての派兵であった。和約が成立すると，朝鮮政府は日本軍の撤退を求め

---

### 探究活動

甲午農民戦争は何をめざしていたのか──朝鮮の政治・社会を考えよう。

**弊政改革12条**

1. 東学徒は政府との怨恨を水に流し，庶政に協力する。
2. 貪官汚吏はその罪状を調査し厳重に処罰する。
3. 横暴な富豪を厳重に処罰する。
4. 不良な儒林と両班などを懲罰する。
5. 奴婢文書を焼却する。
6. 7種の賤人差別を改善し，白丁がかぶる平涼笠は廃止する。
7. 青孀寡婦の再婚を許容する。
8. 名分のない雑税は一切廃止する。
9. 官吏採用には地閥を打破し，人材を登用する。
10. 倭と通ずる者は厳重に処罰する。
11. 公私の債務はもちろん，既存のものを無効にする。
12. 土地は平均して分作する。

呉知泳『東学史』

◆農民戦争の経過を確認し，農民軍の行動や政策を史料で読み，甲午農民戦争が朝鮮の歴史のなかで持つ意味を考えたい。

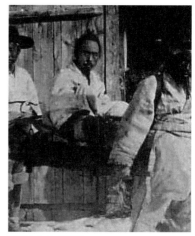

護送される全琫準

---

たが，日本は日清両国が共同で朝鮮の内政改革にあたることを清に提案する。これを清は拒否し，日本軍は駐留を続けた。

　7月に日清戦争が開始されると，朝鮮が戦場となり，日本軍による食糧や物資の徴発に対し各地で朝鮮民衆との衝突が起こり，農民軍はふたたび蜂起した。日本軍は朝鮮軍と共同して農民軍を鎮圧する作戦をとった。農民軍は数では勝っていたが，近代兵器を持つ日本軍の前に多数の犠牲者を出して敗北する。全琫準らも捕えられて処刑され，日本軍の徹底的な掃討作戦により，この2回目の蜂起の犠牲者数は3万人を超えるとされる。

## （2）日 清 戦 争

　戦争はどのように展開されたのだろうか。日清戦争最初の軍事行動は，1894年7月23日未明の日本軍による朝鮮王宮への攻撃だった。王宮を占領し国王を監禁した日本軍は，親日派政権を樹立。牙山に駐屯する清国軍を駆逐するため，南下を開始する。2日後の25日には豊島沖で清国艦隊を攻撃し，清の兵士を乗せた輸送船を沈めた。陸でも海でも，日本軍は清国軍を圧倒し，日本軍は清国領にまで侵入し，大連・旅順を占領した。

　この時，旅順を占領した日本軍は，清国軍の捕虜や非戦闘員の市民をも含む虐殺事件を引き起こした。この事件は国際世論から激しい批判を引き起こし，日本政府はその弁明に終始した。日清戦争における清国軍の犠牲者数は不明だが，数万人に及ぶと見られる。日本軍の死者は約1万3000人だが，その約9割が戦病死である。なぜ戦死より戦病死が多いのだろうか。

　戦争の勝利は，日本に何をもたらしたのだろうか。今日の日本人の対外認識との関係も

---

**探究活動**
戦争は日本国民に何をもたらしたのか――史料と絵から考えてみよう。
**日清戦争の勝利**
　「支那なんぞ地図の上ばかり大きくても，実力がない。憎くはあるがこれからの若い者は西洋から物を学ばなければならない。漢文より英語を，という考えが，自分の将来ばかり見つめている神経質な少年たちの頭へ来た。」
生方敏郎『明治大正見聞史』中央公論新社，2005年

◆戦争による日本人の意識の変化を，史料やビゴーの絵などから考えたい。随筆家の生方は13歳だった日清戦争当時をふり返って書いている。

中国人をさげすむ子どもたち　ビゴー画

考えてみたい。日本国内では，新聞などによる連戦連勝の戦争報道が国民を熱狂させ，軍国美談もつくられた。福沢諭吉は戦争を「文明の野蛮に対する戦争」，内村鑑三は「義戦」と正当化した。日清戦争は近代日本にとって最初の本格的な戦争であり，全国的な国民の動員と戦争情報の受容によって「日本国民」という共通意識をつくりだすことになった。それは中国人や朝鮮人に対する優越感と蔑視を伴っていた。

## （３）戦後の清

　日清戦争を東アジア世界のなかでとらえるとき，清からの視点も抜かせない。日清戦争の敗北は中国の半植民地化を決定的にしたともいえる。敗れた清は，1895 年に下関条約を結び，日本は多くの権益を獲得する。そのうち遼東半島は三国干渉によって清に返還されたが，清は 3000 万テールの銀をこの代償として日本に払うことになった。また，日清関係は日本に有利な不平等条約のもとに置かれることになった。史料からは，内容だけでなく何がもたらされたのかを確認したい。

　日清戦争の敗北をきっかけに，列強は清国領土内での利権獲得競争に乗り出した。そうしたなか，清のなかでは，日本の明治維新にならった改革を主張する動きが台頭した。その中心となった康有為は光緒帝を説得し，戊戌の変法と呼ばれる政治改革を断行させたが，保守派の反対によって改革は失敗に終わった。

　また，列強による分割が進行すると，中国では民衆の排外運動が激化した。1900 年には「扶清滅洋」を唱える義和団が北京に入ると，清朝はこれを支持して列強に宣戦を布告

**探究活動**
日清戦争の敗北は中国に何をもたらしたのか——史料から考えてみよう。
**下関条約の主な内容**
(1) 清国は朝鮮が独立自主の国であることを確認する。
(2) 遼東半島，台湾，澎湖諸島を日本に割譲する。
(3) 2 億テール（約 3 億 1 千万円）の賠償金を支払う。
(4) 沙市，重慶，蘇州，杭州の市港を開く。
◆下関条約の内容から，清国に何が起こったかを考えたい。賠償金の負担に加え，外国からの借款に基づく鉄道建設，そして列強の租借地の拡大を，地図で確認したい。

列強の中国侵出（原田敬一『日清・日露戦争（シリーズ日本近現代史 3）』岩波新書, 2007 年, 192 ページ）

した。列強 8 ヵ国は連合軍を組織してこれを鎮圧し，敗れた清は北京議定書に調印し，賠償金や外国軍隊の北京駐屯などを認めさせられた。北京に駐屯する日本軍が 1937 年の日中戦争の開始につながる点も押さえておきたい。


# （４）台湾の植民地化

　台湾の人びとは親日的といわれる。日本は植民地とした台湾をどのように支配したのだろうか。下関条約によって台湾が日本に割譲されると，台湾の人びとは反対の声をあげ，「台湾民主国」を樹立した。1895 年 5 月 29 日に樺山資紀海軍大将率いる日本軍が台湾に上陸，大きな戦闘もなく日本軍は台北や淡水を占領し，北部を制圧した。

　しかし，中部や南部では，抵抗する島民の激しいゲリラ戦が展開された。南部では，ベトナムでフランス軍を破った劉永福が軍を率いて日本軍と戦い，日本軍は赤痢やマラリアに苦しめられた。やがて台湾民主国は崩壊し，10 月台南を占領した樺山は平定宣言を出した。日本軍は 7 万人以上の兵力を投入し，多くの犠牲者を出したが，その 8 割以上が戦病死だった。台湾の犠牲は軍民合わせて 1 万 4000 人以上と推定される。

　植民地台湾の支配はどうおこなわれたのか，具体的に取り上げたい。台湾には，1895 年 6 月に強大な権限を持つ台湾総督府が設置された。初代総督には樺山が任命され，歴代総督の半分以上が軍出身者だった。総督府は土地の所有権を確定し，台湾銀行の創設，鉄道建設などを進め，アヘンや塩の専売もおこなった。製糖業には三井など大資本が進出した。台湾では平定宣言後も各地でゲリラによる抵抗運動が続き，総督府は大規模な掃討作戦をおこなった。1898 年から 1902 年までのあいだに「叛徒」1 万 950 人が処刑・殺害されたと報告されている。抵抗運動は 1930 年に起こった霧社事件までふれておく必要があるだろう。


## 授業づくりのポイント ------------------------------------------------------------
● 単に日本と清のあいだの戦争ではなく，東アジア世界のなかで位置づけたい。
● すでに学んだ近代における日朝関係の出発点を確認したい。
● 甲午農民戦争など朝鮮の近代史もふまえて日清戦争を位置づけたい。
● 戦争の実態については，王宮占領から旅順虐殺事件まで具体的に取り上げる。
● 日清戦争の勝利が日本人にどんな影響を与えたのかを考えたい。
● 日露戦争と韓国併合へとつながることを意識したい。
● 戦争が清に何をもたらしたのかを，政治の変化と民衆の動向から押さえたい。
● 台湾の植民地化の過程は，今日の日本と台湾の関係を考えるうえでも必要である。

## 参考文献 ------------------------------------------------------------------------
　檜山幸夫『日清戦争——秘蔵写真が明かす真実』講談社，1997 年
　原田敬一『日清戦争（戦争の日本史 19）』吉川弘文館，2008 年
　大谷 正『日清戦争——近代日本初の対外戦争の実像』中公新書，2014 年

（石出法太）

# 日露戦争とアジア

この授業で学ぶこと ------------------------------------

　日露戦争も，朝鮮をめぐる戦争だった。さらに，東アジアにおける国際関係と結びついた戦争だった。日露戦争を，世界を舞台に，多角的な視点で考えよう。そして，アジアの人びとの日本への期待と，日露戦争後の日本の進路との乖離を解明しよう。

------------------------------------

## （1）アジアの民族運動

　アジアの民族主義者にとって，日本はどういう国だったか。日清戦争後，中国人留学生が増加し，1905年には1万人台となった。彼らは日本語訳で西欧の文献を読み，近代化のための知識を吸収した。1898年，戊戌の政変に敗れた康有為・梁啓超が日本に亡命した。梁は横浜の華僑の支援で雑誌を発刊し，中国分割の危機を訴えた。また，革命派の孫文・黄興・宋教仁も相次いで日本に亡命，宮崎滔天・犬養毅ら日本人の支援者の協力を得て，1905年，東京で中国同盟会を結成した。機関誌

閔妃

『民報』は三民主義を掲げ，政治体制のあり方をめぐって誌上で梁と論争した。留学生はこうした議論にも学び，帰国後各地で近代化と改革の先頭に立ったのである。

　革命家の協力の例を挙げよう。1898年，フィリピン革命軍は日本の支援を求めてM.ポンセを派遣した。ポンセと知遇を得た孫文は宮崎・犬養らを紹介し，その甲斐あって陸軍の旧式武器の払い下げが実現した。だが，99年横浜を出港した布引丸は台風に巻き込まれて沈没し，支援は実らなかった。

　朝鮮は違った。三国干渉後ロシアに接近する閔妃を，公使三浦梧楼のもとに集まる対外硬派の日本人が暗殺し

---

**探究活動**

朝鮮の改革の動きを確認しよう。

**独立協会の活動　『独立新聞』創刊号論説（1896年4月7日）**

　「……われわれは，第一に偏っていない故に，……上下貴賤を別に取り扱わず，みな朝鮮人とのみ思い，朝鮮のためだけになり，公平に人民に語るつもりである。……われわれがこの新聞を出すのは，利を取ろうとするのではないので，価格を安くするようにする。みな諺文（ハングル）で書くのは，男女・上下・貴賤がみな読めるようにするためであり，また文節を離して書くのは，見やすくするためである。」

たのである。高宗が宮中を脱出してロシア公使館に保護され，三浦らのクーデターは失敗した。1897年，高宗は国号を大韓帝国と改め，近代化に乗り出す。かつての開化派の官僚や知識人は近代化を支持し，彼らが結成した独立協会は議会開設などの政治改革も志した。だが，高宗は皇帝独裁を堅持し，政治運動を弾圧した。また，財源の裏づけのない近代化策は，民衆の負担を過重にし，列強に利権を売りわたす結果となった。

## （2）日英同盟と日露戦争

　日本は列強にどう対応しながら戦争をしたのか。1900年，ロシアは満州を占領し，清の撤兵要請を無視した。日本はロシアと「満韓交換」の交渉をしつつ，開戦も視野にイギリスとの同盟も探った。イギリスは義和団事件の時日本に出兵を乞い，東アジアでの軍事力の不安をさらした。ロシアの南下で海軍力の優位も揺らいだ。イギリスは東アジアでの警察行動を日本に分担させたいと考えた。ただし，独仏との関係に支障が出ないように，イギリスは「好意的中立」にとどまる攻守同盟として1902年日英同盟が成立した。満州進出を阻まれたアメリカも日本に好意的だった。日本の方針は開戦に傾いていく。

　1904年1月，韓国は日露両国に戦時中立を宣言した。だが，2月8日，日本軍は仁川に上陸，開戦後日韓議定書を強いて事実上の占領下に置いた。朝鮮を兵站基地として戦争は満州でおこなわれた。日本が優勢だったが，両軍ともおびただしい死傷者を出して消耗した。1905年1月，「血の日曜日事件」からロシア第1次革命が起こる。5月の日本海海戦の結果を経て，アメリカ大統領ローズヴェルトは仲介に入った。

　ポーツマス条約で，日本は韓国の保護国化を承認させた。すでに第2次日英同盟，桂・タフト協定で，07年には日仏協約で相手国の勢力範囲を承認する見返りに韓国保護国化の承認を得た。さらに遼東半島の租借権の譲渡によって満州進出の橋頭堡を得た。日本は「帝国主義国の憲兵」から「帝国主義国」に転換したのである。多くの日本人は，帝国主

---

**探究活動**

総力戦の先駆としての日露戦争

　陸軍戦死者　8万5208人

・奉天戦　1904年

　死傷者6万6930人　参加兵力に占める死傷率27.2%

　「日露戦争は，技術的に完成された連発小銃で武装された大兵力が正面から激突しあった戦争であった。そして，それは，連発小銃で武装した歩兵大兵力の戦争としては，世界史上初の大戦争であった。」

　「日露戦争において，機関銃は歩兵用銃器としてはじめて本格的に使用され，その真価が定まったのであった。」

　大江志乃夫『日露戦争の軍事史的研究』1989年再版，岩波書店

義国の一員に加わることに，あまり疑問を持たなかった。だが，日本が白人の「不敗の神話」を打破した事実が，アジア・北アフリカの民族独立運動の活発化の一助となったことも事実である。

## （3）韓国併合

　韓国併合は欧米の植民地化と同じなのか。1905年11月日本軍が漢城市内の要所を固めるなか，反対を叫ぶ大臣を室外に連行した末に第2次日韓協約は成立した。韓国は保護国となり，初代統監伊藤博文はさっそく内政に介入した。彼は韓国の自主性を一切認めず，188人に及ぶ日本人顧問を使って改革を強行した。

　韓国民は日本の統治に抵抗した。まず義兵闘争である。義兵は閔妃殺害に憤った地方官，儒学者，農民の武装蜂起から始まった。高宗の復権を見て闘争はいったん終息する。第2次日韓協約の強制を機に闘争が再開した。指導者たちは単なる伝統回帰ではなく国家と民族の独立の死守を訴えたので，地域も民衆の支持もいっそうの広まりと深さを得た。学校を建設し教育によって民族意識を高めようとした愛国啓蒙運動や，近代的な産業を起こそうとする自強運動も広がった。07年，高宗はハーグ国際平和会議に密使を送るが，列強は会議への出席さえ拒否した。伊藤は高宗を退位に追い込み，韓国軍を解散した。ところが，兵士の一部が

安重根

義兵闘争に合流したため，08～09年義兵闘争は植民地戦争の様相を示した。09年伊藤はハルピンで安重根に射殺される。

　日本は韓国併合の方針を固め，10年8月韓国併合条約により韓国は滅亡した。保護国化からわずか5年足らずでの植民地化は異例だった。自主的な運動をすべて圧殺したため「有能で良質な」協力者層は成立せず，時に日本本土を上まわる数の官吏を配置し憲兵警察の強権的支配をおこなうしかなかった。

　欧米の植民地はほとんど欧米とは異なる文化圏の遠隔地で営まれた。また，欧米に比べて民族の一体性や国家形成の歴史が浅い地域が多かった。だが，韓国は日本と同一の文化圏に属する隣国だった。その民族と国家の歴史は1300年の長きにわたる。しかも，勝海舟が「朝鮮はお師匠さん」と言うよう

朝鮮総督府の庁舎

に，日本が技術や文化を朝鮮に学ぶ時期も長かった。韓国植民地と似た例は，19世紀の植民地化ではほとんどないのではないか。さらに，きわめて強引かつ性急におこなわれたことは疑いえない。

　日露戦争後，日本の世論は隣国への友情を失い，ひたすら完全な植民地化を求めた。そのようななかで幸徳秋水は「吾人は朝鮮人民の自由・独立・自治の権利を尊重し，帝国主義を以て之を侵害するは万国平民階級共通の利益に反すると認む」と訴えた。だが，1910年大逆事件で社会主義者の言論は封じられる。国じゅうが併合を祝うなかで石川啄木は異なる感慨を吐露した。「地図の上朝鮮国にくろぐろと墨をぬりつつ秋風を聴く」と。

---

**探究活動**

日本が韓国を植民地化するのに，条約の体裁を必要としたのはなぜだろう。

**韓国併合に関する条約**（1910年8月22日）

第1条　韓国皇帝陛下は韓国全部に関する一切の統治権を完全且永久に日本国皇帝陛下に譲与す。

第2条　日本国皇帝陛下は前条に掲げたる譲与を受諾し且全然韓国を日本帝国に併合することを承諾す。

---

**授業づくりのポイント** --------------------------------------------------------

● 1890年代から1905年まで，日本がアジアの民族主義者の活動の場となったのはなぜかを考えよう。

● 日露戦争を，2国間の戦争としてではなく，国際的な戦争として分析しよう。軍事史上の重要性，日本の進路の転換にも注意しよう。

● 韓国の植民地政策を，韓国の抵抗に対する弾圧策として考察しよう。また，欧米の植民地経営と比較検討しよう。

**参考文献** ---------------------------------------------------------------------

『岩波講座　東アジア近現代通史2』岩波書店，2010年

『岩波講座　近代日本と植民地1』岩波書店，1992年

歴史学研究会編『世界史史料9』岩波書店，2008年

（手塚優紀子）

# 14 帝国主義の成立

この授業で学ぶこと ------------------------------------------------

　19世紀末から第一次大戦までは，帝国主義の時代である。わずか数ヵ国の列強が世界を分割しようと動いたのはなぜなのか，非西欧の抵抗を視野に置いて考えよう。

------------------------------------------------

## （1）アフリカ分割

　帝国主義はどう形成されたか。1870年代から植民地は，資源獲得・貿易市場としてだけでなく，投資の対象になった。非西欧の各地域は列強の借款の返済に追われ，利権の譲渡や増税がおこなわれた。それは民衆の生活を直接脅かすものだった。人びとは近代化エリートを見放し，宗教や伝統的権威に依拠して，列強に抵抗を開始した。1881年エジプトで革命が起こると，イギリスは軍を派遣して鎮圧した。ところが，スーダンでマフディー運動が起こり，軍をナイル上流部に進めることになった。フランスは西アフリカのセネガルから内陸へ拡大を図り，イスラーム系の首長の激しい抵抗にあう。ドイツ・イタリア・ベルギーも植民地獲得に乗り出し，アフリカは分割の舞台になった。

　持続的な派兵には，国内の政治勢力の結集と国民の支持が必要だ。イギリスでは自由主義者が経済発展と国際的地位の向上には植民地獲得が不可欠と見なし，多くの社会主義者も労働者への利益還元を条件に黙認した。新聞は植民地で活動する者を「未開に文明をもたらそうと献身する勇者」に祭り上げ，国民は熱狂した。白人至上の人種主義だけでなく，自国を神聖視する選民思想も蔓延し，偏狭で好戦的な愛国主義（ジンゴイズム）が広がっていった。これはやがて政府を左右する勢いになっていく。

　1898年，ようやくマフディー国家を滅ぼしたイギリスは，大陸を東進してきたフランスとファショダで衝突する。フランスの自発的撤退で事は収まり，列強はアフリカでの勢力範囲をいちおう合意した。人工的に引かれた境界線は，民族と伝統的社会をずたずたに寸断し，列強の分割統治によって民族対立がつくりだされた。アドワの戦いでイタリアを

---

**探究活動**

国民にとっての帝国主義

**デーリー・ミラー創刊の辞**（1896年）

　「……デーリー・ミラーは帝国の理念の体現者であり，その代弁者である。……我々は，ユニオン・ジャックが弱体民族には保護を，抑圧されている民族には正義を，踏みにじられている者には自由を意味していることを理解している。我が帝国はいまだ力を使い切っていないのである。」

『岩波講座　近代日本と植民地1』岩波書店，1992年

退けたエチオピアは独立を守ったが，他の抵抗はすべて敗北した。抵抗者は「無知で残酷な野蛮人」と貶められたが，彼らは帝国主義の本質を見抜いていた。セネガルで鉄道反対闘争を指導したラト・ディオールは，「鉄道はセネガルの富を奪いフランスに運び去る施設だ」と説いた。至言であろう。

## （2）南アフリカ戦争

南アフリカ戦争が帝国主義の縮図といわれるのはなぜか。南アフリカは17世紀からオランダ人が入植した。彼らは「神は白人と黒人が同等の権利を有することを欲しない」と唱え，先住民の土地を奪い，彼らを奴隷として農場を経営した。その子孫はブール人と呼ばれ，自らを「真正のアフリカ人」と見なす倒錯した民族意識を生んだ。1814年ケープ植民地が英領になると，彼らの多くは内陸へ移住し，オレンジ・トランスヴァール両国を建国した。

1900年頃の南アフリカ

19世紀後半，両国でダイアモンド，トランスヴァールで金鉱が発見され，ケープ植民地の優位が脅かされた。1890年セシル＝ローズがケープ植民相となる。鉱山業で巨富を成したローズは，カイロからケープタウンに至る植民地帝国を構想し，植民地拡大の施策を推進した。95年，トランスヴァール在住のイギリス人を使ってクーデターを試みるが，失敗し辞職した。だが，構想は受け継がれた。本国の新聞は両国在住のイギリス人が抑圧されていると報じ，政府は両国がイギリスの宗主権を拒否したことを理由に1899年11

---

**探究活動**

南アフリカ戦争は，アフリカ人にとって何であったか。

**「ソル＝プラマーキのマフェキング日記」**（プラマーキはボツワナ人で英軍の通訳）

「1900年1月3日，彼ら（ブール軍）は今朝は……『いまいましい原住民』をやりこめることにしている。彼らはスタット（黒人街区）を東西から砲撃している。戦争は1カ月足らずしか続かないと考えた種々雑多な原住民の集団がヨハネスブルクから流れこんで来たのだ。2月8日，今日から原住民はパス（身分証明書）なしにはタウン（白人街区）には立ち入れなくなった。……〔スタットの住民は〕黄色いカードを受け取り，タウンから帰ってくるたびに返さなくてはならない。」

月開戦した。反戦運動は全く起こらなかった。

　6週間で勝つ予定の戦争は，ブール人の頑強なゲリラ戦によって2年余りに及んだ。イギリス軍は40万人を投じ，村々をすべて焼き払い，20万人以上の一般住民を強制収容所に閉じ込めるという「汚い戦争」によって，やっとブール人を降伏させた。他国が戦争に介入するのを防ぐため，イギリスは列強に接近し，融和に心を配った。莫大な戦費と軍の消耗のため，植民地帝国支配の負担を分担してくれる国も必要となった。「光栄ある孤立」を放棄せざるをえなくなったのである。

　南アフリカ戦争は，①植民地の出先の不安と暴走が発端となり，②本国の政治勢力や国民のジンゴイズムに支えられ，③国際関係のバランスに変調をもたらしたという点で，帝国主義の構造をあらわにした。そして，本来のアフリカ人の姿が戦争当事者の視野から完全に欠落していたことは，帝国主義の本質を明らかにしている。


## （3）太平洋の分割

　太平洋分割の動機は何か。18世紀末，ロンドン伝道会がタヒチに布教した。タヒチの人びとは，キリスト教を信じれば物を与えられると刷り込まれ，宣教師や白人商人の略奪を甘受した。人びとがアジアとの交易品として育ててきた白檀と海産物は略奪によって絶滅し，地下資源は掘り尽くされ，1870年代には奴隷狩りが横行した。唯一ハワイ諸島だけが国家統一を成し遂げ，1842～43年カメハメハ3世が英・仏・米に独立を承認させた。

女王リリウオカラーニ

　オーストラリアは18世紀後半，イギリスの流刑地とされた。1840年，流刑制度が廃止され，開発型の入植が始まる。流刑地時代から始まったアボリジニの虐殺と奥地追放が加速し，アボリジニは絶滅寸前に追い込まれた。ニュージーランドも植民地化されたが，先住のマオリ人は迫害を耐え抜き，独自の文化・芸術を保ちつづけている。

　太平洋諸島は，1890年代に列強に分割された。経済的利益や軍事的拠点を求めてというより，「植民地獲得」自体が国家の「死活的利益」と見なされるようになったことが大

---

**探究活動**

オセアニアに残る帝国主義の傷

　1990年，ニュージーランドでワイタンギ条約150年記念祭がおこなわれた。出席したエリザベス女王に，女性が黒シャツを投げつけた。
ワイタンギ条約とはどんな内容だろう。女性は何者だろう。彼女は何に抗議をしたのだろうか。調べてみよう。

きい。分割によって諸島は社会を再構築することとなった。

　ハワイ王国は経済振興のため積極的に移民を受け入れた。特に多かったアメリカ移民は次第に政治力を強め，ハワイアンの権利を守ろうとする国王と対立した。1893年，彼らはアメリカ軍の助力を得てクーデターを起こし，女王リリウオカラーニを退位させ，共和国成立を宣言した。そして，1898年，ハワイはアメリカに併合されてしまう。


## （４）東アジアの帝国主義

　日清戦争後，列強は日本への賠償支払いに苦しむ清を「病める豚（あなど）」と侮り，領土分割に殺到した。ドイツは山東省に大勢の宣教師を送り，住民との紛争を口実に1898年3月，膠州湾（こうしゅう）を租借した。ロシアは小艦隊を旅順に送り，同月，旅順・大連の租借と大連－ハルビン間の鉄道敷設（ふせつ）権を得た。フランスも同月，広州湾を租借し，範囲は測量次第という条件をつけた。イギリスは山東の威海衛（いかいえい）と九竜半島を租借して独仏を牽制（けんせい）した。

　地方官と民衆は亡国の危機に強く抵抗した。山東に起こった義和団は華北一帯に広がり，北清事変へと発展する。広州湾では地方官と民衆が協力して，仏軍の測量阻止闘争をくり返した。長江流域では運送業者や労働者が会党を組織して西欧資本の進出に対抗した。台湾でも住民が独立を宣言して日本と戦い，抵抗は1902年まで続いた。だが，西太后政権は，「民心用う可し（もち）（べ）」と訴える官吏を罷免（ひめん）し，民衆の自衛組織を弾圧した。義和団運動を抑え切れぬと見て列強に宣戦するも惨敗した。

　一見，抵抗は空しかったと思える。だが，義和団掃討を指揮したドイツの軍人ヴァルデルゼーは，「4億の民衆は……自尊心に富み，心身も衰弱していない」と報告し，「（列強による中国）分割は最大の下策である」と語っている。なお呪術的でありながらも強烈な民族意識を広げた義和団とこの民衆の力を肯定的に把握しようとする地方官の登場は，分割を克服する第一歩だったともいえるだろう。


## 授業づくりのポイント ------------------------------------------------------

● 帝国主義を政治・経済・文化の視点から分析し，帝国主義の具体的な姿を理解する。
● 非西欧の抵抗の拡大と，帝国主義のあり方の変化との関係について考える。
● 東アジアにおける帝国主義の成立と日本との関わりを考える。
● 現在のアフリカ，オセアニアなどに残る帝国主義の影響を考える。

## 参考文献 ----------------------------------------------------------------

『朝日百科　世界の歴史』第106巻・第111～113巻，1990～1991年
岡倉登志『ブラック・アフリカの歴史』三省堂，1979年
歴史学研究会編『世界史史料　8・9』岩波書店，2009年

（手塚優紀子）

# 15 世界大戦前の世界

この授業で学ぶこと ------------------------------------------------------------

　20世紀初頭，ヨーロッパの国際関係が大きく変化する。その理由を，世界全体を視野に考えよう。アジアの民族運動も変化する。そのなかで日本はどのような立場を選んだろうか。

------------------------------------------------------------

## （1）三国同盟と三国協商

　日露戦争終結で世界分割は一段落し，列強は植民地帝国の維持と再分割の準備に向かった。イギリスを中心にその動きを見ていこう。

　日英同盟が成立すると，フランスは日露の対立に巻き込まれるのを避けるためイギリスに接近した。1904年，英仏協商が成立し，両国はアフリカ・東南アジアで勢力圏を定めた。05年，モロッコでドイツとフランスが対立すると，イギリスは一貫してフランスを支持した。この時，フランスの金融資本に依存するイタリアもフランスを支持した。

　日露戦争後，ロシアは外交の重心をヨーロッパに戻す。イギリスにとって，バルチック艦隊を失ったロシアはもはや脅威ではない。その陸軍力はヨーロッパの革命運動，非西欧の民族運動，東アジア唯一の強国日本の抑止に利用できる。ドイツもロシアに働きかけたが，フランスの金融資本に頼るロシアは，イギリスとの交渉に応じた。07年英露協商で，両国はイラン・中央アジア・チベットの勢力圏を定め，イギリスはさっそくイラン立憲運動の弾圧をロシアにやらせた。連動する形で，東アジアでは日仏協約・日露協約が成立した。この結果，ヨーロッパではドイツが孤立し，東アジアではアメリカが疎外された。

　ドイツは19世紀末，重工業でイギリスを追い越したが，両国は競争しつつ協力し成長する緊密な経済関係を築いていた。だが，ドイツの中東進出が，この地をインド防衛の生命線とするイギリスを刺激した。さらに，ドイツの海軍力の増強策はイギリスの不安を煽り，両国は果てしない建艦競争に突入した。ヨーロッパは「武装平和」という不穏な状況になった。

## （2）バルカンの情勢 ——「ヨーロッパの火薬庫」

　1907年，バルカンのオスマン領サロニカで，政治結社「統一と進歩」に所属する軍人が「憲政回復」を掲げて決起した。彼らは住民の支持を得てスルタンを圧倒し，1878年以来停止されていた憲法を回復した。だが，革命政府が手に入れたのは，列強の管理権と借款にがんじがらめにされた「瀕死の病人」としての帝国だった。そして諸民族は，彼らの掲げる「オスマン人としての平等」ではなく，民族の自立を求めて離反していった。

　この混乱に乗じて08年オーストリアは，突如ボスニア・ヘルツェゴヴィナを併合する。

**探究活動**

表と風刺画から，ヨーロッパの「武装平和」の実像を考えてみよう。

国民一人当りの軍事費（単位：マルク）

|  | 1890 | 1900 | 1910 |  | 1914<br>国民総所得中軍事費の占める% |
|---|---|---|---|---|---|
| ドイツ | 12.3 | 15.0 | 16.0 | 34.0 | 4.6 |
| オーストリア | 6.5 | 6.2 | 7.0 | 13.8 | 6.1 |
| フランス | 19.8 | 21.1 | 27.6 | 29.6 | 4.8 |
| イギリス | 16.0 | 56.0＊＊ | 30.5 | 34.4 | 3.4 |
| イタリア | 10.6 | 10.5 | 14.0 | 15.4 | 3.5 |
| ロシア | 5.5 | 6.0 | 10.3 | 16.6 | 6.3 |

＊一ポンド＝20マルクで換算
＊＊ボーア戦争の戦費が含まれる

1913年の列強の海軍力（隻数）

|  | Ⅰ　戦艦 | | Ⅱ　巡洋艦 | | ⅠⅡのうちドレッドノート型 | |
|---|---|---|---|---|---|---|
|  | 完成 | 建造中 | 完成 | 建造中 | 完成 | 建造中 |
| イギリス | 59 | 16 | 43 | 1 | 29 | 17 |
| ドイツ | 33 | 7 | 13 | 4 | 17 | 11 |
| アメリカ合衆国 | 32 | 6 | 14 | ― | 10 | 6 |
| フランス | 21 | 12 | 19 |  | 10 | 12 |
| 日本 | 14 | 4 | 15 | 2 | 6 | 6 |
| ロシア | 8 | 8 | 6 | 4 |  | 12 |
| イタリア | 12 | 6 | 9 | ― | 4 | 6 |
| オーストリア | 15 | 5 | 2 | ― | 3 | 5 |

『岩波講座世界歴史23』1969年，

● ドレッドノート：1906年に進水した，装備・排水量ともに当時では比類ないイギリスの戦艦で，以後の戦艦のタイプの名称となった。

● ドイツの軍拡は本当にイギリスを脅かしていたのか？（ドレッドノートなども絡ませてもいい）

● 軍費の増大は誰が負うことになるのか。

風刺画『図説　世界文化史体系10』
角川書店，1960年

この地はオスマン領だが，1878年のベルリン条約でオーストリアの占領管理下に置かれた。住民はスラヴ系が多数派で，セルビア王国が併合を望んでいた。この暴挙には，セルビアだけでなく全バルカンのスラヴ系住民が抗議，何よりパン＝スラヴ主義の盟主ロシアが激昂した。中東進出のためバルカンをねらっていたドイツは，パン＝ゲルマン主義を唱えてロシアに外交的圧力をかけた。日露戦争直後のロシアは経済再建の途上にあったため，やむなく併合を認めた。

　12年，セルビア・ブルガリア・ギリシア・モンテネグロはバルカン同盟を結んだ。ロシアは同盟を反オーストリアに利用しようと企てたが，同盟は領土拡張をねらってオスマン帝国に宣戦した。第1次バルカン戦争はオスマンの敗北に終わり，オスマンは海峡周辺と一部の島を除くヨーロッパ領を失った。ところが，勝利した同盟は領土の分配をめぐって対立し，ブルガリアと3国およびルーマニア間で第2次バルカン戦争が起こる。19世紀末以来各国に蔓延した排外的な国粋主義が原因だった。ロシアの仲介で戦争は終わったが，敗北したブルガリアはオーストリアに接近し，パン＝スラヴは画餅（がべい）と化した。

　バルカンではロシアのパン＝スラヴ主義とオーストリアの対立，中東をうかがうドイツとそれを警戒するイギリス・フランスの対立が絡み合った。さらに，衰退の一途をたどるオスマン，国粋主義に冒されたバルカン諸国は不安定に拍車をかけた。バルカンは地域紛争が一挙に国際紛争と化す「火薬庫」になったのである。

---

**探究活動**

ボスニア・ヘルツェゴヴィナ併合の構造を資料から考えよう。

「**皇帝フランツ＝ヨーゼフの外相エーレンタール宛書簡**」

　「オーストリア＝ハンガリー国は，いやしくも文化と政治における高邁な目的に適うべくボスニア・ヘルツェゴヴィナを占有し，統治を行ってきたのである。多くの犠牲を払って達成したその成果も，統治の欲求に見当った国制上の装置があってはじめてなお今後も確保されるものである。」

---

## （3）アジアと日本

　第1次ロシア革命は，民衆の組織化と民族解放への動員が，大きな力となることを教えた。1905年以降，エジプトの反英運動，イランの立憲運動，インドのベンガル分割反対運動など，民族主義エリートと民衆が共同した闘争は帝国主義国を脅かした。この時，日本はどうしただろうか。

　1905年，ベトナムの独立運動家ファン＝ボイ＝チャウが来日した。彼は梁啓超（りょうけいちょう）の助言でベトナム人を日本に留学させる東遊（とうゆう）運動を始めた。彼自身も近代思想や政治学を学び，多くの論文を著して本国に送った。だが，政府はフランスの依頼を受けて09年，ファンと留学生を国外追放に処した。中国人学生への取り締まりも強まる。07年，孫文は国外退去を求められ，シンガポールに去った。

1911年10月10日，辛亥革命が起きる。改革の成果を列強に売りわたす清への失望，増税に対する民衆の反発から，革命は華中・華南に一挙に広まった。帰国した孫文は，南京を首都として中華民国建国を宣言する。イギリスは北洋軍の実力者袁世凱を清の首相に推し，革命圧殺を図った。資金と兵力の不足を痛感していた孫文は，袁世凱に大総統の地位を譲るかわりに清を倒すことを求めた。1912年2月袁世凱は宣統帝を退位させ，清は滅ぶ。辛亥革命の影響は華人社会を通じて海外に及んだ。ファン＝ボイ＝チャウは12年，広東に渡り，ベトナム独立運動を続けた。

---

**探究活動**

以下の論説から日本のどのような姿を見ることができるだろうか。

**清国人留学生取り締まりへの抗議**

　「今，日本人には白人同様近づいてはいけないことがやっとわかり，目からうろこが取れた思いだ。われわれはあえて日本人を恨みはしない。これまで自分を強くしようと考えずに，ひたすら他人を頼っていたことだけを恨む。またあえて同胞に告げるが，日本人の『同文同種』という言葉にだまされてはいけない。隣家に私の兄弟だと自称する者がいて，強盗がわが家に入ってきたときに，強盗を追い払ってやるという口実で，私の部屋に入ってきたとする。その場合，私は強盗以上にその人を憎む。」

　（1905年10月3日「申報」）

---

**授業づくりのポイント** --------------------------------------------------------------

● 20世紀初めの国際関係を，世界再分割への準備と民族運動の高揚への対策という2つの側面から分析する。
● バルカン情勢を考える際，バルカンの諸国家や住民，オスマン帝国を視野に入れる。
● 日本がアジアの新たな民族運動に敵対する道を選んだことを確認する。

**参考文献** --------------------------------------------------------------------------

『岩波講座　世界歴史23』岩波書店，1969年
『岩波講座　東アジア近現代通史3』岩波書店，2010年
木戸蓊『バルカン現代史』山川出版社，1977年

（手塚優紀子）

# 「近代化と現代的な諸課題」としてのクルド人問題

この授業で学ぶこと ------------------------------------------------------------------

「近代化と現代的な諸課題」とは，近代の歴史的過程で発生し，未解決のまま現代の課題として残されている問題であり，『学習指導要領解説』は「……同時代における対処にもかかわらず，現在においても対応が求められる課題として残存していることに気付くように指導を工夫すること」と記している。以下，「国を持たない世界最大の民族」であるクルド人の歴史と現在に目を向け，日本との関係を視野に入れ授業づくりを考えたい。

------------------------------------------------------------------

## （1）クルド人問題の発生

クルド人は独自の言語と文化を持つ民族で，トルコ，イラク，イラン，シリアにまたがる"クルディスタン"と呼ばれる地域に居住し，人口は約3000万～4000万人と推定されている。その起源には諸説があり，12世紀に十字軍を破りイェルサレムを奪還したサラディンもクルド人として知られている。16世紀以降はオスマン帝国とイランの諸王朝の争奪の対象となり，以後，分断の歴史を歩み，現在に至っている。

第一次世界大戦中の1916年，英仏露3国がオスマン帝国を分割する密約サイクス・ピコ協定を結び，その後，第一次大戦後の1920年に連合国と敗戦国オスマン帝国がセーヴル条約を，そして1923年には新生のトルコ共和国と連合国がローザンヌ条約を結ぶなど，そのたびごとにクルド人は翻弄されてきた。

## （2）現在のクルド人問題

2019年現在，クルド人問題は，①彼らが居住するトルコ，イラク，イラン，シリアなどでの中央政府との関係，②国境を越えた中東地域全体としての問題，③「イスラム国」(IS) とアメリカ中心の有志連合の戦いなどの国際問題，④ドイツやイギリス，日本などにおけるクルド人のコミュニティの問題など，多面的な様相を呈している。ここでは①に注目する。

トルコでは，1978年に発足した「クルディスタン労働者党」(PKK) が分離独立をめざし長年武装闘争を展開し，トルコ政府（公正発展党）は2013年にPKKと停戦したものの，15年に和平交渉が破綻し，和平は実現していない。内戦が続くシリアでは，アサド政権の北部地域での戦線の縮小に伴い，クルド人の武装組織，「人民防衛隊」(YPG) が勢力を伸ばし，シリアの国土の3分の1を実効支配している。イラクでは，2017年9月，北部のクルド人自治区で独立の賛否を問う住民投票がおこなわれ，93%が賛成票を投じた。しかし，隣国のトルコとイランの反発，ISの掃討作戦でクルド人と連携するアメリカの

**探究活動**

資料1（セーヴル条約）と資料2（ローザンヌ条約），地図1（「セーヴル条約におけるクルド人地域」）と地図2（「ローザンヌ条約における国境線」）を読み，2つの条約でクルド人の居住地域がどのように変化したかを説明しよう。

**資料1　セーヴル条約政治条項，1920年8月10日**

　「第64条　本条約実施日より1年以内に……クルド地域住民の圧倒的多数がトルコからの独立を希望する旨国際連盟理事会に申し出た場合，また理事会が彼らの独立能力を認めた場合，その独立承認を勧告し，トルコは同勧告に同意するものとする。」

**資料2　ローザンヌ条約，1923年7月24日**

　「第28条　各締約国はこれによって，それぞれにトルコにおける不平等条約の完全な撤廃をすべての点で認めるものとする。」

歴史学研究会編『世界史史料10』岩波書店，2006年

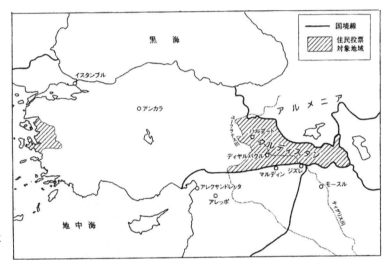

地図1　セーヴル条約におけるクルド人地域

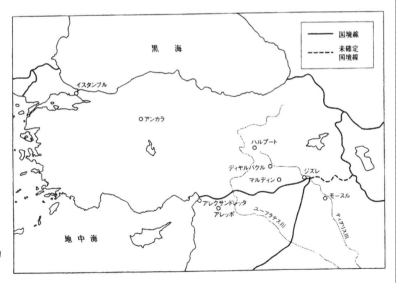

地図2　ローザンヌ条約における国境線

山口昭彦編『クルド人を知るための55章』明石書店，2019年

反対などで国際的理解を得られず，独立を断念した。イランでは，2003年につくられた「クルディスタン自由生活党」（PJAK）が独立闘争を続けている。トランプ米政権の対イラン制裁もあり，イランの経済が低迷し，クルド人地域の経済発展が遅れているため，反政府デモが頻発している。

---

**探究活動**

以下の資料を読み，2019年12月段階におけるシリアのクルド人と，アサド政権，トルコ，イスラム国，アメリカ，ロシアとの関係について説明しよう。

資料1

　「（クルド人は）イラクとシリアにまたがる国土の3分の1を支配した過激派組織『イスラム国』（IS）との戦いでは，米軍主導の有志連合軍による支援を受け，地上戦を担って活躍した。」

『朝日新聞』2019年12月16日付，夕刊

資料2

　「シリアでは……クルド人の武装組織（YPG）が過激派組織『イスラム国』（IS）を打倒した立役者になった。ただ，勢力の拡大は隣国トルコの警戒を呼び，今年（2019年）10月，越境攻撃を受けることになった。……シリア国土の3分の1を実効支配するYPGの動きに，懸念を深めた……トルコはYPGを……『クルディスタン労働者党』（PKK）と一体のテロ組織と認定している……。だが……YPGの支配地域には駐留米軍がいたため，なかなか手を出せなかった。ところが，シリアからの米軍撤退が持論のトランプ米大統領は今年（2019年）10月，シリア北部から米軍部隊を撤退させ，トルコの軍事作戦を黙認。米国に見捨てられ，トルコ軍の猛攻にさらされたYPGは緊張関係にあったアサド政権とそれを支えるロシアに頼る羽目になった。」

『朝日新聞』2019年12月18日付，夕刊

---

## （3）日本国内におけるクルド人問題

　ドイツやイギリスなどヨーロッパ諸国にはクルド人のコミュニティが存在し，その総人口は150万人以上とされている。日本でも1990年代以降，難民申請を目的に来日するクルド人が増加し，その数は2000人を超えている。彼らのうち約1300人はトルコ国籍のクルド人であり，埼玉県の川口市と蕨市の一帯に集住し，この地域は“ワラビスタン”と呼ばれる日本国内最大のクルド人コミュニティを形成している。

　日本とトルコのあいだには相互ビザ免除協定が適用されているため，クルド人は観光ビザで入国し，90日間のビザの期限が過ぎても滞在を続け難民申請をおこなうケースが多い。しかし，トルコ政府と友好関係にある日本政府は，トルコ国籍のクルド人をトルコ人と認定し，クルド人としての民族認定をおこなわないため，クルド人が日本で難民として認められた事例はない。日本は1981年の難民条約加盟以降，難民の受け入れを出入国管理政策の一部として実施し，認定率は低く，また，申請から結果が出るまでに半年から1

年以上を要している。実際には，在留資格のある期間内に申請した場合には，申請から6ヵ月を過ぎると，日本での就労が認められる。そこで，日本で難民申請すれば就労できるという噂が誘因となり，先に来日した親類や知人を頼ってクルド人が訪日する事例が増えている。

　在日クルド人は，建設業や飲食業で生計を立てながら，トルコ国内で制限されているクルド文化を自由に表現し，"ネブロス"の名で知られる新年を祝う祭りを，日本人を交えて蕨市内の公園で盛大におこなうなど，地域住民との交流を深めている。在日クルド人のなかには，日本人との婚姻によって永住権と合法的な就労ビザを取得し，起業に成功した人びともいる。埼玉県や川口市などの自治体は，地域のボランティア団体やNGOと連携し，在日クルド人への様々な対応をおこなっている。今後，在日クルド人の増加が予測されるなか，日本社会が彼らにどう向き合うかが問われている。

---

**探究活動**

日本国内におけるクルド人の難民認定について，どう考えるか。①トルコ政府，②日本政府，③クルド人の支援団体（日本クルド文化協会など），④クルド人在住の地方自治体，⑤クルド人在住の地域市民という5つの立場に立って考え，それぞれの意見をまとめよう。そのうえで，あなた自身の考えを表明しよう。

◆「学習指導要領解説」は「近代化と現代的な諸課題」について，「一つ，あるいは複数の観点について取り上げ，適切な主題を設定すること。その際，自由・制限，平等・格差，開発・保全，統合・分化，対立・協調などの観点に示された二つの要素のどちらかのみに着目することのないように留意すること」と記し，多角的な観点からの考察を重視している。

---

**授業づくりのポイント** --------------------------------------------------------------

● 「近代化と現代的な諸課題」としてクルド人問題を位置づけ，クルド人が歩んだ近現代の「分断」の歴史的過程について，理解する。
● 現在のクルド人問題を，中東世界全体および国際関係の文脈に位置づけ，把握する。
● 在日クルド人に目を向け，彼らとの共生について，理解を深める。

---

**参考文献** --------------------------------------------------------------

池内 恵『サイクス＝ピコ協定——百年の呪縛』新潮選書，2016年
今井宏平『トルコ現代史——オスマン帝国崩壊からエルドアンの時代まで』中公新書，2017年
永田雄三編『新版世界各国史9　西アジア史II』山川出版社，2002年
山口昭彦編『クルド人を知るための55章』明石書店，2019年

（米山宏史）

# 2つの世界大戦と平和への希求
（国際秩序の変化や大衆化と私たち）

# 1 第一次世界大戦
## ——「総力戦」がもたらすもの

**この授業で学ぶこと** -------------------------------------------------------------

　第一次世界大戦は，帝国主義国の同盟関係を背景にした大規模な戦争で，兵器・戦術が大きく変化し長期戦となった。そして兵士だけでない一般民衆や植民地従属国が戦争と強く関わる「総力戦」となり，世界に大きな影響を与えた。その変化と影響をつかみたい。

-------------------------------------------------------------------------------

## （1）第一次世界大戦に見る戦争の変化

　1914年7月に始まる戦争について，ドイツ皇帝ヴィルヘルム2世は兵士に「諸君は落ち葉の季節の前に家に帰れるだろう」と語った。短期決戦と考えていたのである。しかしそうはいかず，最終的には予想もしなかった4年を超える戦争となった。この戦争はこれまでの戦争と大きく異なるものとなった。どのような戦術がとられ，新しい兵器が使われたか，A～Cの絵と以前の戦争の写真や図版などを見比べて，まず次の点を確認したい。

①　ドイツ・フランス国境（西部戦線）にイギリス・フランスとドイツの両軍は二重三重に塹壕を掘って対峙した（A）。そして背後に回り込まれないために壕を延ばしつづけ，なんと塹壕はイギリス海峡からスイス国境にまで及んで延々と戦いつづけることになった。ドイツは毒ガスを開発・使用した。東部戦線でもドイツはロシア軍を簡単に打ち破れなかった。これまでは数週間，数ヵ月で終わっていた戦争が，4年を超える予想外の長期戦となり，戦死者も激増した。

（A）西部戦線の塹壕（イギリス兵は毒ガス対策のマスクをつけている）

（B）イギリス軍戦車

②　塹壕用にイギリスが戦車（タンク）を開発した（B）。戦車は，鉄条網を踏み破って前進し塹壕を乗り越え，死者も負傷者もかまわず圧しつぶすという。1台がドイツ軍に捕獲されるとたちまちドイツ軍にも戦車があらわれ，その使用が広がっていった。

③　機関銃や大砲が多数使われて，これまでになく銃弾が大量に消費され，戦争中に補給

しつづけることが不可欠となった。

④ 1903年にライト兄弟によって世界初の本格的な有人飛行がおこなわれた飛行機が，戦争に登場した（C）。はじめは偵察用だったが，すぐに機関銃などが積まれて戦闘に使われた。そしてドイツは飛行船によるロンドン空襲を含めて空からの都市攻撃にも使用しはじめた（本格的な「戦略爆撃」として重視されるのは，第一次世界大戦を経てのことになる）が，これらは様々な点で，当時の社会に大きな影響を与えていく。

（C）飛行機（フランスのスパッド13）

（A）〜（C）『ファミリー版 世界と日本の歴史9』大月書店，1988年

---

**探究活動**

1. 塹壕戦から生まれ，今でもスポーツでベンチにいる選手などに使われているコートは何だろう。また，塹壕戦の特徴と，それがもとになって起こる戦争病にはどのようなものがあるか，調べてみよう。
2. これまでの戦争と第一次世界戦の期間を，表にして比べてみよう。

---

## （2）総 力 戦 の 時 代 へ

　これまでの戦争は軍隊（兵士）が戦争の主体であり，戦場でとられた奇抜な戦術が勝敗に大きな影響を与えることも少なくなかった。一般の人びとが直接戦争の帰趨と関わることはほとんどなかった。第一次世界大戦は，こうした戦争のあり方を大きく変えた。日露戦争でも1905年には日本軍は弾丸が不足し戦争の継続が困難となったが，第一次世界大戦では日露戦争とは比べものにならない銃砲弾の消費に加え，新兵器も登場した。長期に及んだ戦争中にこうした兵器生産の原料や労働力を優先的に確保することが，戦争の勝利の必須事項となった。軍事重視の経済体制をつくることが課題となり，人びとを戦争に協力させる思想を広め，女性や青少年を戦争に協力させる社会がめざされた。文字どおりの国を挙げての「総力戦」となった。

　総力戦は，飛行機による空襲の本格化などと結びついて，軍隊同士が戦う戦場ではない，いわゆる銃後に戦場が大きく広がることにつながっていく。そのなかで，戦争で稼ぐ「死の商人」も生まれた。戦争による死者は統計により異なり特定できないが，軍人で1000万前後，軍人以外でもこれに類するような数値が挙げられており，かつてないものとなったことは間違いない。そして塹壕戦における戦争病などは，欧米諸国で軍隊のあり方，兵士の人権などを見なおす一つの契機となった。

　列強は本国内だけでなく，植民地・従属国にも協力を強いた。それは植民地・従属国に大

きな影響を与えていく。また，犠牲の大きさなどは戦争に対する反省を生み，これまでは合法とされてきた戦争を違法なものとしようとする戦後の国際社会の動きなどにつながっていく。

---

**探究活動**

1. 右のポスターが意味していることを説明してみよう。
2. 総力戦のなかで，戦場ではない一般市民が生活する場所（都市など）が空襲を受けるようになるのはなぜか，考えて話し合ってみよう。
3. 「死の商人」とはどのようなものか，具体的に調べてみよう。

東京大学大学院情報学環所蔵

---

## （3）戦 争 の 経 過

　どうして長期で大規模な戦争となったのか，この戦争の背景と経緯から考察したい。

　基本的な要因は，19世紀末以来，ヨーロッパの帝国主義列強が勢力圏の拡大や植民地獲得をめざして争ってきたことにある。列強は，対立しつつお互いに利権を保護し合いアジアやアフリカに勢力を拡大してきたが，日露戦争後には，ドイツが急速な軍拡でイギリスと争い，イギリス・フランス・ロシアの協商側とドイツ・オーストリア・イタリアの同盟側の二陣営に分かれて対立した。そしてバルカン半島の民族的争いに介入した。

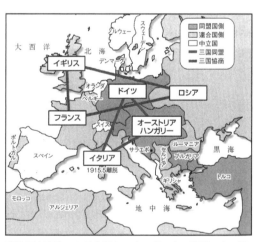

宮地正人監修，大日方純夫，山田朗，山田敬男，吉田裕著『増補改訂版　日本近現代史を読む』新日本出版社，2019年，76ページ

1914年，ボスニアのサライェヴォで，パン＝スラヴ主義のセルビアの青年がパン＝ゲルマン主義のオーストリアの皇位継承者夫妻を暗殺した。それに対しドイツの後押しを得たオーストリアがセルビアに宣戦布告すると，導火線に火がついたように，わずか1週間で諸国が同盟関係から次々に参戦し，同盟側（イアリアは利害から協商側へ）と協商国側の戦争となった。そして前述のように，これまでの戦争とは異なり予想外に長期化し，列強の植民地の利用や日本の参戦もあり，初めての世界規模の戦争となった。

　総力戦は各国のナショナリズムを高揚させ，国内の戦争体制を強めた。戦争勃発前にはフランスやドイツで社会主義者などの反戦運動があったが，戦争勃発とともにその多くはナショナリズムの立場に立って自国の戦争を支持するようになった。こうしたことも戦争の激化・長期化の一因となった。

　戦局の転換は1917年に起こった。一つは，協商側へのアメリカの参戦である。イギリスと強い経済的つながりを持ちつつヨーロッパの戦争には深入りしない立場をとってきたアメリカが，ドイツの潜水艦による商船への攻撃を背景に，経済的利益を維持するためにも参戦した。もう一つは，ツァーの専制政治と人びとに協力を強いる総力戦との矛盾を背景にしたロシア革命である。帝国主義戦争そのものを否定する形でのロシア（ソ連）の戦争終結は，総力戦下に置かれたドイツの民衆などにも大きな影響を与えることになっていく。

---

**探究活動**

戦争に反対していた社会主義者が，どのように戦争に賛成していくのか，具体的に調べてみよう。また，戦争に反対しつづけた社会主義者についても調べてみよう。

---

**授業づくりのポイント** ----------------------------------------------------------------

●写真，図版，表などをもとに，第一次世界大戦がどのような戦争だったかの事実を思い描くことができるような学習を進め，総力戦とその後の世界への影響の大きさをとらえていきたい。

●そのためにも，探究活動にある表づくりなどにとりくませて，事実の認識を豊かにしたい。

●地図を活用して，ヨーロッパ全域にまたがる戦争だったことを確認するとともに，列強による植民地の利用や，アメリカ，日本も関わる世界戦争だったことを押さえておきたい。

**参考文献** ---------------------------------------------------------------------------

　木村靖二『二つの世界大戦』山川出版社，1996年
　木村靖二『第一次世界大戦』ちくま新書，2014年
　木畑洋一『二〇世紀の歴史』岩波新書，2014年

（丸浜　昭）

# 2 第一次世界大戦と日本

この授業で学ぶこと ・・・・・・・・・・・・・・・・・・・・・・・・・・・・・・・・・・・・・・・・・・・・・・・・・

　第一次世界大戦は，「欧州の大禍乱」（井上馨）といわれた。日本は参戦し，二十一カ条の要求を中国につきつけ，さらに山東のドイツ権益を奪取した。遠く離れた日本とこの戦争の関わり，またそれは何をもたらしたかを，東アジアの視点から考えたい。

・・・・・・・・・・・・・・・・・・・・・・・・・・・・・・・・・・・・・・・・・・・・・・・・・・・・・・・・・・・・・・・・・・・・

## （1）第一次世界大戦と日本の関わり

　1914年7月に勃発した「欧州の大禍乱（からん）」に，日本はどう関わることになるか。8月7日にイギリスは，日英同盟に基づいて日本に対独参戦を要請した。それは，極東地域においてイギリスの海軍力を補うために協力を求めたのだった。ところが，それを受けた日本政府は，自国の対外膨張の機会ととらえ，加藤高明外相を中心にただちに参戦に向けての手続きを進めた。日本の意図を知ったイギリスは，いったんは先の参戦依頼を取り消したが，日本の抗議により参戦を認め，8月23日に日本の対独宣戦の詔書が発せられた。中国が局外中立宣言を出したにもかかわらず，日本軍は9月2日に山東省上陸を開始し，イギリスは，日本の参戦地域を青島近郊の膠州（こうしゅう）湾から拡大しないよう求めた。

　しかし，極東のドイツ艦隊が青島から逃走すると，それを追ったイギリスは太平洋やインド洋に日本海軍の出動を求めることになり，日本もそれに応じ戦域を拡大していく。11月7日には青島を占領する。また，それ以前の10月14日，日本軍は赤道以北のドイツ領南洋諸島の占領もおこなっている。

　大戦の最中，イギリスは日本に対し海軍を地中海に派遣するよう再三要請してきた。日本は最初この要請を断っていた。それは日英同盟でインド以西への派遣は適用範囲外だったことにもよるが，日本にとってその主戦場となったのは中国であり，ヨーロッパへの派遣はメリットが少ないと考えたからである。しかし，1915年頃から日本やアメリカの船舶がドイツの潜水艦攻撃により沈没させられる被害も続出したため，日本は「邦人保護」などを名目として，1917年2月になってから海軍を地中海にも派遣した。

## （2）中国への二十一カ条の要求

　中国では辛亥革命によって清朝が倒され，1912年1月に中華民国臨時政府が発足した。しかしその後，袁世凱が大総統に就任し混乱が続いていた。1914年4月に成立した第2次大隈重信内閣はドイツに宣戦布告し，翌1915年1月，中華民国政府に対して中国での権益拡大を求めた二十一カ条の要求をつきつけた。それは，戦争のどさくさのなかで，5号にわたる日本の中国での権益の拡大を求める文書だった。中華民国政府は，秘密条項であった第5号を暴露し，英米が日本に抗議を申し入れた結果，日本政府は第5号を削除

## 探究活動

1. 「欧州の大禍乱」に日本が参戦したのはなぜか——史料から考えてみよう。

### 井上馨の提言（1914年8月）

一，今回欧州ノ大禍乱ハ，日本国運ノ発展ニ対スル大正新時代ノ天佑ニシテ，日本国
　　ハ直ニ挙国一致ノ団結ヲ以テ，此天佑ヲ享受セザルベカラズ。

歴史学研究会編『日本史資料4』岩波書店，1997年

2. ドイツとの戦争のなかで，日本軍は4700人近くもの捕虜（当時の公式名称は「俘虜」）
を捕らえた。その人びとの処遇には，1899年のハーグ平和会議における「陸戦ノ法
規慣例二関スル条約」（いわゆるハーグ陸戦協定）を日本が批准していたことが大きな影
響を与えた。ドイツ軍捕虜のなかには，戦後も日本に残った者がいた。次の文と写真
は，日本各地に設置された俘虜収容所の一つである「名古屋俘虜収容所」（現在の県立
旭丘高校：名古屋市東区）での捕虜の様子である。ここから，なぜドイツ軍捕虜が日本
に残ったのか考えてみよう。

### 捕虜の生活の様子

（a）1914年から1920年までの間，500人前後のドイツ軍捕虜が生活していた。ここには約6000冊の蔵書を
備えた図書室が設けられ，運動場にはフットボールやテニス・体操などの諸施設もあり，ときには所外の鶴舞
公園で運動会や明倫中学校（現在の県立明和高校）でサッカーの交流試合も実施していた。写真は，器械体操
を披露するドイツ兵と見学する地元の中学生。

（b）ここで生活していた捕虜の一人ハインリヒ・フロインドリーブは，ドイツのパン屋で働き，海軍入隊後
もパン製造に従事していた。第一次世界大戦で捕虜となり，名古屋俘虜収容所に移送されてきた。ちょうど
その頃，富山県で起きた米騒動が全国に
広がっていた。「パンは米の代用食となり
うる」と考えた盛田善平（「カブトビール」
創始者）は，収容所から「腕の良いパン
職人がいる」と，フロインドリーブを紹
介された。彼を初代製パン技師長として
迎えた盛田は，1919年に敷島製パンを名
古屋に創立した。パンを通じての日独交
流も進んでいったのである。

（参考文献・写真出典）名古屋市東区制
100周年記念事業実行委員会編『ひがし
見聞録——東区制100周年記念事業記念
誌』2008年

したうえで，「最後通牒」をつきつけて中国側にそのほとんどを認めさせた。二十一カ条
の要求は大きな衝撃を与え，中国はそれを受諾した5月9日を，「国恥記念日」と定めた。

　日本では，中国での権益拡張の好機だという世論が盛り上がっていた。日本の知識人は
二十一カ条の要求をどう見たのか。民本主義を唱えた吉野作造は，「我国の最小限度の要
求」であるとし，第5号の削除を「甚だこれを遺憾とする」と述べた。一方，『東洋経済
新報』のジャーナリストであった石橋湛山は，「鬼の留守に，油揚を取ろう」というもの
で，もしこれが受諾されたら，「重大」な「禍根」を残すことになると指摘している。実
際に大戦の後，中国ではこの二十一カ条の要求をめぐって民族運動が高まっていき，日本

は長いあいだそれに直面することになっていく。

---

**探究活動**

**中国への二十一カ条の要求の概要**

　　第1号　山東省における旧ドイツ権益の日本による継承に関する要求

　　第2号　南満州・内蒙古権益の期限延長に関する要求

　　第3号　漢冶萍<ruby>公<rt>かんやひょう</rt></ruby>司の日中共同経営に関する要求

　　第4号　中国沿岸の港湾や島嶼の他国への不割譲に関する要求

　　第5号　中国全般にわたる希望条項

1. 二十一カ条の要求を石橋湛山はどう考えたのか。史料から考えてみよう。

「禍根をのこす外交政策」（1915年5月5日号「社説」）

　「しかもかような，何人からも悪感を買う芝居の敵役のような，見にくい真似をせねばならぬのは，元々，我が要求が無理なので，欧洲戦争の済まぬ中，即ち鬼の来ぬ間でなければ，我が横車が通らぬからだと，かように批評されても，実にやむをえぬではないか。」

松尾尊兊編『石橋湛山評論集』岩波文庫，1984年

2. 二十一カ条の要求を，世界各国はどう考えたのか。史料から考えてみよう。

　「一見して明らかなのは，これらの要求が認められれば，中華民国の主権を甚だしく損なうだろうということだ。中国は実質的に日本の管理下に入ってしまうだろう。日本に対して友好的態度をとりそうにない方面の，これらの要求提出に対する解釈は，世界がヨーロッパの戦争に強く気をとられているのに乗じ，中国と西洋諸国の権利を無視して，永遠に中国という偉大な国の運命の支配者であり続けられるように中国に対する管理を確固たるものにしようとする日本の意図を示しているというものだ。」

歴史学研究会編『日本史史料4』岩波書店，1997年

---

## （3）大戦景気と貧困

　第一次世界大戦は日本に「大戦景気」をもたらし，船成金に代表される成金ブームをもたらした。この「大戦景気」を背景に寺内正毅<ruby>内閣<rt>まさたけ</rt></ruby>は，1917年から1918年にかけて特使西原亀三を派遣して，中国の段祺瑞<ruby>政権<rt>だんきずい</rt></ruby>への<ruby>借款<rt>しゃっかん</rt></ruby>を中心とする中国への資本輸出，満州への投資など，積極的な資本輸出を試みた。しかしその一方で，庶民の暮らしは豊かになったのだろうか。確かに，第一次世界大戦を機に都市化と工業化が進展した。都市には近代的なビルディングがそびえ，銀座や心斎橋などの盛り場には，「モボ」や「モガ」が街を闊歩するようになっていた。また，都心部から郊外には鉄道が延び，その沿線には新中間層向けの文化住宅が建てられ，遊園地や温泉などの娯楽施設もつくられた。

　ところが，この「大戦景気」真っ最中の1916年9月から12月にかけて大阪朝日新聞に連載されたのが，河上肇の『貧乏物語』であった。「驚くべきは現時の文明国における多数人の貧乏である」で始まるこの論評は社会に大きな衝撃を与え，翌1917年に出版され，ベストセラーになった。

また，米騒動が起きたのも「大戦景気」真っ只中の 1918 年であった。これは，シベリア出兵を当て込んだ米の投機的買い占めが横行して米価が急騰したために，米の安売りを求めて全国 38 市・153 町・177 村，約 70 万人を巻き込んだ大騒擾（そうじょう）となった。政府は，1920 年代に入って増加する労働争議や小作争議と異なり，軍隊をも動員してこれを鎮圧した。それとともに米価を抑制しようと試みた日本政府は，植民地の朝鮮や台湾における産米増殖計画を進め移入しただけでなく，仏領インドシナ，英領ビルマ，タイなどからも米を買い付けた。そのため，東南アジア一帯で米価が高騰することになり，そこで生活する人びとにも大きな影響を与えたのである。第一次世界大戦は，誰にとって「天祐」（井上馨）だったのだろうか。

---

**探究活動**

庶民の暮らしは豊かになったのか。資料から考えてみよう。

**「農民自治会創立の趣意」1925 年 11 月**

　「帝劇，ラジオ，三越，丸ビル，都会には日に日に贅沢に赴くのに引きかえ，農村は相かわらず，かびた塩魚と棚ざらしの染絣（そめがすり），それさえ，もぐらのように土まみれ，寒鼠のように貧苦に咽（むせ）ぶ無産農民の手には容易にはいらない。

　もともと，都会は，農村の上まえをはねて生きている。農民の汗と血の塊を横から奪って生きているのである。その都会と都会人とが日に日に栄え，日に日に贅沢になってゆくに，それを養い生かしている方の農民が飢えて死のうとしておる。何という謂われないことであろう。」

渋谷定輔『農民哀史——野の魂と行動の記録』勁草書房，1970 年

---

**授業づくりのポイント** --------------------------------------------------------

● 日英同盟関係を考えることは，今日の日米同盟関係を考えるうえでも必要である。
● 第一次世界大戦の「俘虜収容所」は，習志野（千葉県）や板東（徳島県）など各地にあり，研究も進んでいるので，身近な地域のものを参照したい。
● 二十一カ条の要求が日中間，また日米間にどのような影響を与えたのかを考えたい。
● 「大戦景気」の実態を，民衆の視点から押さえたい。
● 戦争神経症や感染症と戦争との関係を授業づくりの視点に入れたい。

---

**参考文献** ----------------------------------------------------------------------

小松裕『「いのち」と帝国日本（全集 日本の歴史 第 14 巻）』小学館，2009 年
木畑洋一『二〇世紀の歴史』岩波新書，2014 年
武田晴人『日本経済史』有斐閣，2019 年
「チンタオ・ドイツ兵俘虜研究会」ホームページ　http://koki.o.oo7.jp/tsingtau.html

（伊藤和彦）

# 3 ロシア革命と第一次世界大戦の終結

## この授業で学ぶこと

第一次世界大戦の長期化は，ロシアやドイツなどで反戦と平和を求める兵士や労働者の革命をもたらし，ドイツ革命によって大戦は終結した。ロシア革命に日本や列強はどう対応したのか，ヴェルサイユ体制はいかなる国際体制であったか，世界史的な視野で学びたい。

## （1）ロシア革命の展開

ロシア革命とは何か，そして革命はなぜ起こったか。それは第一次世界大戦なしには説明できない。総力戦としての第一次大戦はその長期化に伴い，交戦諸国の民衆に食糧難や軍需生産などの労働の強化をもたらし，やがて厭戦と反戦の気運をつくりだしていった。

ロシアでは兵力の不足を補うための徴兵の勅令に対して，1916年夏，中央アジアの諸民族の大蜂起が起こり，革命の前兆となった。首都ペトログラードでもパンやたきぎが不足し，労働者のデモとストライキが多発した。1917年3月8日，女性労働者のパンを求めるデモを発端にストライキが首都を覆って広がり，労働者と多くの兵士が呼応し，両者の代表者会議であるソヴィエトが組織された。国会では立憲民主党の自由主義者が中心となり，臨時政府がつくられた。この情勢を見て皇帝ニコライ2世は退位した（二月革命）。

その後，臨時政府は大戦を継続し，ソヴィエトの多数派で，後に臨時政府に参加するメンシェヴィキや社会革命党も祖国防衛戦争を認め，戦争は終わらなかった。他方，四月テーゼで戦争の中止とソヴィエトによる政権の掌握を訴えたレーニンを指導者とするボリシェヴィキは次第に勢力を伸ばし，秋にはソヴィエトの多数派となり，11月7日に蜂起

---

**探究活動**

次の史料を読んで考えてみよう。

**平和に関する布告**

「……公正な，または民主的な講和は，……すべての交戦諸国の労働者階級と勤労者階級の圧倒的多数が待ち望んでいるものであり，ツァーリ政府の打倒後にロシアの労働者と農民がもっともきっぱりと根気よく要求してきたものであるが，政府がこのような講和とみなしているのは，無併合，無賠償の即時の講和である。」

歴史学研究会編『世界史史料10』岩波書店，2006年

問1　ツァーリ政府とは何か。また，その打倒とは何を指しているか。

問2　ロシアの政治の主体としてどのような階級を想定しているか。

問3　無併合，無賠償の講和は今までとどう異なるか。

---

を起こし，臨時政府を打倒した（十月革命）。レーニンらは第2回全ロシア＝ソヴィエト会議を開き，「平和に関する布告」と「土地に関する布告」を採択し，即時講和と社会主義の建設に着手した。第一次大戦とロシアの2つの革命の関係を考察してみよう。

## （2）シベリア革命干渉戦争と日本

ロシア革命の拡大を阻止する目的で1918年8月，7ヵ国の軍隊がシベリアのウラジヴォストークに上陸した。各国の兵力は数千人であったが，日本は最高時に7万2400人を派兵した。なぜ日本は突出した兵力を送り，日本軍はシベリアでどんな行動をおこなったのか。

シベリア戦争を伝える日本の画報

列国は1920年1月，コルチャーク反革命政権の崩壊を機に撤退するが，日本軍のみが残留し，ニコラエフスク事件後，北サハリンを占領し（20年5月），25年5月に撤退した。

日本軍の派兵には，革命への干渉だけでなく，傀儡政権の樹立，資源の略奪，満蒙支配の拡大，植民地朝鮮の確保など複数の目的があり，従軍兵士の日記から，日本軍が各地でパルチザンと戦う際に村落の掃討や焼棄，住民虐殺などをおこなっていたことが知られている。

実は日本軍が戦ったパルチザンはロシア人だけではなかった。間島や沿海州では朝鮮人が，ザバイカル州では中国人がパルチザンに身を投じて日本軍に抗戦するなど，ロシア革命と朝鮮・中国の民族解放運動が連関し，日本帝国主義に対抗する動きをつくりだしていた。日本国内ではシベリア派兵は米騒動を誘発したほか，対露非干渉同志会や石橋湛山，大山郁夫などシベリア戦争に反対する動きが見られた。さらに，シベリアの前線で日本軍兵士に反戦のビラを撒布した佐藤三千夫のような日本人も存在した。

隠され，忘れられたシベリア戦争は，7年間，宣戦布告なしにシベリアに派兵し，当時としては日本史上，最長の戦いを続け，そして初めて敗北した侵略戦争であった。

---

**探究活動**

次の史料（『日本外交年表並主要文書』上巻）を読んで考えてみよう。

**シベリア出兵宣言（一部）**

「帝国政府は合衆国政府の提議に応じて其の友好に酬い，且今次の派兵に於て，連合列強に対し歩武を斉うして履信の実を挙ぐる為，速に軍旅を整備し，先ず之を浦塩に発遣せんとす。」

麻田雅文『シベリア出兵――近代日本の忘れられた七年戦争』中公新書，2016年

日本政府の派兵のねらいは何か。

## （3）ドイツの降伏

ドイツは1918年3月にソヴィエト・ロシアとブレスト＝リトフスク講和を結んだ後，西部戦線に大攻勢をしかけ，戦局の打開をめざしたが，失敗に終わり，劣勢に立たされた。その後，ドイツはなぜ，そしてどのように降伏し，大戦は終焉を迎えたか，考えてみよう。

大戦の長期化は各国の民衆に重い負担となってのしかかり，同盟諸国では1918年の秋に兵士の反乱や革命が相次いだ。ブルガリアでは兵士の反乱によって休戦が結ばれ，農民同盟の政権が成立した。オーストリア＝ハンガリー帝国でもウィーン，プラハ，ブダペシュトなどで革命が発生し，戦争の継続は不可能となり，ブルガリア，オスマン帝国，オーストリアが次々に降伏した。

敗戦を不可避と見たドイツ政府は休戦交渉を有利に進めるため，海軍司令部が11月3日，イギリス海軍に対する出撃命令を下した。これに対して，11月初め，キール軍港の水兵たちは「戦争を長引かせる無謀な命令」として拒否し，蜂起した。キール軍港の蜂起は，全国に波及し，各地で労働者と兵士の評議会（レーテ）が組織され，11月9日には首都ベルリンでも革命が起きた（ドイツ革命）。皇帝ヴィルヘルム2世はオランダに亡命し，エーベルトを首班とする臨時政府が11日に休戦条約に調印した。

こうして第一次世界大戦は各国で，反戦と平和を求める革命を誘発し，ロシア，ドイツ，オーストリア＝ハンガリー，オスマン帝国という4つの帝政の崩壊をもたらした。

---

**探究活動**

次の史料を読んで考えてみよう。

**皇帝カール1世の「オーストリアの再建に関する布告」**（一部）

「私は帝位について以来，熱望されて止まない平和を実現するために鋭意努力してまいりました。……今私たちがしなければならないことは，祖国を自然で確かな土台の上に再建することです。……オーストリアは，その諸民族の望むところにより，連邦国家となります。その連邦国家の下で，すべての民族はその居住地域においてそれぞれ独自の国家を形成します。」

歴史学研究会編『世界史史料10』岩波書店，2006年

第一次大戦で敗北したオーストリアは，連合国との講和にあたり，どのような方法で多民族の国家体制を維持しようとしたか。

---

## （4）パリ講和会議とヴェルサイユ体制

1919年1月，ドイツとの講和のためのパリ講和会議が開かれ，6月28日，ドイツはヴェルサイユ条約への調印を強要され，それに応じた。第一次大戦後の国際秩序としてのヴェルサイユ体制はどのような特徴を持ち，その後の世界史にいかなる影響を与えたか。

この条約はヴィルヘルム2世を戦争犯罪人としてドイツに戦争責任を求め，連合国の

戦争被害・損害に対する賠償義務を負わせ，海外の植民地を放棄させ，陸海軍の兵力の大幅な制限，ラインラントの非武装化，アルザス・ロレーヌ地方のフランスへの返還，ポーランド回廊のポーランドへの割譲などを規定した。

この条約には第1編に国際連盟規約が加えられ，それに基づき国際連盟が設立された。国際連盟は集団安全保障の原理を採用し，敗戦国ドイツの植民地やオスマン帝国の領土を取り上げ，連盟が指定する国家が管理する委任統治制度を設けた。連盟はソ連を排除したほか，アメリカは上院の反対で加入しなかった。

ヴェルサイユ体制は民族自決の原則をアジア・アフリカの植民地には認めず，社会主義の西欧への拡大を阻止するための緩衝地帯をつくる目的で，東欧の諸民族にのみ適用した。戦勝帝国主義国の植民地再分割の体制ともいえるヴェルサイユ体制は，反ドイツ・反ソ連・反民族解放という特徴を持ち，アジア・アフリカの人びとを落胆させつつ，ドイツへの懲罰的で巨額な賠償負担がドイツの経済を圧迫し，やがてナチスの台頭を促す一因になった。

---

**探究活動**

**ウィルソン大統領の「一四カ条」**

「ロシア領内からすべての軍隊は撤退しなければならない。……諸国は，ロシアが自らの政治的発展と国家政策を妨害されたり，苦しめられたりすることなく独自の決定にもとづいて追求する機会が得られるようにし……ロシアが必要とし，望むかもしれないあらゆる援助を与えることを約束しなければならない。」
歴史学研究会編『世界史史料10』岩波書店，2006年

なぜウィルソン大統領はこのような対ロシア政策を発表したのか。また，アメリカや列国は，実際にはソヴィエト・ロシアにどのような政策を実行したか。

---

**授業づくりのポイント** ------------------------------------------------

●大戦の長期化とロシアの民衆への負担，二月革命との関係を事実に即して把握したい。
●ロシア二月革命から十月革命への歴史の展開を，大戦の継続と関連づけて追究したい。
●反ソ干渉戦争の国際的背景，日本の派兵の目的，戦場で起きた事実を正確に理解したい。
●シベリア戦争に対抗したロシア・パルチザン，民族解放勢力の連携の事実に注目したい。
●第一次大戦の終結を三国同盟諸国の反戦運動およびドイツ革命の発生と関連づけて考察したい。
●ヴェルサイユ条約が反ドイツ，反ソ連，反民族解放的な特徴をもつことに気づかせたい。

**参考文献** ------------------------------------------------

麻田雅文『シベリア出兵――近代日本の忘れられた七年戦争』中公新書，2016年
池田嘉郎『ロシア革命――破局の8か月』岩波新書，2017年
上杉忍ほか編『歴史から今を知る――大学生のための世界史講義』山川出版社，2010年
米山宏史『未来を切り拓く世界史教育の探求』花伝社，2016年

(米山宏史)

# 4 世界各地の民族運動

この授業で学ぶこと ------------------------------------------------

　第一次世界大戦後，アジア・アフリカ・ラテンアメリカ地域では大規模な民族運動が各地で勃発した。なぜ民族運動・独立運動が盛んになったのか，戦後国際秩序は世界に何をもたらしたのか。各地の出来事を連動する一つの動きとして，広い視点から学びたい。

------------------------------------------------------------------

## （1）インドにおける民族運動の高まり

　第一次世界大戦は「ヨーロッパの国同士の戦争」であり，アジアの国々はほとんど登場していない――これは事実だろうか。

　アジアを含め植民地となった地域は，戦争に際して人員や物資の面で，その宗主国に多大なる協力を強いられていた。イギリスの植民地であるインドも，その例外ではなかった。イギリスはインドに戦後の自治を約束したうえで戦争への協力を求め，インドは多大な数の兵士を戦線へ送った。その貢献度は計り知れない。

　ところが，大戦が終わってもイギリスは約束を守るどころか，1919年にはローラット法という民族運動を弾圧する法律を施行した。これに対して，インドのパンジャーブ地方では抗議集会が開かれたが，イギリス側は集まった民衆に対して無差別に発砲し，大量の死傷者を出した（アムリットサール事件）。インドの反英運動が過熱していくなか，イギリス支配に不満を持つインド人たちの支持を得ていったのが，ガンディーである。彼はイギリスに対する不服従や断食，禁欲などによる抵抗を訴えながら，非暴力運動を「サティヤーグラハ（真理を保つ力）」と名づけ，暴力による権力に対し非暴力で立ち向かうことを呼びかけた。また，紡ぎ車（チャルカ）で糸を紡ぐガンディーの姿が運動の象徴となったのは，

### 探究活動

紡ぎ車がなぜ反英運動の象徴になるのだろうか――写真を見て考えよう。

◆産業革命をふり返りながら，イギリスの綿織物産業がインド植民地にどのような影響をもたらしていたかをふまえて，考えさせたい。ガンディーの着衣もヒントになる。

機械によるイギリス製の綿布ではなく，インド製の手織り綿布を愛用することで自国産業の育成を図ろうとしたガンディーの意図がある（国産品愛用，スワデーシ）。彼の運動は，次第にイギリス側の脅威となっていった。

　また，ガンディーはインドのムスリムの支持を集めた人物であることも押さえておきたい。これには，大戦後のオスマン帝国の危機に伴ってカリフ制擁護を主張したムスリムたちの運動（ヒラーファト運動）に対して，ガンディーが支持する姿勢を示したことが関係している。

# （2）戦後アフリカが求めたもの

　19世紀末から始まる帝国主義政策によって，大戦前にはアフリカ大陸のほとんどの地域がヨーロッパの植民地とされた。大戦中，連合国・同盟国を問わず，植民地のアフリカ人は兵士としてヨーロッパ戦線に送られ，物資の面でも負担を強いられた。また，連合国側がアフリカにあるドイツ領植民地を攻撃する際にも，当然ながら駆り出された。アフリカは戦争遂行のために大きな犠牲を出しただけでなく，アフリカ自体も戦場になったのである。

　ところが，その犠牲に対する見返りはほとんどなかった。アメリカ大統領ウィルソンが掲げた「民族自決」の原則は大戦後のパリ講和会議においても採用されたが，アフリカはその対象外とされた。不満を持つアフリカ人が増大していくなかで立ち上がったのは，西欧型の教育を受けていたアフリカ人エリートたちである。彼らはアフリカ植民地にも同等の権利が適用されるべきと主張して，主にイギリス領において民族運動を起こした。

　アフリカの民族運動は，白人支配者による人種差別に抵抗する形で進行し，20世紀に

---

**探究活動**

アフリカ人が戦後の国際体制に求めたものは何か──史料から考えよう。

**第1回　パン＝アフリカ会議決議（1919年2月）（一部改変）**
　以下の諸原則に従ってアフリカ原住民は統治されるべきである。
● 土地と天然資源は原住民のために信託させ，かつ原住民に実質的な所有権を持たせること。
● 奴隷制と体刑は廃止され，強制労働は犯罪に対する刑罰を除いて廃止すること。
● 公費による諸言語の読み書きや，産業分野における技術的教育を，すべての原住民の児童の権利とすること。
● 政府のために原住民が存在するのではなく，原住民のために政府が存在するという原則に従って，アフリカ原住民は政府に参加する権利を持たなければならない。
歴史学研究会編『世界史史料10』岩波書店，2006年
◆ここで求められている内容から，アフリカにおいてどのような点が問題であったのかを読み取ってみたい。また，なぜパリで開かれたのかを考えてみてもよい。

始まったパン＝アフリカニズム運動とも多くの共通点を持った。「探究活動」で提示したのは，1919年のパリ講和会議に合わせてパリで開催された，パン＝アフリカ会議の決議である。会議の主導者はアメリカ系アフリカ人のデュボイスであるが，アフリカ地域の代表も加わり，世界各地でアフリカ人が直面している諸問題について話し合われた。

## （3）朝鮮・中国の大規模な民族運動と日本

　第一次世界大戦が終戦を迎えてまだ間もない1919年，東アジアでは大きな民族運動が勃発した。朝鮮の三・一独立運動と，中国の五・四運動である。

　日本の植民地支配下に置かれた朝鮮でも，1919年3月1日，ウィルソンが出した「民族自決」の原則に期待の声が上がった。孫秉熙（ソンビョンヒ）ら33名は多くの人が参列する元皇帝高宗（コジョン）の葬儀に合わせ，ソウルのパゴダ公園で独立宣言を読み上げる計画を立てる。彼らは直

---

**探究活動**

五・四運動で学生たちは何を訴えていたのか——史料と絵から考えよう。

五四運動の絵　梁玉龍作　北京中国国家博物館

**学生のアピール**

　「今，日本は国際講和会議において，青島の併合，山東の一切の権利の管理を要求し，成功しようとしている。彼らの外交は大勝利した。われらの外交は大失敗した。日本の山東の領有がひとたび決まれば，それは中国の領土の破壊である。中国の領土が破壊されれば，中国は滅びるだろう。」

坂元ひろ子編『世界大戦と国民形成——五四新文化運動（新編 原典中国近代思想史4）』岩波書店，2010年

◆絵画からは「還我青島」「廢（廃）除二十一條（条）」「廢除不平等條約」「外争国権　内懲国賊」「打倒孔家店」などが読み取れる。運動には大学生を筆頭に小学生から高校生まで広く加わったが，自分たちが当時の北京の高校生だったらどう行動するだろうか，考えたい。

前になって自首してしまったが，彼らを支持した学生や民衆はパゴダ公園（現・タプコル公園）で独立宣言を読み上げ，「朝鮮独立万歳」を叫んでソウル市内を示威行進した。やがて運動は朝鮮半島全土に広がり，日本の朝鮮総督府は軍隊と警察で弾圧した結果，数千人の死者，5万人近い逮捕者が出た。日本ではほとんど報道されなかったが，これを機に日本政府および総督府は，武断政治から文化政治（といわれるもの）への移行を余儀なくされたのだった。

　一方中国は，第一次大戦中にドイツ領であった山東省青島を日本に占領され，二十一カ条要求でもって山東省の日本の領有を認めた。大戦が終わると，中国は 1919 年 1 月のパリ講和会議において山東の返還と二十一カ条要求の撤廃を求めたが，欧米列強により却下される。これが中国国内に伝わると，北京大学を中心とした大学生ら約 3000 人が 5 月 4 日，天安門広場で抗議集会を開きデモ行進をおこない，二十一カ条要求の交渉をした親日派官僚の自宅を焼き打ちするなどした。学生の一連の行動によって 30 人余りが逮捕されたが，これに抗議する形でさらに大規模なデモが起こり，日本商品の排斥（日貨排斥）をはじめとする全国規模での愛国運動に発展した。この結果，政府は親日派と目される官僚 3 人を罷免，パリ講和会議に出席していた代表団はヴェルサイユ条約への調印を拒否した。なお，1921 年からのワシントン会議を経て，山東は中国に返還される。

## 授業づくりのポイント --------------------------------------------------------------

●各地の動きを一連の民族運動として広くとらえ，世界史的視点から位置づけたい。
●運動の背景には，ウィルソンの「十四カ条」への期待と，パリ講和会議およびヴェルサイユ体制への失望があったことを意識したい。
●各地の民族運動の展開により，列強諸国が従来の植民地支配体制の再編を余儀なくされたことを押さえたい。また，日本もその一員に含まれていることに目を向けたい。
●たとえばイギリスの保護国エジプトでは，1919 年に大規模な民族運動が起きた。イギリスは保護国体制の継続をあきらめ，権益保持のための留保事項を含む形で，エジプトの形式的独立を認めたのだった。

## 参考文献 --------------------------------------------------------------

姜在彦『朝鮮近代史』平凡社，1986 年
狭間直樹，長崎暢子『自立へ向かうアジア（世界の歴史 27）』，中央公論新社，2009 年
丸山松幸『五四運動──中国革命の黎明』紀伊國屋書店，1981 年
宮本正興，松田素二編『改訂新版 新書アフリカ史』講談社現代新書，2018 年

（久木山　咲）

# 5 戦争違法化をめざして
## ──国際連盟とパリ不戦条約

3-5

この授業で学ぶこと ------------------------------------------

　第一次世界大戦後，国際連盟とパリ不戦条約によって「戦争は違法なものである」という戦争違法化（outlawry of war）の流れが強まった。一方で，こうした流れに反して帝国主義国は「委任統治」という新たな枠組みで植民地を拡大し，植民地支配を継続した。中東地域では「委任統治」での植民地支配によってパレスチナ問題が発生し，現在に至っていることに着目する。

------------------------------------------

## （１）戦争を違法と明記した国際連盟の創設

　第一次世界大戦は長期化し，多くの犠牲者を出した世界戦争となった。1919年1月から6月まで第一次世界大戦の戦後処理を協議するパリ講和会議が開催され，ふたたび戦争を起こさない国際組織の創設が論議された。4月24日の総会で国際連盟規約草案が採択され，6月28日にヴェルサイユ宮殿で講和条約の調印式がおこなわれ，ヴェルサイユ条約の第1編として国際連盟規約が調印された。

　国際連盟規約の前文には「締約国は，戦争に訴えないという義務を受諾し」と明記された。また，第11条では，「戦争または戦争の脅威は，連合加盟国のいずれかに直接の影響がおよぶか否かを問わず，すべて連盟全体の利害関係事項であることをここに声明する。連盟は，国際的平和を擁護するために適当かつ有効と認められる措置をとる[*]」とした。国際連盟は，国際平和のために戦争を起こす国に対して制裁措置をとる集団安全保障体制を確立したのである。こうして未曾有の惨禍をもたらした第一次世界大戦は，史上初めて戦争は違法なものであるとして，集団安全保障の仕組みを定めた国際連盟を創設させた。

　　*　国際連盟規約の条文は，歴史学研究会編『世界史史料10』岩波書店，2006年，による。

　しかし国際連盟の出発は多難であった。アメリカはウィルソン大統領が戦争中に「十四カ条」を発表し，パリ講和会議にも代表団を率いて参加し国際連盟の創設の必要性を主張したが，上院がヴェルサイユ条約の批准同意を拒否したため国際連盟に参加しなかった。ロシア革命によって成立したソ連は国際連盟から排斥され，敗戦国ドイツも除外されることになった。

　また，国際連盟規約第22条は「委任統治」という新たな支配の枠組みを定めた。パリ講和会議では，敗戦国ドイツが有した旧植民地の処遇などに関する植民地問題が論議されたが，戦勝国が植民地を「委任統治（mandatory）」という形で支配することが認められたのである。この結果，イギリス，フランス，日本などは「委任統治領」をつくり，植民地支配を継続した。

> **探究活動**
>
> 国際連盟規約第22条を読み，植民地を委任統治する理由がどのようなものなのかを考えてみよう。
>
> 第22条　先の戦争の結果これまでの支配国の統治を離れた植民地や領土で，近代世界の苛烈な条件のもとでまだ自立しえない人々が居住しているところに対しては，そのような人々の福祉と発達を図ることが文明の神聖なる使命であり，その使命遂行の保証を本規約中に包含するとの原則が適用されなければならない。この原則を実現する最善の方法は，そのような人々に対する後見の任務を，資源や経験あるいは地理的位置によってその責任を引き受けるのに最も適し，かつそれを進んで受諾する先進国に委任し，連盟に代わる受任国としてその国に後見の任務を遂行させることである。
>
> 歴史学研究会編『世界史史料10』岩波書店，2006年

## （2）「委任統治」とパレスチナ問題

　中東地域では，「委任統治」という形での植民地支配がなされた。第一次世界大戦でオスマン帝国は敗戦国となり，1920年8月にセーヴル条約を締結した。この条約によってオスマン帝国は分割され，イギリスはイラク，ヨルダン，パレスチナを，フランスがシリア，レバノンを委任統治した。これに反発したムスタファ＝ケマル（後のケマル＝アタチュルク）は，セーヴル条約を批判してトルコ人の国民国家をめざして祖国解放運動を展開し，アンカラに新政府を樹立した。トルコ新政府は，1923年に連合国とのあいだでローザンヌ条約を結び，関税自主権の回復と治外法権の廃止を実現した。こうして国民国家としてのトルコ共和国は独立し，積極的に近代化政策を推し進めることになるが，クルド人の自治や独立は否定され，その後独立を要求するクルド人はトルコ政府によって弾圧されて，現在に至っている。

　オスマン帝国のアラブ地域では，大戦中の1915年にイギリスの高等弁務官マクマホンとアラブ独立運動の指導者フセインとのあいだで書簡が取り交わされ（フセイン・マクマホン協定），戦後のアラブ人国家の建設を条件に，アラブ人たちはイギリスへの戦争協力を約束した。しかし，1916年にイギリスはフランス，ロシアとのあいだでサイクス・ピコ協定を秘密裏に結び，戦後のオスマン帝国領の扱いを決めた。その結果，イラク・ヨルダン・パレスチナはイギリスの，シリアはフランスの委任統治領となった。さらに，イギリスは1917年にユダヤ人の協力を得るためにバルフォア宣言を発して，アラブ人の住むパレスチナにユダヤ人の民族的郷土（ナショナルホーム）を建設することを認めた。この背景には，19世紀末からパレスチナにユダヤ人の国家をつくろうとするユダヤ人の運動（シオニズム）があった。

　大戦後，パレスチナはイギリスの委任統治領となり，ヨーロッパをはじめ世界中からパレスチナにユダヤ人が移住してきた。当時のパレスチナのユダヤ人の人口は約9%であり，ユダヤ人とされるユダヤ教徒にはアラビア語を話すアラブ人もおり，単純にユダヤ人とすることはできなかったが，「ユダヤ人対アラブ人」という対立がつくられていった。こうしてイギリスが大戦中におこなった3つの相反する約束（フセイン・マクマホン協定，サイク

ス・ピコ協定，バルフォア宣言）という「三枚舌外交」によって，現在に至るパレスチナ問題が発生することになる。

---

**探究活動**

パレスチナへのユダヤ人移民が 1934 年から増えるのはなぜだろうか。ダヴィデの星とユダヤ人移住のグラフを見て考えてみよう。

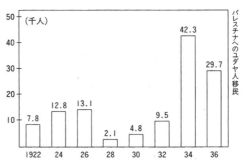

野口宏『これならわかるパレスチナとイスラエルの歴史 Q&A』大月書店，2005 年

---

## （3）パリ不戦条約

　戦争を違法とする国際連盟であったが，アメリカは加入せず，ソ連，ドイツは排除されたことが，戦争違法化（outlawry of war）の理念を実現するうえで困難となった。それでも戦争違法化を求める声が世界中で高まり，1928 年 8 月 27 日にパリ不戦条約が調印された。アメリカ国務長官ケロッグとフランス外相ブリアンが中心となって作成したことからケロッグ・ブリアン条約とも呼ばれているが，正式名称は「戦争放棄に関する条約」である。

　第一次世界大戦後，世界各国で平和運動が起こった。アメリカでは，シカゴの弁護士サーモン・O・レヴィンソンらによる戦争違法化運動が高揚した。レヴィンソンは，侵略・自衛・制裁の区別を問わず，あらゆる戦争の廃絶をめざし，哲学者ジョン・デューイらとともに市民運動として「アメリカ戦争違法化委員会」を組織した。また上院に対しても戦争違法化決議案を何度も提出して戦争違法化の思想を広げていった。レヴィンソンはパリ不戦条約の案文作成にも協力している。こうした戦争違法化運動や世界各地での平和運動の広がりのなかで，パリ不戦条約が締結されたのである。

　パリ不戦条約は，第 1 条で「国際紛争解決のために戦争に訴えることを非難し」「国家政策の手段として戦争を放棄すること」を宣言し，第 2 条で国際紛争の解決は「平和的手段以外で求めない」ことを約束している。戦争は違法であり，国家の政策の手段として戦争に訴えることを禁止し，平和的手段のみで解決を図るという画期的な内容である。この不戦条約にはアメリカ，フランス，日本など 15 ヵ国が調印し，1938 年末までにソ連など 63 ヵ国が参加した。アメリカとソ連は国際連盟には不参加であったが，両国は不戦条約にともに参加することになり，不戦・平和への期待は高まった。

しかし，パリ不戦条約の締結過程で，各国の思惑も示されていた。アメリカは自衛権までは制限されないとして自衛権に基づく武力行使を容認し，イギリスも帝国内における自衛権行使を主張したのである。日本もまた不戦条約に調印したものの，中国への軍事的な介入を止めることはなかった。1931年9月の満州事変において自衛権の行使を主張して軍事行動を正当化したのである。しかしこの日本の軍事行動に対して，国際連盟は九カ国条約とパリ不戦条約に違反するとの報告を総会で採択した。国際社会は日本の侵略戦争を認めなかったのである。

　パリ不戦条約は踏みにじられ，その後，第二次世界大戦が勃発するが，2つの世界戦争を経て今日，戦争は違法なものであるとしたパリ不戦条約は世界史的意味を持つものとなった。パリ不戦条約と日本国憲法第9条のつながりにも注目が集まっている。

---

**探究活動**

パリ不戦条約と日本国憲法第9条とを比較してみよう。

**パリ不戦条約**（1928年8月27日）

第1条　締約国は，国際紛争解決のために戦争に訴えることを非難し，かつ，その相互の関係において国家政策の手段として戦争を放棄することを，その各々の人民の名において厳粛に宣言する。

第2条　締約国は，相互間に発生する紛争または衝突の処理または解決を，その性質または原因の如何を問わず，平和的手段以外で求めないことを約束する。

歴史学研究会編『世界史史料10』岩波書店，2006年

**日本国憲法**（1946年11月3日公布）

第9条　日本国民は，正義と秩序を基調とする国際平和を誠実に希求し，国権の発動たる戦争と武力による威嚇又は武力の行使は，国際紛争を解決する手段としては，永久にこれを放棄する。

---

## 授業づくりのポイント

● 第一次世界大戦後，戦争違法化の思想と運動が広がり，国際連盟創設やパリ不戦条約の調印となったことを理解する。

● 国際連盟は，戦争は違法であることを明記した一方で，帝国主義国の植民地支配を「委任統治」という形で残存させ，その後も植民地支配が拡大していったことに着目する。

● 中東地域では帝国主義国の「委任統治」によって分割され，現在に至るパレスチナ問題が発生したことを理解する。

● パリ不戦条約の意義と限界を確認するとともに，日本国憲法第9条との関係など世界史的意味について考察する。

---

## 参考文献

伊香俊哉『近代日本と戦争違法化体制──第一次世界大戦から日中戦争へ』吉川弘文館，2002年

河上暁弘『日本国憲法第9条成立の思想的淵源の研究──「戦争非合法化」論と日本国憲法の平和主義』専修大学出版局，2006年

臼杵陽『世界史の中のパレスチナ問題』講談社現代新書，2013年

三牧聖子『戦争違法化運動の時代──「危機の20年」のアメリカ国際関係思想』名古屋大学出版会，2014年

（河合美喜夫）

# 世界の変化と日本が抱えた課題

この授業で学ぶこと ------------------------------------------------------------

　第一次大戦後，アメリカが影響力を強め国際社会が変動し，日本への影響も大きかった。またヨーロッパでは国民の政治参加を求める声が高まり，日本でも政党政治が実現し多様な社会運動が展開した。平和を求める国際世論を背景に軍縮も進んだ。これらの動きにはどのような可能性と限界があったのだろうか。

------------------------------------------------------------

## （1）アメリカの台頭とワシントン体制 —— 日本への影響は？

　第一次世界大戦を経てアメリカでは資本主義経済が著しく発展し，世界に先駆けて大量生産，大量消費の社会を実現させ，ニューヨークは高層ビルが林立する都市となった。しかし，急激な経済発展は大戦後のヨーロッパ経済やアメリカの農業不況との矛盾も深め，1920年代後半から世界を巻き込む大恐慌を引き起こすことにつながっていく。

　そのアメリカ大統領ハーディングの主唱によって，1921年12月から軍備制限問題と太平洋および中国問題を審議するワシントン会議が開催された（1922年2月まで）。日本は加藤友三郎・幣原喜重郎らを全権として派遣した。

　ジャーナリストの石橋湛山はこの会議にどう臨むべきであると考えたのか。彼は『東洋経済新報』で，「一切を棄つるの覚悟」，「大日本主義の幻想」という「社説」を続けて発表し，経済・外交・軍事の観点から「朝鮮・台湾・満州も棄てる覚悟をしろ，支那や，シベリヤに対する干渉は，勿論やめろ」と主張した。しかし，石橋の主張は実現することはなく，会議では，太平洋の現状維持を確認する四カ国条約，中国の領土と主権の尊重，中国における経済上の門戸開放・機会均等を唱えた九カ国条約が結ばれた。さらに米・英・日・仏・伊の五大国のあいだに主力艦の保有を抑制する海軍軍縮条約が結ばれ，これらに基づく東アジア・太平洋地域の国際協調秩序をワシントン体制と呼んでいる。

　ワシントン体制は日本にどのような影響を与えたのか。海軍軍縮条約によって日本海軍の八・八艦隊は修正され，建造中のものを含め戦艦などが廃棄された。こうした海軍力の縮小に伴い陸軍力の削減もおこなわれた。「山梨軍縮」に続いて，関東大震災後，さらに

---

**探究活動**

ワシントン会議にどう臨むべきか——史料から考えてみよう。

**石橋湛山「大日本主義の幻想」『東洋経済新報』1921年8月13日号**

　「朝鮮・台湾・樺太・満州という如き，わずかばかりの土地を棄つることにより広大なる支那の全土を我が友とし，進んで東洋の全体，否，世界の弱小国全体を我が道徳的支持者とすることは，いかばかりの利益であるか計り知れない。」

松尾尊兊編『石橋湛山評論集』岩波文庫，1984年

---

財政整理の必要に迫られ，「宇垣軍縮」が実施された。大正デモクラシー下でおこなわれた「宇垣軍縮」は，「国民の輿論を国軍の革新に利用し」（『宇垣一成日記1』）て，四個師団を廃止したものの，削減した経費で装備の近代化を図り，実質的な軍備の充実を試みた。


## （2）関東大震災 ── なぜ朝鮮人などが虐殺されたのだろうか

　1923年9月1日午前11時58分，相模湾北西部を震源としたM7.9の関東大震災が起きた。この地震と火災による死者・行方不明者は10万人を数えた。大震災の混乱のなかで，東京を含めて関東周辺地域で数日間にわたって多数の朝鮮人が日本の軍隊・警察，さらには日本人自警団によって虐殺された。その数は数千ともいわれてきたが，日本政府による調査などはおこなわれず正確な数は不明である。当時，8万人を超える朝鮮人が日本にいたといわれている。その多くは，単身の下層労働者で，建設現場や鉱山・工場等の過酷な現場で働いていた。賃金は日本人労働者に比べて大幅に低く，生活環境も劣悪な状況にあった。

　関東大震災の際，多くの国から義捐金，救援物資，救助隊などが続々と日本に送られてきた。震災の半月ほど前に日英同盟が失効したイギリスも，莫大な支援をした。また，「ヘルプジャパン！」という合言葉で迅速な対応をしたアメリカからは次々と救援物資が届き，各学校に鉛筆や絵の具，クレヨン，画用紙などが届けられた。

　東京・本横小学校（現墨田区）の図工の教員をしていた高田力蔵（23歳）は，震災後の露天学校で子どもたちに絵の道具を配り，「あのとき最も怖かったことは何だったか」と問いながら，それを絵に描くよう指導した。震災で被災し何とか学校に通えるようになった子どもたちは，必死になってこの課題にとりくんだ。小学4年の山崎巌くんは，芋畑に逃げ込む朝鮮人を軍人や警官，市民が追い込みつかまえようとしているところを，大震災で「最も怖かったこと」として描いた。また松山達夫くんも，道行く人びとを警官が呼び止め，軍人が厳しく尋問しているところを絵に描いた。大震災の「最も怖かったこと」として，大地の揺れでも，燃え上がる炎でもなく，少年たちがこのような場面を描いたのはなぜだろうか。

　朝鮮人虐殺について，日本人の側からの批判はなかったのだろうか。民本主義を唱えた吉野作造は，「世界の舞台に顔向け出来ぬほどの大恥辱」であるととらえ，流言を広げた官憲の責任を追及するとともに，独自に犠牲者の調査をおこなった。また，弁護士の布施辰治も，「×〔殺〕されたものの霊を吊うの前に先ず×〔殺〕したものを憎まねばならぬ，呪わねばならぬ，そしてその責任を問うべきである」と厳しく批判した（×は伏字）。


## （3）「普通」選挙法の実現と「婦選」運動

　1925年，長い運動の末に「普通」選挙法が成立し，満25歳以上の男性は財産の有無に関わりなく衆議院議員の選挙権を得ることになった。しかし，社会のおよそ半数を占める女性の参政権は認められなかった。

　日本では，1900年に制定された治安警察法によって女性の政治集会への参加は禁じら

## 探究活動

### 関東大震災下でなぜ朝鮮人が虐殺されたのか──絵画資料から考えてみよう。

◆子どもたちが描いた絵を，生徒にじっくりと観察させたい。「どのような人たちが描かれているのか」「図1では，多くの人が朝鮮人を取りまいているが，中心になって襲っているのは誰か」「どんなものを持って襲って／尋問しているか」「描かれている人びとは，それぞれどのような気持ちか」などを問い，少年たちはどのような点を「最も怖かった」と思い，この絵を描いたのかを考えさせたい。また，図1では，周りで竹やりなどを持っている市民にも注目させたい。

図1「芋畑に逃げ込む朝鮮人」（当時本横小4年・山崎巌）『2018年高麗博物館企画展示・描かれた朝鮮人虐殺と社会的弱者──記憶・記録・報道』より
（注）絵のなかにある「中山」は千葉県市川市の中山と見られる。

図2 （当時本横小4年・松山達夫）出典は図1と同じ

れていた。一方，欧米では19世紀半ばから女性参政権を求める運動が展開し，1910年には「国際女性デー」が定められて普通選挙権をスローガンに掲げ，第一次世界大戦前夜には女性参政権運動は最高潮に達していた。そのなかで「総力戦」としておこなわれた第一次世界大戦によって女性の社会進出が促され，次々と女性参政権が認められていく。日本の女性たちはどのような運動を展開し，政治に参加しようとしたのだろうか。

1920年，平塚らいてうと市川房枝は新婦人協会を設立し，参政権の要求など女性の地位を高める運動を進めた。その最初の成果が，1922年に治安警察法第5条の一部改正（女性の政治集会への参加が許可された）を実現したことであった。

1921年に新婦人協会を離れた市川房枝は渡米し，アメリカ各地の女性運動や労働運動を見てまわった。関東大震災で東京が焼け野原になった翌1924年に帰国した市川は，開設されたばかりのILO東京支局に就職し，女性労働にも関心を深めていった。しかし，働く女性の問題を解決するためにも女性が政治に参加する必要があるとして，婦人参政権獲得期成同盟会創立（1924年）後しばらくしてILOを退職し，「婦選」運動ひとすじに突っ走ることになった。

1925年に男子普通選挙法が成立すると，婦選獲得同盟と改称し，年末に開会された第51議会に婦選三案（参政権・公民権・結社権）が提出された。1928年に実施された男子のみの普選法による最初の総選挙で，獲得同盟は各政党と候補者に「婦選」を政策に掲げるように要求した。1931年には，浜口雄幸内閣のもと条件付きで女性の地方参政権を認める

法案が衆議院を通過した。結局，貴族院では反対論が根強く否決されてしまうが，「婦選」運動は高揚期を迎えていった。

表　世界の女性参政権

| 1893 年 | ニュージーランド | 1928 年 | イギリス |
|---|---|---|---|
| 1902 年 | オーストラリア | 1932 年 | タイ，ブラジル |
| 1906 年 | フィンランド | 1944 年 | フランス |
| 1913 年 | ノルウェー | 1945 年 | イタリア，日本 |
| 1915 年 | デンマーク，アイスランド | 1949 年 | 中国 |
| 1918 年 | ソ連，イギリス* | 1950 年 | インド |
| 1919 年 | ドイツ，オーストリア，スウェーデン | 1963 年 | イラン |
| 1920 年 | アメリカ合衆国 | 2015 年 | サウジアラビア |

*イギリスでは，1918 年に 30 歳以上の女性に参政権が認められ，1927 年になって 21 歳以上の男女に同等に選挙権・被選挙権を認める改正案が可決された。
辻村みよ子『ジェンダーと人権——歴史と理論から学ぶ』日本評論社，2008 年，などより

**探究活動**

このように女性の権利獲得，地位向上に向けて活動をしていた市川房枝が，敗戦後，公職追放されたのはなぜだろうか。満州事変後の市川の活動をふり返ってみよう。市川たちの女性運動も，満州事変では反戦の声をあげて抵抗を示したが，日中戦争が始まると戦争への協力を余儀なくされた。市川も，そうした情勢のもと戦争協力を女性の社会進出，政治参加の第一歩とする戦略に舵を切る。彼女は新設された大日本言論報国会理事などの役職に就き，戦争推進の旗振り役を担っていった。女性の戦争協力が女性の権利獲得や地位向上につながるという市川の考えを，私たちはどう評価したらよいのか，話し合ってみよう。

**授業づくりのポイント** --------------------------------------------------------

- 石橋湛山の評論から，日本には現実の歴史過程とは異なる「もう一つの選択肢」があり，これをめぐって歴史的な考察を加えることも重要である。
- 三・一独立運動や五・四運動の影響など，世界史的な視野で関東大震災時の虐殺を考えさせたい。
- 関東大震災時に虐殺された人びとのなかには朝鮮人・中国人，社会主義者のほかに，被差別民や聴覚障がい者などが含まれていたことも明らかになっている点に注目したい。
- 「総力戦」としておこなわれた第一次世界大戦を契機に欧米諸国で女性参政権が認められたが，19 世紀半ば以降，欧米諸国での女性参政権運動があったことも押さえたい。

**参考文献** ---------------------------------------------------------------------

小松裕『「いのち」と帝国日本（全集 日本の歴史 第 14 巻）』小学館，2009 年
成田龍一『大正デモクラシー（シリーズ日本近現代史 4）』岩波新書，2007 年
鹿野政直『近代国家を構想した思想家たち』岩波ジュニア新書，2005 年
伊藤康子『市川房枝——女性の一票で政治を変える』ドメス出版，2019 年

（伊藤和彦）

# 恐慌だけでない次の戦争への背景

**7**

3-7

この授業で学ぶこと

アメリカ発の世界恐慌は，賠償に苦しむドイツに深刻な影響を与え，ナチス台頭の一つの背景となった。日本の農村の貧困への影響も大きく，日本の中国侵略の推進力となった。しかし，戦争の背景はそれだけではない。戦争に至るにはどういうことがあったのだろうか。

## （1）世界恐慌はどう戦争につながったか

　1929年，アメリカの株価が大暴落し恐慌が起こった。大戦後の世界にアメリカ経済の関わりが著しく拡大していたためその影響は大きく，各国を巻き込むかつてない大規模な世界恐慌となった。工場閉鎖などが相次ぎ失業者が急増した。これが，ドイツや日本による第二次世界大戦の大きな要因の一つとなっていくが，恐慌だけで次の戦争につながったわけではなかった。ドイツではアメリカ資本の投下で大戦からの復興が進んでいたが，その資本が引き上げられてドイツ経済は破綻した。そこには払い切れないほどの多額の賠償金という負の遺産の問題があった。それが，ヴェルサイユ体制への批判を強めるナチスの台頭につながった。

　世界恐慌は日本経済にも大きな影響を及ぼした。米をはじめ農産物の価格が暴落し，特に最大の輸出品生糸の対米輸出の激減によって，繭の価格も大幅に落ち込んだ。さらに，収入が激減した農村に都市の失業者が戻ってきたため，東北地方を中心に農家の困窮は著しかった。政府は公共土木事業を実施したりして恐慌対策にとりくんだが，農村の不況は回復しなかった。こうしたなかで一部の軍人などから満州の危機が叫ばれた。

　満州は，1906年の南満州鉄道株式会社（満鉄）設立以来，第一次世界大戦時の二十一カ条要求も経て日本が利権を拡大してきた。そこに，1920年代には五・四運動以来の中国の国権の回復を図る民族運動が及んできた。軍部のなかには蒙古の地も含めて欧米諸国にもない特殊な利権（満蒙特殊権益）の危機ととらえて，武力を使ってもその維持を図ろうとする勢力が生まれ，1927，28年には，中国国民党が民族的統一をめざしておこなった「北伐」に対して兵を挙げた（山東出兵）。こうしたなかで「満蒙は日本の生命線」などというスローガンが叫ばれ，満州事変が起こされていくことになるのである。

---

**探究活動**

繁栄を誇ったアメリカが，過剰生産（物の作りすぎ）を要因として，不況からさらに大恐慌に陥っていく。その経過や，また，その後どのような経済政策がとられるようになったかを調べて，現代につながる資本主義と恐慌の関わりを考えてみよう。

---

## （２）治安維持法 ── 戦争反対の声を抑える

　国が戦争に進むときに，その国の人びとの戦争に反対する声を抑えることが大きな条件となる。思想言論などの統制や弾圧の問題である。日本における治安維持法の問題を見ておきたい。日本政府は，ロシア革命による共産主義思想の拡大を「脅威」と見て，治安警察法に代わる治安立法の制定をめざした。1922年，政府は過激社会運動取締法案を帝国議会に提出した。これに対し，政治的自由が抑圧される恐れがあるとして，各新聞は「過激法案」などと呼んで反対し，衆議院では審議未了に終わった。

　しかし，これとほぼ同じ趣旨の，いわゆる治安維持令が関東大震災下の1923年9月7日に緊急勅令で公布され，議会はこれに事後承認を与えた。第二次護憲運動の末に誕生した加藤高明内閣は，1925年，男子普通選挙法を成立させた。それとともに，普選実施による「思想の悪化」と日ソ国交回復に伴う「過激思想」の流入を防ぐためとして，治安維持法も成立させた。衆議院では賛成246，反対18の大差で可決した。貴族院で反対したのは，徳川義親一人だけであった。

　治安維持法は何をもたらしたのだろうか。1928年，「普通」選挙制による最初の総選挙がおこなわれ，無産政党勢力が8名の当選者を出した。これに危機感を持った政府は選挙直後に共産党員の一斉検挙をおこない（三・一五事件），同年，緊急勅令によって治安維持法を「改正」して最高刑を死刑・無期とし（「改正」に反対した労働農民党の山本宣治は，右翼団体のメンバーに刺殺される），道府県の警察にも特別高等課を設置した。その後，「労働者がその地位の向上を期する為に運動することには少しの拘束をも加へるものではない」との議会答弁や「治安維持法は伝家の宝刀に過ぎぬ」との警視庁幹部の見解があったにもかかわらず，法の拡大解釈が進み，思想，宗教，大衆運動の弾圧にしばしば猛威をふるって，もの言えない空気がつくられていった。

---

**探究活動**
1. 治安維持法はどう制定されたのか──史料から考えてみよう。
**第50回帝国議会衆議院議事速記録**
○星島二郎君……本法を提出する根本の意思，而して現在政府が此（この）日本の社会に対する一種の思想政策，どう云う風に一体考へて居られるか，……
○国務大臣（若槻礼次郎君）……言論文章の自由は何所までも害せないやうにせぬければならぬと云ふのは現内閣の心掛けて居る所であります。唯々併し是には一定の制限があります。国体を破壊しても，経済組織の根本を破壊しても，言論文章は自由であると云ふことでは国家の治安を保つことは出来ませぬ（拍手）。それでありますが故，言論文章の自由は何所までも尊重致しますけれども，其害毒甚しきものは取締つて置かなければならぬと云ふのが，今日此治安維持法を提出した所以であります。……
『現代史資料45 治安維持法』みすず書房，1973年
2. ドイツなどにおける，治安維持法と同様な法律やその役割を調べてみよう。

## （3）戦争への熱狂的な支持──ナショナリズムと民族差別

　戦争が始まるときは，熱狂的な支持が煽られ，偏狭なナショナリズムが高められる。どのように人びとは戦争を熱狂的に支持したのだろうか。日本の満州事変当時の新聞・ラジオ・映画などのメディアが戦争をどう報じたのか見てみよう。

　1931年9月18日，奉天郊外の柳条湖で南満州鉄道の線路が爆破された。これは関東軍参謀の石原莞爾を中心として計画・実行したものであったが，当時の新聞は中国軍のしわざとして報じた。その後，関東軍は満州の主要地域を占領した。この満州事変によって，メディアの報道は大きく変わった。たとえば，「鬼畜にも劣る暴戻と排日」（『東京朝日新聞』1931.11.7），「守れ満蒙＝帝国の生命線」（『東京日日新聞』1931.10.27）というように，事変を積極的に支持・肯定し，挙国一致的ムードを煽っていったのである。

　このような報道をおこなったのはもちろん言論（メディア）統制の圧力の結果である。しかし，それだけではない。大正末期には発行部数100万部を超える新聞が現れていたが，さらなる発行部数の拡大を目的として，読者を引きつけるような記事が求められていたのである。満州事変後，不買運動に直面した『大阪朝日新聞』の下村宏副社長は「新聞経営の立場を考えてほしい」と発言し，重役会で「満州事変支持」が決定した。

　こうした報道に軍部独自の宣伝活動なども相まって，世論は大きく変わった。事変に対して国民は熱狂的に支持・共感し，新聞社は慰問金や慰問品，小学生が書く慰問文を募集する慰問事業を展開した。これらの慰問事業を通じても新聞と軍部とは密接な関係を築くことになった。世論の変化が軍部の台頭を後押しし，そして政治を変えていったのである。

---

**探究活動**

新聞は戦争をどう報道したのだろうか──新聞記事から考えよう。

◆新聞記事を読み取り，現在の私たちが知っている事実と異なる点を探すことによって，新聞が何を報道し，何を報道しなかったのかを考えたい。この記事を読んだ読者がどう思うかを考えてみよう。

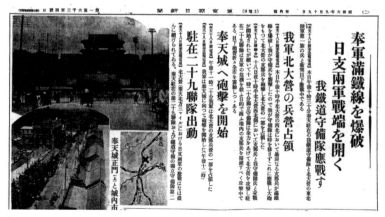

『大阪朝日新聞』号外，1931年9月19日

## 探究活動

次の文章を読んで，戦争のなかでオリンピックが人種偏重や民族差別に利用されたこ
とについて話し合ってみよう。

　「右腕をサーベルを持った警官に，左腕を私服警官に拘束されてい
る人物は，1936年8月9日，ベルリン五輪のマラソンで優勝した孫
基禎（ソン ギジョン）である。記録は2時間29分19秒という五輪新記録での金メダ
ルであった。ただ，彼は日本の植民地支配下にあった朝鮮半島出身で
あったので，『日本』代表として出場していた。表彰台で孫は，授与
された月桂樹で胸の『日の丸』を隠し，『君が代』を聞いた。彼にとっ
ては，『耐えられない屈辱』であった。『果たして私が日本の国民なの
か？　だとすれば，日本人の朝鮮同胞に対する虐待はいったい何を意
味するのだ？』，そう問う孫であった。それから2か月後の10月8日，
孫は京城（現ソウル）の空港に到着した。彼にとっては凱旋帰国で
あったはずだが，空港では両腕をつかまれて移動させられ，監視と統
制がつづいた。

孫基禎

　ところで，ベルリン五輪が開催されたころのドイツの政治状況
は，どうであったのか。ヒトラー率いるナチ党は人種主義にもと
づき，ドイツが抱える諸問題の原因はユダヤ人にあるとして，ユ
ダヤ人排斥を訴えた。1932年の選挙でナチ党は第1党に躍進し，
1933年1月にヒトラーは首相となった。2月のベルリン国会議事堂炎上事件を機に大統領緊急令が公布さ
れ，3月には全権委任法を制定し独裁体制が確立した。1934年に設置された総統職に就いたヒトラーは，大
統領と首相の権限をあわせもつ絶対の指導者となった。

　ヒトラー独裁政権下で開催されたベルリン五輪（1936年）は，アーリア人の優秀さを誇示する機会とされ，
国威発揚に利用された。その手段として『聖火リレー』がこの大会から採用された。しかし，100m，200m，
4×100mリレー，走り幅跳びの陸上競技4種目で金メダルを獲得したのは，アメリカの黒人選手であるジェ
シー・オーエンスであった。陸上ではヒトラーの目的は達することはできなかった。オーエンスは帰国後，『ヒ
トラーは，オリンピック4冠の私と握手することを拒否した。ホワイトハウスも同様であった』と語った。」
（参考文献・写真出典）寺島善一『評伝 孫基禎──スポーツは国境を越えて心をつなぐ』社会評論社，2019年
◆両腕をつかまれている写真の人物について，生徒から様々な疑問を出させて，彼の思いに迫りたい。

## 授業づくりのポイント -------------------------------------------------------

● 中学校歴史教科書などでは，戦争の記述を恐慌から始めることが多いが，戦争となる要
　因を歴史的背景や社会状況をふまえて多面的に考えていきたい。
● 治安維持法の成立過程から，今日の「共謀罪法」を考えたい。
● 新聞に掲載された，子どもたちが書いた「慰問文」を取り上げ，当時の子どもたちの気
　持ちを考えさせたい。
● 孫基禎の優勝を報じた『東亜日報』の日の丸抹消事件にもふれたい。
● 桐生悠々など，新聞を批判した人物にも注目したい。

## 参考文献 -------------------------------------------------------------------

大門正克『戦争と戦後を生きる（日本の歴史15）』小学館，2009年
筒井清忠『戦前日本のポピュリズム──日米戦争への道』中公新書，2018年
寺島善一『評伝 孫基禎──スポーツは国境を越えて心をつなぐ』社会評論社，2019年

（伊藤和彦）

# 8 日本の中国侵略
## ——アジアでの戦争

この授業で学ぶこと ----------------------------------------------------------------

　アメリカなどとの開戦は，日中戦争の行きづまりをドイツ頼みの戦争拡大によって打開しようとしたことにあった。日本ではアメリカとの戦争という意識が強く，どうして，どのように中国と戦争をしてきたかの認識が抜け落ちがちである。日中戦争の概要と実相を思い描けるような学習をめざしたい。

----------------------------------------------------------------

## （1）満州事変と満州国建国

　1931年9月18日の柳条湖での謀略事件から日本の侵略戦争が始まった。事件を引き起こしたのは満州の武力占領を辞さずとしてきたグループで，満州事変前後に使われた「満蒙は日本の生命線」というスローガンは，このグループなどが好んで広めたものである。この道が，結局どう大きな犠牲へつながったかをとらえることが大切である。

　中国軍の仕業という偶発的事件といいながら，関東軍は計画的に満州各地に軍を進めて占領した。植民地朝鮮に配置されていた日本軍が政府・天皇の指示なく独断で満州に越境しこの計画に加わった。そして，1932年には元清朝皇帝溥儀を抱いた傀儡国家である満州国を建国した。

　事前に関東軍の動きをある程度察知していた日本政府は「事件不拡大」を基本方針とするが，結局，朝鮮軍越境を事後承認するなど，政府の権限で事件の拡大を止められることに何ら手をつけなかった。天皇も，統帥権を侵されたことになるが何もふれず，後には「勅語」を発して関東軍の行動を讃えた。

　ただし，中国側とこの事件をきっかけにすぐに全面的な戦争になったのではない。当時，国民党政権と中国共産党勢力が内戦をしており，国民党政権はこの内戦を優先し日本軍に対する武力抵抗を指示しなかった（安内攘外）。日本に対しては，国際社会に訴えることをおこない，その結果，国際連盟からリットン調査団が派遣された。調査を進めたリットン調査団は，ヨーロッパにおけるドイツに対する宥和政策と同様に日本に妥協を求める余地も残しつつ，満州事変と満州国は否認して日本の行為を批判した。結局，日本は国際連盟から脱退するに至った。

## （2）華北分離工作・盧溝橋事件 —— 日中全面戦争へ

　1933年，長城以南に非武装地帯を置き事実上中国側が満州国を黙認するという塘沽停戦協定が結ばれたが，満州の問題は解決しなかった。中国国民党は武装抵抗を組織しなかったが，満州軍閥や満州の民衆などによる抵抗は以前から続いていた。そして日本側

1. 日本政府・天皇には，関東軍の行動を止めるどのような権限があったかを確認し，それなのになぜ止めなかったのか，次の資料をもとに考え，話し合ってみよう。

**朝鮮軍独断越境を認める閣議の様子（カタカナを平仮名にして口語文にした）**

　9月22日，首相は「出たもの（朝鮮軍の越境）は仕方がないのではないか」といった。午前，閣議があり，その結果について，当課の知り得たところは次のようだ。

1　朝鮮軍の独断出動に対しては，閣僚全員，不賛成を唱える者はない。しかしまた，賛成の意志を進んで表示した者もいない。

2　すでに出動してしまったものだから，閣僚全員，その事実は認めた。

3　その事実を認めた以上，これに要する経費を支出する。

「満州事変機密作戦日誌」『朝日新聞に見る日本の歩み』朝日新聞社

2. 満州につくられた731部隊について調べてみよう。

宮地正人監修，大日方純夫・山田朗・山田敬男・吉田裕著『増補改訂版　日本近現代史を読む』新日本出版社，2019年，107ページ

は，この地域に日本の影響下にある地方政権をつくるなどの華北分離工作を進めていた。

　こうしたなかで，1937年に北京郊外で盧溝橋事件が起こった。盧溝橋にいた日本軍は，列強各国にとってほとんど意味を持たないものになっていた1901年の北京議定書を根拠として駐留し，さらに不法に駐屯を拡大させていた。北京郊外に存在する日本軍とその地にいる中国国民党軍が衝突した背景はここにあった。

　中国側は事件前に，共産党の八・一宣言，張学良（ちょうがくりょう）ら北方軍閥が国民党政府の指導者蒋介石を監禁して抗日を迫った西安事件と，民族的な抗日の動きを強めていた。そして，盧溝橋事件を経て，蒋介石の「廬山談話」が出され，内戦の要素を残しつつも抗日民族統一戦線がつくられていく。

　それに対し日本側は，日本政府と軍中央の主導で中国との対立を強めた。それは近衛首相の演説に示されているとおり，中国の抗日の動きは許せないので「膺懲」（ようちょう）（こらしめること）する，そして何がしかの利権を拡大して矛を収めるという考えで，一撃論といわれる。その背景には，中国はまとまっていない弱い国で強く出ればすぐに折れてくるという考えがあり，民族的な抗日の動きの大きさには目を向けないものだった。

次の2つの資料から，蒋介石は満州事変のときと盧溝橋事件の後で，日本軍に対する考え方をどう変えたか，それに対し日本政府は，どういう考えで対応したかをとらえよう。

**蒋介石「盧山談話」**（1937年7月17日）（意訳）

「満州事変以来，我々はがまんにがまんを重ねて退きつづけてきたが，日本はますます狂暴となって無法に圧迫をしつづけてくる。……今やもう，平和に進む望みは絶えた。この時にあたって，我々にとっては日本に対抗する徹底的な戦いがあるのみだ。だから，我々は国をあげてまとまって，犠牲を惜しまずに日本と決戦すべきである。……抗日全軍の将兵たちよ，もはやそういう時になった！」

『中央公論』1937年12月号

**近衛文麿首相　第72議会施政演説**（1937年9月5日）（口語文に意訳）

「……そもそも一国が他の一国を排斥侮蔑することをもって国策として，国民教育の方針としてその思想を幼少の児童にまで注入するようなことは，古今東西の歴史の中で類例をみない。……帝国政府としては支那政府にその態度をあらためることを要求してきたにもかかわらず反省しない。こうした国家に反省をもとめて，断固一撃を加える決心をしたのは，帝国自衛のためだけでなく正義人道上よりみても当然だ。もとより打撃を加える目標は支那政府軍隊であって，支那国民を敵とするものではない。」

歴史科学協議会編『史料　日本近現代史II』三省堂，1985年

# （3）上海事変・南京攻略から泥沼の戦争へ

　1937年8月に北京周辺から目をそらす意図で日本軍は上海で戦闘を始めた。短期で終えるつもりだった日本側にとっては思いのほかの中国軍の抵抗で，増援軍を受けて11月にやっと日本軍が勝利した。この間，9月に抗日民族統一戦線が結成されている。さらに日本側は，首都を落としてこそ戦争に勝利できるという現地日本軍の主導で，敗走した中国軍を追う南京攻略戦をおこなった（そのときに「南京事件」が起こされる）。しかし首都南京の占領でも戦争は終わらず，中国側は奥地の重慶へと首都を移し，長期の抗日戦争の決意で持久戦の体制を強めた。

　これに対し日本政府は，重慶の国民党政府を認めないという近衛首相の声明を発し，国民党政権の中心メンバーの一人である汪兆銘に新たな政権をつくらせて戦争の終結を図ろうとした。しかし汪兆銘政権が中国を代表する政権とはなりえず，その試みはうまくいかなかった。一部の都市と鉄道は影響下に置くことができても，広い中国を全面的に日本の支配下に置くことは不可能となり，この戦争は日本側には勝利の見通しがない，目的がはっきりしないものとなっていった。それでも，天皇を含む当時の戦争指導部は中国での戦争をやめる道を選択することはなかった。その行きづまりの打開を探るなかで，ソ連へ兵を進める北進論と，イギリスなどの中国支援をやめさせることと資源確保のため南方に向かう南進論が本格化していく。南進はアメリカとの戦争を含む選択だった。こうして1941年を迎えていく。

## 探究活動

1. 次の資料の下線部は，具体的にはどういうことを意味したのか確認しよう。

**近衛首相声明「国民政府を対手（相手）にせず」**（1938 年 1 月 16 日。口語文に意訳）

「帝国政府は支那国民政府の反省に最後の機会を与えて今日に及んだが……帝国の真意を理解せずに抗戦を続けて，国内の人びとの苦しみを察せず，東亜全局の平和を乱して反省しない。したがって帝国政府はこれ以降，国民政府を相手とせず，新興の支那政府の成立発展を期待して，そこと国交を結び，新しい支那の建設に協力をすることとする。」

2. 立憲民政党の代議士斉藤隆夫は，1940 年 2 月の帝国議会（衆議院）で上記の近衛声明などを取り上げながら，戦争目的が国民に浸透せず（わからないままで），犠牲が一般国民にだけ集中していると，日中戦争に対する根本的な疑問と批判の質問をおこなった。陸軍はこれを「聖戦」を冒涜する反軍演説であると攻撃し，質問の一部は議長によって削除された。さらに議会は，軍部の圧力を受けて斉藤の除名処分を可決していく。軍部はどうしてこの質問を許さなかったのだろうか。また，除名処分は議会（政党）政治の自殺行為であるといわれるが，それはどういうことだろうか。また，これらをふまえて，日本の戦争指導者は行きづまった日中戦争をなぜやめなかったのか，話し合って考えてみよう。

**斉藤隆夫の「反軍演説」**（長い演説の後半部分が削除された。下記は削除部分の一部の意訳）

「蒋介石政権を滅ぼすまでは戦争はやめない。蒋介石政府を交渉相手としての和平は一切やらない。……これではいつまで経っても現状を打開することはできないと思われるが，政府はどう考えているのか。……（国民に戦争協力をさせる）国民精神総動員というものがあり，巨額の費用が投じられているが……この戦争（事変）の目的がどこにあるのかさえまだ多くの国民に徹底していないようだ（戦争の目的がわからない）……。

　……戦争にあたって国民の犠牲は，決して公平なものではない。一方で戦場で命を落としたり傷を負うというあらゆる苦難に耐える 100 万，200 万の軍隊あり，一方では，戦時経済の波に乗って栄える産業がある。……この不公平な事実がありながら，国民に戦争協力を求める運動をして，国民に緊張や忍耐を迫る。……国民に犠牲を要求するばかりが政府のやるべきことではない。」

## 授業づくりのポイント ----------------------------------------------------

●満州事変から盧溝橋事件を経て日中の全面的な戦争へと，戦争の規模や地域，性格がどう変わっていくか，日本と中国の指導部の考えを見ながらとらえたい。

●泥沼化し，目的が見えず勝つ見込みのない戦争とはどのようなものかをとらえたい。この戦争をやめることができず南進を進め，アメリカなどとの戦争となる。

●1941 年 12 月 8 日にアメリカなどと開戦した後，日中戦争はどうなっていくのかに，関心を持てるようにしたい。

**参考文献** ----------------------------------------------------

江口圭一『十五年戦争小史（新版）』青木書店，1991 年
伊香俊哉『満州事変から日中全面戦争へ（戦争の日本史 22）』吉川弘文館，2007 年
粟屋憲太郎『昭和の政党』岩波現代文庫，2007 年

（丸浜　昭）

# 9 宥和政策のもとで
## ——ヨーロッパでの戦争

3-9

この授業で学ぶこと ------------------------------------------------

　第二次世界大戦は，ヨーロッパの戦争によって始まった。そして大戦下のヨーロッパでは，ユダヤ人を中心とする組織的な虐殺もおこなわれた。なぜこうした悲劇は起きてしまったのか。戦争の始まりと経過を学び，戦争のない世界の実現を生徒とともに考えたい。

--------------------------------------------------------------

## （1）「奇妙な戦争」——第二次世界大戦の始まり

　1935年にイギリス・ドイツ間における英独海軍協定が締結されて以来，イギリスは軍事的膨張を続けるドイツに対して「宥和政策」をとりつづけていた。それは反共を掲げるイギリスにとって，ソ連に隣接するドイツの軍備増強が共産主義の防壁になると期待してのことであった。1938年，ヒトラー率いるドイツはオーストリアを併合し，さらにチェコスロヴァキアのズデーテン地方の割譲を要求した。この地域にもともとドイツ人居住者が多かったことが大義名分であった。これに対して，イギリス・フランス・イタリアは，当事国チェコスロヴァキア不在のミュンヘン会談にて，これを承認するに至った。

　ミュンヘン会談から半年，今度は残ったチェコスロヴァキアがドイツによって解体された。そして1939年9月1日，ドイツ軍はポーランドへの侵攻を開始した。第二次世界大

---

### 探究活動

イギリスのとった政策は，何をもたらしたか——史料と絵から考えてみよう。

**ナチス・ドイツの戦争計画**

**（ホスバッハの覚書　1937年11月）**

　「英帝国は諸々の困難を抱えている。またイギリスは，長期的ヨーロッパ戦争に再び巻き込まれる可能性を恐れている。こうした点は，イギリスが対独戦争に介入しない歯止めとして決定的に作用する。」

歴史学研究会編『世界史史料10』岩波書店，2006年

◆右の絵は，1938年にイギリスで発行された雑誌掲載の風刺画で，地球を押している人物は英首相チェンバレンである。この絵がイギリスの宥和政策を描いていることを読み解きたい。ドイツ側の史料を読み取ったうえで，イギリスの政策が戦争勃発とどのように結びついたのかを考察し，同政策にどの程度賛成できるか，議論してもよい。

イギリスの風刺画

戦の始まりである。英仏両政府は，この2日後に侵略行為をおこなったドイツに対して宣戦布告をおこなった。ところが，英仏とドイツとのあいだで戦いはほとんど起きず，このため当時イギリスでは「いかさま戦争」，フランスでは「奇妙な戦争」と呼ばれた。その間にドイツは，ポーランドの占領を確実に達成した。

　こうしたドイツの領土拡大を許す英仏の態度は，あくまでドイツとの戦争を回避するためであり，英仏における国民の多くもドイツとの開戦を望んではいなかった。そして現在でも，宥和政策は当時のイギリスの状況を考慮すればやむをえなかった，さらには，この政策がイギリスの軍備拡充の時間をかせいだとする評価もある。しかし，果たして本当にそれが最善であったのだろうか。むしろ宥和政策の犠牲として侵略を受けた国については，どのように考えればよいのだろうか。

## （2）ドイツ軍の猛攻とパリ陥落

　1939年9月にドイツがポーランドへの攻撃を始めたのと同時に，ソ連もポーランド東部の占領を始めていた。ドイツは侵攻直前の8月にソ連と不可侵条約を締結し（独ソ不可侵条約），そして秘密裏に両国間でのポーランド分割を約束していたのであった。ソ連がドイツとの条約締結に踏み切った要因は，英仏の消極的な態度に失望したこと，何より同年のノモンハン事件をきっかけに，東部国境で日本軍と戦闘状態になっていたことから，ヨーロッパでの戦争を回避したいとの思惑があったとされる。また，ソ連にもロシア帝政時代の領土を取り返そうとする領土的野心があり，フィンランドやバルト三国にも侵攻した。

　他方，ドイツはソ連と将来的に戦うことを想定し，そのうえで西部戦線での攻勢を開始した。1940年4月，ドイツ軍はまず北欧地域のデンマーク・ノルウェー占領を強行した。

**探究活動**
ドイツが戦争で占領した地域はどこか──地図から読み取ろう。
◆ドイツが占領した国だけでなく，枢軸側で参加した国（衛星国），中立国もそれぞれ読み解きたい。ドイツがここまで勢力圏を拡大できた要因は，対フランス戦以外は軍事力の脆弱な小国との戦争でしかなかったこと，すでに英仏に拮抗する軍事力を持っていたこと，そして「電撃戦」と呼ばれるゆえんであるスピード・不意打ち・猛烈な爆撃であった。

メアリー・フルブロック『ドイツの歴史』創土社，2005年，286ページ，一部改変

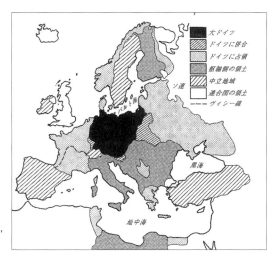

ここでドイツはイギリス軍との海戦で痛手を負ったことから，イギリスを孤立させる必要性に駆られ，西部戦線での攻勢を本格化させる。ドイツ軍は同年5月にオランダ・ベルギーに侵攻すると，イギリスでは宥和政策を進めたチェンバレンへの批判が高まり，首相はチャーチルにかわった。そしてドイツの優勢を見たイタリアがいよいよ参戦に踏み切った。

　ドイツ軍は英仏軍を次々と追い込み，同年6月にはパリを占領，フランス政府は降伏を受け入れた。ドイツはフランスの西北部分を直接占領し，南部を親独的なペタン率いる新政府に委ねた（ヴィシー政府）。こうして西ヨーロッパのほとんどの地域を手中に収めたドイツは，1941年6月にソ連への奇襲で，独ソ戦を開始する。


# （3）ナチス・ドイツのユダヤ人の絶滅政策

　ナチス・ドイツのユダヤ人排斥政策は着実に推し進められていった。1935年に制定されたニュルンベルク法と呼ばれる複数の法では，ユダヤ人から公民権を剥奪し，ドイツ人とユダヤ人とを分離する内容が定められた。しかしまだこの時点では，ヒトラーはユダヤ人の大虐殺を想定していない。彼の当初の計画は，ユダヤ人の強制国外移住によって，純粋なドイツ民族共同体を建設することであった。

　1939年から始まる第二次世界大戦で，ドイツの勢力圏が拡大すればするほど，支配下のユダヤ人人口は当然ながら膨れ上がっていった。総督府（ワルシャワ）にあるゲットーに次々と送られていくユダヤ人を，41年からの独ソ戦で獲得が見込まれたソ連領へ追放する計画も出たが，戦況悪化によって頓挫した。そこで，ユダヤ人の「最終解決」（＝絶滅政策）のために，ガス殺によるユダヤ人の大量殺害が提案されたのである。この殺害方法は，1939年にヒトラーが命じた，精神疾患の患者への「安楽死作戦」で用いられていたものであった。東部にアウシュヴィッツをはじめとする複数の絶滅収容所が設立され，ガス室による大量虐殺はドイツが敗戦を重ねていくなかでも続けられた。45年1月にソ連軍によりアウシュヴィッツが，その後ドイツの敗北まで，連合国の軍隊により各地の収容所が解放された。それらの収容所の実態は不明なことも多いが，600万人に及ぶユダヤ系市民，そしてロマ・シンティ（ジプシー）が犠牲となったといわれている。この大虐殺を「ホロコースト」（生け贄），「ショアー」（絶滅）と呼ぶ。

　なお，ヒトラーはユダヤ人を人種としてとらえたが，ユダヤ人を身体的・遺伝学的特徴でもって特定することは難しく，彼はユダヤ信仰共同体に帰属するか否かでもってユダヤ人を法的に定義することにした。このような恣意的につくられた線引きのもと，迫害・差別がおこなわれたことに留意したい。

## 探究活動

ホロコーストはどのように決定されたのか——史料と地図をふまえて考えよう。

### ヴァンゼー会議の議事録（1942年1月20日）

「さらなる解決の可能性として，今後は国外移住の代わりに，総統の事前の許可を得て，東部地域へのユダヤ人の疎開が行われる。この作戦は今後の……ユダヤ人問題の最終解決に重要な意味を持つ。

　このヨーロッパのユダヤ人問題の最終解決は以下に挙げた諸国家にいる約1100万人のユダヤ人を想定する。……

　最終解決の実行は，ヨーロッパの西から東へ徹底的に行う。」

歴史学研究会編『世界史史料10』，岩波書店，2006年

山本秀行『ナチズムの時代』山川出版社，1998年，65ページ

◆東部に設置された絶滅収容所と会議の議事録から，ホロコーストがどのような過程で決定されたのかを考えたい。ヴァンゼー会議はユダヤ人絶滅政策を決定づけた会議といわれるが，実際はその前からすでに虐殺はおこなわれていたことがわかっている。

## 授業づくりのポイント ------------------------------------------------------

● なぜ第二次世界大戦が起きてしまったのかについて，宥和政策だけでなく，第一次世界大戦をふり返って多角的に考察したい。
● 第一次世界大戦におけるドイツの敗北，ヴェルサイユ条約の内容が，ナチスの台頭にどのように影響しているのかを考察したい。
● 民衆はホロコーストをなぜ止められなかったのか，国民の責任についても考えたい。
● ドイツ支配下において抵抗運動をおこなったレジスタンスの動きを意識したい。
● 同時に進行している日中戦争も視野に入れ，世界の動きを広くとらえたい。

## 参考文献 ------------------------------------------------------------------

石田勇治『ヒトラーとナチ・ドイツ』講談社現代新書，2015年
木村靖二，柴宜弘，長沼秀世『世界大戦と現代文化の開幕（世界の歴史27）』，中公文庫，2009年
油井大三郎，古田元夫『第二次世界大戦から米ソ対立へ（世界の歴史28）』，中公文庫，2010年
渡辺和行『ナチ占領下のフランス——沈黙・抵抗・協力』講談社選書メチエ，1994年

（久木山　咲）

# 独ソ戦からアジア・太平洋戦争へ

この授業で学ぶこと ----------------------------------------------------------

　スペインのゲルニカ，中国の重慶への爆撃は，第二次世界大戦における無差別爆撃の前史であった。ヨーロッパでの独ソ戦の開始は第二次世界大戦の大きな転換点となり，日本軍のコタバル上陸，真珠湾攻撃をきっかけとして，ヨーロッパでの戦争とアジアでの戦争が結びついて，文字どおりの世界大戦になったことを学ぶ。

----------------------------------------------------------------------------

## （１）ゲルニカ，重慶への無差別爆撃

　第一次世界大戦から戦争手段として飛行機が使用され，はじめは偵察用だったが，その後，無差別な都市爆撃もおこなわれた。そのため 1923 年のハーグ空戦規則によって無差別爆撃が禁止された。しかし，ふたたび，空からの爆撃が開始された。ドイツは，1935年 3 月にヴェルサイユ条約の軍備縮小規定の廃棄を宣言し，禁止されていた空軍を再建した。そのドイツ空軍の最初の実験場がスペインであった。スペインでは人民戦線政府に対してフランコ将軍らの軍部が反乱し内戦が続いていた。イギリス，フランスは不干渉政策をとり，ドイツ，イタリアは反乱軍を支援した。

　1937 年 4 月 26 日，ドイツはバスク地方の古都ゲルニカを爆撃した。爆撃は 3 時間以上続き，焼夷弾が投下され，市街地の 70％ が炎上した。ゲルニカ爆撃の第一報を受けたピカソは，怒りを込めて「ゲルニカ」を製作した。ゲルニカ爆撃から 2 年半後の 1939 年9 月，ドイツがポーランドに侵攻し，ヨーロッパで第二次世界大戦が始まった。ドイツはポーランドを占領し，その後オランダに侵攻するが，ワルシャワもロッテルダムも降伏を早めるために激しい爆撃をおこなった。その後フランスを降伏させ，イギリス本土への空襲を開始した。ロンドン空襲は多くの死者を出し，大英博物館やロンドン塔が被災した。イギリスも報復としてベルリンを無差別爆撃し，ヨーロッパ全土での空襲は激しさを増していった。

　アジアでは，1937 年 7 月 7 日，北京郊外で日中両軍が衝突する盧溝橋事件が起き，日中全面戦争が始まる。南京を占領された中国は首都を四川省の重慶に移した。地上戦による進攻が困難であったため，空路から攻撃する作戦を立て，1938 年 12 月に漢口を発進基地にして重慶への爆撃を開始した。ゲルニカ爆撃と同様に都市そのものを爆撃，破壊する「戦略爆撃」であった。また重慶の市街地は木造家屋が多かったため，ゲルニカと同じく焼夷弾が使われた。日本軍による重慶への爆撃は 1943 年まで続いた。なかでも，1939年 5 月 3 日と 4 日の爆撃は市街地を壊滅させ，両日の死者は 4000 人にのぼった（五・三，五・四空襲）。そして 1940 年 5 月から 9 月にかけての 111 日間におよぶ連続空襲（百一号作戦）は重慶の市外地域を A，B，C，D 地域に区分して爆撃した。空襲は 195 回に及び，死者は 1 万人を超える世界戦史上空前の無差別爆撃となった。

地図と年表を参考にして，重慶爆撃がどのようになされたのかを考えよう。

| | |
|---|---|
| 1937 年 7 月 | 盧溝橋事件 |
| 12 月 | 国民政府，重慶に首都を移す 日本軍，南京陥落 |
| 38 年 1 月 | 日本，中国に和平交渉打ち 切り通告 |
| 10 月 | 日本軍，広東占領。武漢三鎮 （武昌，漢口，漢陽）陥落 |
| 12 月 | 漢口を発進基地に重慶へ爆撃 開始 |
| 39 年 5 月 | 重慶の市街地を無差別爆撃 （五・三，五・四空襲） |
| ～9 月 | 重慶への無差別爆撃（百一号作戦） |
| 40 年 9 月 | 日独伊三国同盟調印 |
| 41 年 12 月 | 国民政府，日独伊に宣戦布告　アジア・太平洋戦争始まる |

●は陸軍航空隊の基地　★は海軍航空隊の基地
●は爆撃被害地

一瀬敬一郎「日本を裁判で訴えた重慶大爆撃の被害者たちの思い」
『歴史地理教育』2015 年 3 月号

# （2）独ソ戦と大西洋憲章

　1941 年 6 月 22 日，ドイツは独ソ不可侵条約を破ってソ連に侵攻した。ソ連に侵攻したドイツ軍にはルーマニア，フィンランド，ハンガリー，スロヴァキアの同盟国の軍隊も加わった。ドイツ軍の奇襲攻撃は成功し，イギリスやアメリカなどはソ連の敗北は必至と見ていたが，ソ連が激しく抵抗し長期戦となった。

　独ソ戦が始まって間もない 8 月 14 日，アメリカのローズヴェルト大統領とイギリスのチャーチル首相は大西洋上で会談し，大西洋憲章を発表した。両国は戦争の目的がファシズムに対する民主主義の戦いであることを確認した。さらに 12 月には，日本のパールハーバー攻撃を受けたアメリカが第二次世界大戦に参戦した。これによって，日独伊三国同盟に対するアメリカ，イギリス，ソ連を中心とする連合国という戦争の布陣が成立した。

　1942 年 1 月には，ワシントンにアメリカ，イギリス，フランス，中国など 26 ヵ国代表が集まり，連合国共同宣言を発表し，大西洋憲章の目的と原則を確認し，「世界征服を望んでいる野蛮で残酷な力との共通の闘い」であることを宣言した。大西洋憲章と連合国共同宣言は戦後の国際連合憲章の基礎理念となった。

　ソ連に侵攻したドイツ軍は，一挙に首都モスクワとレニングラードに迫った。ソ連はモスクワを防衛したが，レニングラードは 1941 年 9 月にドイツ軍によって包囲された。ここから 1943 年 1 月までの「900 日の包囲」が始まった。ドイツ軍は空から爆撃し，レニングラードを兵糧攻めにした。爆撃と飢えと寒さによって 100 万人以上が犠牲になったといわれている。

　レニングラードの包囲が続くなか，ドイツ軍は 1942 年 7 月にスターリングラード（現在のヴォルゴグラード）に総攻撃を開始した。スターリングラードの攻防戦は，独ソ戦における最大の激戦となった。ソ連政府は，すべての軍隊に「一歩も退くな」という命令を出

して徹底抗戦を呼びかけた。スターリングラードはドイツ軍によって包囲され，大規模な爆撃を受け，激しい市街戦で市内はがれきの山と化していった。7ヵ月にわたる攻防戦が続いたが，ソ連軍は多くの犠牲者を出しながらもスターリングラードを死守し，1943年2月にドイツ軍は降服した。未曾有の惨禍をもたらしたスターリングラードの攻防戦は，ドイツの「終わりの始まり」であったといわれている。東部戦線の主導権はソ連側に移り，ソ連軍の反攻が始まり，第二次世界大戦の転換点となったのである。

---

**探究活動**

「連合国共同宣言」から，第二次世界大戦の性格について考えてみよう。

**連合国共同宣言**（1942年1月1日）

　本宣言の署名国政府は，大西洋憲章として知られる1941年8月14日付のアメリカ合衆国大統領と連合王国首相による共同宣言に示された目的と原則の共同綱領に賛意を表し，敵国に対する完全な勝利こそ，生命，自由，独立，宗教的自由を守るために，また自国および他国における人権と正義を維持するために必須であることを確信するとともに，自国が世界征服を望んでいる野蛮で残酷な力との共通の戦いに現在従事していることを確信し，以下の宣言を行う。

1. 各政府は，自国が戦争状態に入っている敵国たる三国同盟の構成国および三国同盟への参加国に対し，軍事的，経済的資源をあまねく用いることを誓う。

（後略）

歴史学研究会編『世界史史料10』岩波書店，2006年

---

## （3）コタバルとパールハーバー

　独ソ戦の展開と結果は，ヨーロッパだけでなく日本にも大きな影響を与えることになった。1941年6月に独ソ戦が始まると，日本陸軍の参謀本部はソ連との戦争を主張したが最終的に断念した。中国との戦争が泥沼化し手詰まりとなるなかで，中国との戦争をやめることができなかった日本は，ドイツ，イタリアとの三国同盟を背景に，米英との開戦を辞さない新たな戦争を進めていった。

　1941年12月8日午前2時15分（日本時間，以下同じ），日本の陸軍はシンガポール攻略をめざして英領マレー半島のコタバルに上陸した。およそ1時間後の3時25分，海軍によるパールハーバーへの第一弾が始まった。午前4時には陸軍がタイのバンコク南方海岸に上陸を開始した。午前6時，大本営陸海軍部が「帝国陸海軍は今8日未明西太平洋において米英軍と戦闘状態に入れり」と発表，7時にNHKが臨時ニュースで開戦を伝えた。

　12月8日午前中に日本軍とタイ軍との激しい戦闘がなされ，午後には台湾から発進した海軍基地航空隊がフィリピンの飛行場を空襲した。マレー半島はゴム，スズ，鉄鉱の資源地帯であり，日本にとって東南アジアの資源を獲得することは戦争遂行に必要であった。こうしてアジア・太平洋戦争が始まり，マレー半島，シンガポール，インドネシア，フィリピンなど東南アジアの主要部を占領した。日本は「大東亜共栄圏」「アジアの解放」

を唱え，占領地を軍政のもとに置き，石油などの重要資源を収奪した。パールハーバーよりコタバルで先に戦争が始まったことが，この戦争の目的を象徴している。

　アメリカのローズヴェルト大統領は，12月8日午前3時40分（ハワイ時間12月7日13時40分），食事中に電話で真珠湾攻撃の知らせを受けた。午前4時26分，アメリカのラジオ放送はニュース第一報を報じた（イギリスは6時00分）。日本国民が開戦を知る午前7時より早く，アメリカ，イギリスでは開戦が国民に伝えられた。

　12月8日午前11時10分，枢密院会議が宣戦布告を可決（天皇が裁可）し，11時45分に「宣戦の詔書」が公布されラジオ放送された。12月9日午前2時30分（ワシントン時間8日12時30分），ローズヴェルト大統領は上下両院の合同会議で「日本によるいわれのない卑劣な攻撃」があったと演説した。そして午前3時（ワシントン時間8日13時）に，上院が戦争決議を採択した。このときすでに，日本軍は香港，グアム，フィリピンを攻撃していた。

**探究活動**

日本軍はコタバル上陸，真珠湾攻撃の後，どのように勢力圏を広げていったのか。

宮地正人監修，大日方純夫・山田朗・山田敬男・吉田裕著『増補改訂版　日本近現代史を読む』新日本出版社，2019年，129ページ

**授業づくりのポイント** ------------------------------------------------------

● 第二次世界大戦において空襲が戦争の中心をなしたことを，ゲルニカ，重慶の爆撃を前史とする空爆の歴史として学習する。
● 独ソ戦が始まり，大西洋憲章の発表，連合国共同宣言によって，第二次世界大戦が反ファシズムの戦争となっていく過程を考察する。
● アジア・太平洋戦争がコタバル上陸，真珠湾攻撃によって始まったことを，年表，地図を活用して確認する。

**参考文献** ------------------------------------------------------

戦争と空爆問題研究会編『重慶爆撃とは何だったのか──もうひとつの日中戦争』高文研，2009年
荒井信一『空爆の歴史──終わらない大量虐殺』岩波新書，2008年
木畑洋一『第二次世界大戦──現代世界への転換点（歴史文化ライブラリー）』吉川弘文館，2001年
大木毅『独ソ戦──絶滅戦争の惨禍』岩波新書，2019年
佐々木隆爾ほか編『ドキュメント　真珠湾の日』大月書店，1991年

（河合美喜夫）

# 11 戦争下の社会の諸相

この授業で学ぶこと ------------------------------------------------------

　総力戦は兵力，労働力，物資を可能なかぎり戦争遂行のために動員するものだった。そのため国民生活はすみずみまで統制され，また生活水準は低下していく。国民の戦意を高めるうえで新聞・ラジオ等のメディアの果たした役割は大きいが（1-2「歴史の特質と資料」参照），総力戦への国民の支持を確保するために一定の社会福祉政策が進められたことにも着目したい。国民がどのように戦争に動員されたり，あるいは抵抗したのかをつかみたい。

------------------------------------------------------

## （1）部落会，町内会，隣組が果たした役割

　日本では，1937年の日中戦争の開始から本格的に総力戦体制がつくられていった。国民生活への統制に着目してその動きを見てみよう。政府は「挙国一致」などのスローガンを掲げ国民精神総動員運動を提唱し，この「官制国民運動」を通して砂糖・マッチの切符制（1940年），味噌・醤油等の配給統制（1942年）など生活必需物資の統制や貯蓄・国債購入奨励，金属回収など国民生活を細かに管理統制する政策を推進した。

　これらの活動を担った地域の住民組織が農村の部落会，都市の町内会，そしてそのもとに5〜10戸を単位につくられた隣組だった。隣組では月に1回常会が開かれ，行政からの通達の確認，それに基づく生活上の実践計画等が話し合われた。隣組は生活必需物資の配給の末端にも位置づけられていたため，各家庭は隣組から排除されれば生活自体が立ち行かなくなってしまうので，国債の購入などすすんで目標の達成に協力した。また，隣組は相互に戦争への協力を監視し合う治安対策としての機能も果たしていた。

## （2）なぜ社会福祉政策が進められたのか

　国民生活への細かな管理統制，貯蓄奨励，国債購入の奨励などによって国民の生活水準は低下せざるをえなかった。国家は総力戦に対する国民の支持を確保するために，生活の改善や社会福祉を拡大する政策を提示することが必要になってくる。

　日本では1938年に国民生活の改善と福祉増進を図ることを目的とする厚生省が設立され，この年国民健康保険法が施行される。制度の実効性については疑問が残るものの，戦時体制下で形式的には「国民皆保険」制度がつくられたのである。

　イギリスではより顕著であった。1941年米英首脳によって発表された大西洋憲章は後に連合国の戦争目的となるが，その第5項に労働条件の改善，第6項に恐怖と欠乏からの解放が掲げられ，人びとの生活を改善する原則が掲げられていた。これを受けてイギリスでは大戦中の1942年にいわゆるベヴァリッジ報告が出され，「揺り籠から墓場まで」

**探究活動**

以下は隣組の常会に伝えられた「興亜奉公日秋田県実施要綱」である。この文書が各戸に伝えられたルート，またその内容を読み取り，戦時下の生活について考えよう。

昭和14年8月24日

本荘町長　斉藤弥太郎

各区長　殿

興亜奉公日設定ニ関スル件

今般内閣告諭ヲ以テ毎月一日ヲ「興亜奉公日」トシ来ル九月一日ヨリ全国一斉ニ実施セラルヽ事ト相成候處本県ニ於ケル実施要綱別記ノ通リ決定ノ旨秋田県ヨリ通牒有之候條左記事項御了知ノ上貴区内一般ニ実施徹底方御取計相成度候也

（中略）

興亜奉公日秋田県実施要綱

一、　趣旨

当日全県民ハ挙ツテ戦場ノ労苦ヲ偲ビ自粛自省之ヲ実際生活ノ上ニ具現スルト共ニ興亜ノ大業ヲ翼賛シテ一億一心奉公ノ誠ヲ致シ強力日本建設ニ向ツテ邁進シ以テ恒久実践ノ源泉タラシムル日トナスモノトス

一、　名称　　　　興亜奉公日

一、　実施日　　　毎月一日

一、　実施項目　　国民精神総動員委員会ノ決定ニ基ク国民生活綱要ニ依リ「挙国一致」「尽忠報国」「堅忍持久」ノ指標ノ下ニ左記事項ヲ実施スルモノトス

記

(1)　全国民早朝起床

(2)　神棚，神社境内内清掃，神前礼拝，皇軍武運長久祈願

(3)　全戸国旗掲揚

(4)　簡素生活ノ実施

(5)　酒廃止

(6)　総動員貯蓄ノ実行

(7)　各戸ヨリ出征将兵ニ対シ慰問状発送

以上必行事項

(8)　勤労奉公特ニ勤労報国隊ノ活動

(9)　心身ノ鍛錬，精神講話，武道，各種体育運動等

(10)　和協一心

(11)　消費節約

(12)　国債，貯蓄債券ノ購入

(13)　廃品回収

(14)　部隊，陸軍病院ノ慰問

人びとを欠乏から解放する福祉国家実現のための総合的な社会政策の計画が示された。この報告は戦後になってイギリスの社会保障政策の基礎になったのである。

**探究活動**

領土不拡大，民族自決等国際秩序に関する原則のなかに下記のような労働条件の改善や社会保障について書かれたことが，戦後社会にどのような影響を与えただろうか。

**大西洋憲章**（1941 年 8 月 14 日）

第五，両国は，労働条件の改善，経済的進歩および社会保障をすべての者に確保するために，経済分野におけるすべての国家間の完全な協力を実現することを希望する。

## （3）文化人の戦争協力

日本では情報局の指導のもとに 1942 年に日本文学報国会がつくられ，文学関係者が国策の宣伝や戦争文学や従軍記の執筆など国民の戦意高揚のための活動をおこなった。また，美術界では，1943 年に日本美術報国会がつくられ，やはり戦意高揚に資する戦争画を描くことが求められ，貴重品であった画材も軍部に協力的な活動に対して優先的に配給された。

戦争画を展示した各種の展覧会には多くの参観者が集まり，戦場の日本軍や戦闘のイメージを観た者の心に焼きつけた。右の絵は 1943 年の国民総力決戦美術展に出品された藤田嗣治（ふじ たつぐはる）の「アッツ島玉砕」の一部分である。描かれた鬼気迫る日本兵の表情は壮絶な戦闘のあり様を表現している。

一方，このような戦争協力とは一線を画した画家たちもいた。アジア・太平洋戦争の真っ只中の 1943 年に井上長三郎，麻生三郎，松本竣介（まつもとしゅんすけ），靉光（あいみつ）ら 8 人の画家によって結成された新人画会である。彼らは，戦時下で画材の入手も厳しく，表現にも規制が加えられるなかで，自分の描きたいものを自由に追求し発表したいという思いから集った画家たちだった。新人画会は 1943 年から 44 年までのあいだに 3 回，戦争とは無縁の作品の展覧会を開催している。

## （4）戦争に抵抗した人びと

第二次世界大戦は，日本・ドイツ・イタリアのファシズムの国家と，それに対して反ファシズムを掲げたアメリカ・イギリスなど連合国との戦争でもあった。日本は満州国・中国並びに東南アジア地域を「大東亜共栄圏」と位置づけ，帝国日本に包摂するという戦略を立てて 1940 年から東南アジア侵略を開始した。東南アジアへの「南方進出」は建前上は欧米による植民地支配からの解放を唱えていたが，実際は石油をはじめとする戦争遂行のための資源獲得が目的だった。そのため東南アジアの日本軍占領地では，様々な抗日抵抗運動が展開された。ベトナムのホー＝チ＝ミンが率いたベトナム独立同盟会（ベトミン），マラヤ人民抗日軍，フィリピンの抗日人民軍（フクバラハップ）などは共産主義者の指導によるものだった。

ヨーロッパのフランスをはじめとするドイツ軍占領地においても抵抗運動（レジスタンス）が粘り強く展開され，1944 年 8 月パリはフランス国民自身の手でドイツ軍から解放された。

### 探究活動

この作品の前には賽銭箱が置かれ，参観者は次々と賽銭を投じたという。当時の人びとはこの作品を観てどのように感じたのだろうか，考えてみよう。

藤田嗣治「アッツ島玉砕」（部分）
© Fondation Foujita / ADAGP, Paris & JASPAR, Tokyo, 2020 E3674
（無期限貸与作品）Photo：MOMAT/DNPartcom

---

### 探究活動

以下は，大本営政府連絡会議で策定された東南アジア占領方針である。そのねらいはどこにあったのかを読み取ってみよう。

**南方占領地行政実施要領**（1941年11月20日）

「……占領地に対しては差当り軍政を実施し治安の回復，重要国防資源の急速獲得及び作戦軍の自活確保に資す……国防資源取得と占領地の現地自活の為民生に及ぼさざるを得ざる重圧は之を忍ばしめ……原住土民に対しては皇軍に対する信倚観念を助長せしむる如く指導し其の独立運動は過早に誘発せしむることを避くるものとす。」

---

### 授業づくりのポイント -------------------------------------------------

● 戦時体制のもとで国家が国民に要求した生活について，具体的にイメージしたい。
● 戦時体制と社会保障制度の成立との関連をつかみたい。
● 文化人の戦争協力については，自分の問題として生徒に考えさせたい。
● 「大東亜共栄圏」の建設という日本の戦争目的がいかに虚構であったかをつかみたい。

---

### 参考文献 -------------------------------------------------

『岩波講座日本歴史　第18巻　近現代4』岩波書店，2015年
荒井信一『戦争責任論──現代史からの問い』岩波現代文庫，2005年
『新人画会展　戦時下の画家たち』板橋区立美術館，2008年

（関原正裕）

# アフリカ，インド，オーストラリア，太平洋の島々

**3-12**

この授業で学ぶこと ------------------------------------------------------------

　第二次世界大戦は，連邦国や植民地の人びとを戦争に動員した。植民地であったアフリカやインドでは戦争に動員されたが，その一方で戦争を通して民族解放，独立を実現するためのたたかいが展開された。オーストラリア，太平洋の島々が激しい戦場となったことについても学びたい。

------------------------------------------------------------

## （1）植民地アフリカ

　1935年10月，イタリアのムッソリーニはエチオピアに侵攻した。当時のエチオピアはヨーロッパ列強によって分割されることなく独立を維持し，国際連盟にも加盟していた。国際連盟はイタリアに経済制裁を加えたがその効果はなく，1936年5月，イタリア軍は大量の毒ガス弾を使用しながら首都アジスアベバを制圧し，エチオピアを占領した。ムッソリーニは首都が陥落した直後に「ローマの剣によって，文明が野蛮に勝利した」と演説した。イタリア占領下のエチオピアでは激しい抵抗運動がなされ，それを支援する国際団体も設置された。やがて第二次世界大戦が始まると，イギリスの支援を受けてエチオピアの皇帝の率いる軍隊が首都に入り，1941年5月に独立を回復した。

　イギリスはエチオピアを支援してイタリア軍と戦ったが，この戦いにはケニア，ウガンダなどの東アフリカの兵士が動員された。この東アフリカの兵士たちは，後に中東方面やインド，ビルマ戦線に送られた。1944年のインパール作戦で日本軍はイギリス連邦軍に壊滅的打撃をこうむるが，このイギリス連邦軍には多くのアフリカ人がいた。

　第一次世界大戦に続き，第二次世界大戦でもアフリカの人びとは兵士として動員され，アフリカが戦場となったが，この戦争を通して民族解放運動も高揚した。1941年8月に民族自決を掲げた大西洋憲章が発表されると，アフリカでは連合国の側に立って戦争に参加した。戦争への協力がアフリカの民族自決，独立につながると考えたからである。しかし，戦争に参加したアフリカ人の多くは軍隊のなかで差別的な待遇を受けていた。連合国にとって，アフリカの民族自決，独立よりも，植民地支配を維持して戦争に動員することが最大の関心事だった。

　こうした連合国の植民地支配体制に対する反発は強く，イギリスの植民地では労働運動が民族独立，政治的自由を求める運動として発展した。ナイジェリアではストライキが頻発し，ナイジェリア・カメルーン国民評議会が結成され，東アフリカでも，ケニアで鉄道・港湾労働者のストライキがおこなわれ，ケニア・アフリカ人同盟（KAU）が組織された。南アフリカでは鉱山労働者が待遇改善のためのストライキをくり広げ，アフリカ人鉱山労働者同盟を設立した。こうした労働運動の展開は，これまでにないアフリカの大きな

変化であり，戦後の独立運動でも大きな役割を果たすことになる。

---

**探究活動**

連合国側へのアフリカ人の動員は 1941 年に急増する。1941 年の出来事を参考にして，なぜ植民地アフリカの人びとが戦争に参加していったのかを考えてみよう。

　　1941 年 2 月　ドイツ軍，リビア上陸
　　　　　　 4 月　連合国軍，エチオピアのアジスアベバ占領
　　　　　　 5 月　エチオピア，主権を回復
　　　　　　 6 月　独ソ戦開始
　　　　　　 8 月　大西洋憲章発表

---

# （2）大戦中に独立をめざしたインド

　第二次世界大戦が始まり，イギリスがドイツに宣戦すると，植民地インドの総督は参戦を決定した。インドの人びとは，イギリス首相チャーチルとアメリカ大統領ローズヴェルトが民族自決を掲げる大西洋憲章を発表したため，インドが植民地支配から解放されることを期待した。しかしチャーチルは，大西洋憲章はインドには適用されないと演説し，戦争を遂行するためにインドを最大限利用した。インド軍は北アフリカ，西アジア，イタリア半島でドイツ軍やイタリア軍と戦い，東南アジアでは日本軍と対戦した。

　インドにとって，イギリスの植民地支配から独立を達成することが大きな目標であった。1941 年 12 月 8 日，アジア・太平洋戦争が始まり，日本軍は 1942 年 2 月にシンガポールを陥落させ，その後ビルマからインドの国境に迫った。8 月 8 日，インド国民会議派は「インドから出て行け（クイット・インディア）」決議を採択し，イギリスのインドからの撤退を求めた。イギリスがインドにとどまっていると，日本と戦わざるをえなくなると考えたのである。イギリスは国民会議派の指導者，ガンディーとネルーを逮捕するが，学生や労働者を中心にした抗議行動が全国に広がった。イギリスは軍隊や警察を動員して弾圧し，多くの国民会議派の指導者を逮捕した。

　一方，日本軍の援助を受けてイギリスと戦ってインドの独立を実現する動きがあった。インド人捕虜を中心に 1941 年 12 月に結成されたインド国民軍である。その司令官となったのがチャンドラ＝ボースであった。ボースは，イギリスの敵国の力を借りて独立しようと大胆な行動をとっていた。大戦開始後，危険人物として拘留され，仮釈放中にドイツとイタリアに行き，両国に独立への協力を求めたが，拒否された。そして，その後，日本に協力を求めたのである。

　1943 年 10 月，日本政府はボースを主席とする自由インド仮政府の樹立を認め，仮政府はイギリス，アメリカに宣戦布告した。1944 年 3 月，インパール作戦が始まると，ボースの指揮するインド国民軍は日本軍とともにこの作戦に参加した。しかし，圧倒的なイギリス軍の前に悲惨な敗北を喫し，ボースのインド独立の夢は消え去った。

以下の年表を参考に，第二次世界大戦中にガンディーらの国民会議派とボース率いる
インド国民軍がどのように独立をめざしたのかをまとめてみよう。

　1939年 9月　第二次世界大戦開始，イギリスが参戦するやインドも参戦国に
　　41年 3月　ボース，ドイツに亡命
　　　　 8月　大西洋憲章発表
　　　　12月　インド国民軍創設，アジア・太平洋戦争開始
　　42年 8月　国民会議派，「インドから出て行け」決議採択
　　43年10月　ボース，自由インド仮政府樹立，英米に宣戦
　　44年 3月　日本軍，インパール作戦を開始，インド国民軍も日本軍とともに参加
　　45年 8月　第二次世界大戦終結

# （3）オーストラリアと太平洋の島々

　1941年12月8日にアジア・太平洋戦争が始まると，オーストラリアもイギリスにならって
日本に宣戦布告した。オーストラリアは日本軍が侵攻してくるのではないかと危機感があった。
1942年2月15日，日本軍はシンガポールを占領し，2月19日にオーストラリアの北部の町
ダーウィンを爆撃した。初めてのオーストラリア本国への空襲であった。ダーウィン港は重
要な連合軍の後方支援基地があり，その後も日本軍の空襲が続き，多くの死傷者を出した。
42年5月にはシドニー湾に特殊潜航艇が侵入するが，その直後，日本はミッドウェー海戦
で敗北したため，オーストラリア内陸深くまで日本軍が侵攻することはなかった。

　日本軍は，捕虜となったオーストラリア人を東南アジア各地の捕虜収容所に収容し，強
制労働や虐待をおこなった。タイとミャンマーをつなぐ泰緬鉄道は「枕木の数だけ犠牲者
を出した」といわれるほどの過酷な労働に約6万5000人の捕虜が駆り出されるが，もっ
とも死亡率が高かったのはオーストラリア人の捕虜であった。

　ボルネオ島とニューギニアの中間に位置するアンボン島の捕虜収容所では，虐殺や飢餓，
熱帯病によって528名の捕虜のうち生き延びたのは123名であった（生存率23%）。ボルネオ
島の北端にあったサンダカン捕虜収容所には約1800名のオーストラリア軍捕虜と700名の
イギリス軍捕虜が収容された。この収容所では炎天下の強制労働，捕虜虐待で多くの死者が
出た。またアメリカ軍の空襲が始まると捕虜をサンダカンから徒歩で山岳部のラナウまで移
動させた。捕虜は日本軍の重い荷物を背負い行軍するが，マラリアや食糧不足で死に絶えた。
この「死の行進」を生き延びることができたのはわずか6名であった（生存率0.24%）。オース
トラリア兵捕虜は日本へ輸送された。捕虜の多くは長崎の造船所や九州の炭鉱で働かせた。
危険な作業によって負傷するものも多く，なかには長崎で被爆した捕虜もいた。

　太平洋の島々は，アジア・太平洋戦争の激戦地となった。日本軍とアメリカ軍は，島々を奪
い合い，占領した。1944年7月にマリアナ諸島のテニアン島にアメリカ軍が上陸するが，そ

れ以前のテニアン島は日本が委任統治し，日本の守備隊が配置されていた。マリアナ諸島では1921年に設立された南洋興発株式会社によってサトウキビ栽培，製糖事業がおこなわれ，テニアン島には約7000人が開拓移民として生活していた。戦争が始まると在留邦人の引き揚げが始まるが，アメリカ軍の攻撃で多くの人が命を落とした。そのなかには強制連行された朝鮮人もいた。アメリカ軍はテニアン島に上陸すると，日本軍が建設した飛行場を拡張整備した。この飛行場からB29が原爆を搭載して広島，長崎へ飛び立ったのである。

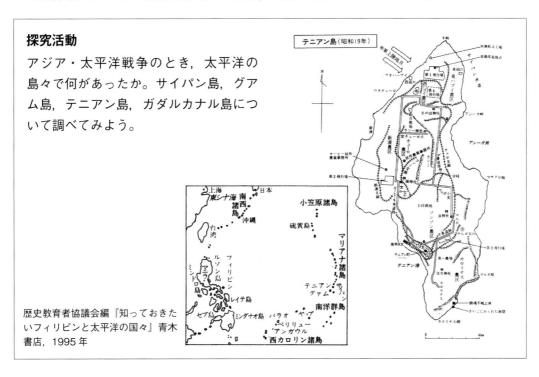

**探究活動**

アジア・太平洋戦争のとき，太平洋の島々で何があったか。サイパン島，グアム島，テニアン島，ガダルカナル島について調べてみよう。

歴史教育者協議会編『知っておきたいフィリピンと太平洋の国々』青木書店，1995年

## 授業づくりのポイント ----------------------------------------------------------------

● 第二次世界大戦が始まる前，イタリアはエチオピアに侵攻するが，エチオピアは抵抗し，独立を回復した。その後，第二次世界大戦が始まると植民地アフリカの人びとは戦場に動員された。日本軍と戦ったアフリカ兵もいたことも確認したい。

● イギリスの植民地インドでは，日本軍の援助を受けて独立をめざすインド国民軍の動きがあるなど，民族解放，独立が様々な形で模索されたことを考察する。

● オーストラリアは日本軍に攻撃されるなど，アジア・太平洋戦争において戦場となった。また，サイパンやグアム，テニアン，ガダルカナルなどの太平洋の島々が戦争の激戦地となったことにも留意する。

## 参考文献 ---------------------------------------------------------------------------------------

岡倉登志『アフリカの歴史——侵略と抵抗の軌跡』明石書店，2001年

鳥山孟郎『世界の国ぐにの歴史　インド』岩崎書店，1990年

田中利幸『知られざる戦争犯罪——日本軍はオーストラリア人に何をしたか』大月書店，1993年

石出法太・石出みどり『これならわかるオーストラリア・ニュージーランドの歴史Q&A』大月書店，2009年

安島太佳由著，吉田裕監修『歩いて見た太平洋戦争の島々』岩波ジュニア新書，2010年

（河合美喜夫）

# 日本の戦争下の植民地朝鮮，中国，「満州国」

この授業で学ぶこと -------------------------------------------------------------

　日本の戦争は欧米の植民地化からのアジアの解放が目的だったと，今でも語られることがあるが，実態は違った。植民地朝鮮は日本の戦争に協力させられた。広大な大陸に数十万の陸軍が派遣されていた中国の状況，傀儡国家「満州国」での出来事も取り上げ，この戦争の全体像をとらえたい。

-----------------------------------------------------------------------------

## （1）植民地朝鮮における皇民化政策

　1943年に東京で大東亜会議が開かれ，1941年の大西洋憲章を模した「大東亜を米英の桎梏（しっこく）より解放」などの理念が掲げられたが，日本の戦争にアジアの資源や人を協力させる体制づくりが実態だった。そのことは植民地朝鮮の状況がよく示していた。

　日中戦争が始まると「内鮮一体」（「内」は「内地」のこと，「鮮」は朝鮮を蔑んだ言葉）のスローガンのもとに朝鮮人を「皇国臣民」とする皇民化政策が強化された。宮城遙拝（きゅうじょうようはい），神社参拝，勤労奉仕，日の丸掲揚などが強制され，学校では朝鮮語が教えられなくなり日本語の常用を強制した。1938年に陸軍特別志願制度で朝鮮の青年を戦争に動員することが始まり（1944年には朝鮮に徴兵制が導入された），1940年には創氏改名が施行された。創氏改名は朝鮮人を日本の軍隊の兵士として徴兵するにも役立った。

　労働力としての朝鮮人の動員も本格化した。1938年4月に公布された国家総動員法は，政府が法律によらずに命令（勅令）によって国民の徴用，物資の調整など戦争目的のために動員できる権限を持つことになった。1939年7月4日に朝鮮から日本内地への動員を盛り込んだ「労務動員計画」を閣議決定し，「移入朝鮮人」の「募集」が始まった。同年7月8日には国民徴用令を制定し，国民を強制的に軍需産業などに動員できるようにした。

　1941年12月8日にアジア・太平洋戦争が始まると，1942年からは朝鮮総督府による「官斡旋（あっせん）」という形で日本内地への動員が始まった。さらに1944年からは国民徴用令を朝鮮人労働者にも適用し，応じなければ1年以下の懲役または1000円以下の罰金を科すなど法的な強制力を持つものになった。

　日本に連れて来られた朝鮮人労働者は，炭鉱や鉱山などで過酷な労働に従事させられた。“タコ部屋”労働で，食糧も粗末なもので，奴隷のように暴力によって管理・強制されていた。山口県宇部の海底炭田の長生（ちょうせい）炭鉱には1939年10月から朝鮮人1258人が強制動員され，1942年2月に海底坑道の天盤が崩落する水没事故で朝鮮人136人と日本人47人が犠牲となった。長野県では，戦争末期に本土決戦に備えて松代町の地下に大本営を移す遷都計画がなされ，その工事に6000人以上の朝鮮人労働者が動員され，落盤事故等で犠牲者が多発した。

朝鮮から日本に動員，連行された朝鮮人の数については，1945年10月の厚生省の調査では，1939年から1945年までのあいだで内地へ割り当てられた朝鮮人の数は約91万人，実際に動員された朝鮮人労務者は約67万人であったとされている。[*]

＊　李成市ほか編『世界歴史体系　朝鮮史2　近現代』山川出版社，2017年

---

**探究活動**

韓国大法院（最高裁判所）は2018年10月に元徴用工の慰謝料請求権を認める判決を出したが，日本政府は「1965年の日韓請求権協定で解決済み」と主張している。韓国大法院判決を読んで，何が問題なのかを考えてみよう。

**韓国大法院判決**（2018年10月30日）
◆韓国大法院は，戦時中の元徴用工4人が新日鉄住金に損害賠償を求めた裁判で，新日鉄住金の上告を棄却。4人合わせて約4000万円の賠償を命じた。
　「原告らの損害賠償請求権は日本政府の韓半島に対する不法な植民支配および侵略戦争の遂行と直結した日本企業の反人道的な不法行為を前提とする強制動員被害者の日本企業に対する慰謝料請求権（以下『強制動員慰謝料請求権』という）であるという点を明確にしておかなければならない。」

---

# （2）中国における治安戦

　1941年12月8日にアジア・太平洋戦争が始まってから，中国との戦争はどうなったのだろうか。米英などの対日参戦とともに中国は正式に連合国側の一員となって国際的な地位を向上させ，長く戦いつづけてきた日本との戦いの最終的な勝利の展望が大きく開けたといえる。戦争のなかでも大都市付近などで経済面での民族資本の成長などもあり，戦後の中国の発展の一つの基礎が築かれた。しかし，広い中国で日本軍が駐屯して泥沼の戦いに陥っていた華北などの農村地域では戦争の惨禍が続いていたことを見落とせない。

　1941年には日本は，100万人に及ぶ陸軍の大軍を中国に送り込んでいた。それでも中国は広大であり，たとえば華北で，共産党などの解放区に対抗して各地に日本軍の拠点をつくり支配を広げようとすると，警備地区1平方キロあたり0.37人にしかならないという。勝利の見通しはなく，日本軍による「治安維持」体制の形成をめざす「治安戦」といわれる戦争・占領政策だった。

　そこには，日本の影響力が確立された親日の村，逆に抗日の村，そして中間に両方の影響を受ける村が生まれていく。日本軍は抗日の村に対し徹底した「燼滅（じんめつ）作戦」をおこなうこともあり，中国側から焼きつくす・奪いつくす・殺しつくす「三光作戦」と非難された。また，多くの親日の村では，食糧，軍事その他の面で協力が押しつけられ，中間の村を抗日の村と切り離すことがめざされ，移住，無人地帯設定などが強制されたところもあった。

　1942年のガダルカナル島への中国大陸の陸軍派遣以来，太平洋での戦争への動員がお

**13** 日本の戦争下の植民地朝鮮，中国，「満州国」　　**133**

こなわれるなどのなかで，華北の日本軍支配は弱まりを見せていくことが下記の資料から読み取れる。しかし敗戦時でも中国での陸軍兵力は100万を超えており，中国大陸で戦争が継続していたことを示している。そして日本の降伏を求めるポツダム宣言には最終的に米英ソと並んで中国も名前を連ねた。

表　元盂県の村数の変化

| | 抗日の村 | | | 中間の村 | | | 親日の村 | | |
| | 1943年3月 | 1943年12月 | 1945年6月 | 1943年3月 | 1943年12月 | 1945年6月 | 1943年3月 | 1943年12月 | 1945年6月 |
|---|---|---|---|---|---|---|---|---|---|
| 東部<br>（抗日が強い） | 63 ⇒ | 58 ⇒ | 80 | 31 ⇒ | 27 ⇒ | 18 | 6 ⇒ | 2 ⇒ | 2 |
| 西部<br>（親日が強い） | 2 ⇒ | 7 ⇒ | 41 | 72 ⇒ | 52 ⇒ | 58 | 27 ⇒ | 12 ⇒ | 2 |

石田米子・内田知行『黄土の村の性暴力──大娘たちの戦争は終わらない』創土社，2004年をもとに作成

---

**探究活動**

以下の書籍・映像で近藤一さんの体験を学び，日本の戦争について考えてみよう。

内海愛子ほか編『ある日本兵の二つの戦場──近藤一の終わらない戦争』社会評論社，2005年

青木茂『日本軍兵士・近藤一　忘れえぬ戦争を生きる』風媒社，2006年

近藤一，宮城道良『最前線兵士が見た「中国戦線・沖縄戦の実相」──加害兵士にさせられた下級兵士』学習の友社，2011年

（映像）TBS NEWS23「二つの戦場〜元日本兵が語る真実〜」2014年8月15日

---

# （3）「満州国」への移民の実態と悲劇

　1932年に中国東北部につくられた満州国は，実質的には関東軍が主要な統治権を握る傀儡国家だった。この満州国に，関東軍の意向を受けて日本政府は開拓移民政策を進め，1936年には「20カ年100万戸送出計画」が発表された。移民の目的は，農業恐慌から貧しい農民を救うためなどということも掲げられたが，「満州」における日本人人口の比率を高めて治安を確保することや，対ソ防備・作戦上の軍事的補助者としての役割を移民団に課すこともあった。そのため，移民入植地には当時ソ連との国境に近い北満州が選定され，2000万ヘクタールの移民用地の準備が図られた。

　1937年には，満蒙開拓青少年義勇軍（15〜18歳の少年で組織）が設立され，一般移民団を補完することが期されて移民の中軸となっていった。1945年までに送出された移民数は，満蒙開拓青少年義勇軍約10万人を含め，約32万人だった。

　このように，満州への移民は国策（国の政策）として進められた。満州には，この国策としての移民を受け入れる準備をするための満州拓殖会社などが設立された。上記のような移民用地を確保するためには，現地の人びととの土地の強制収容が伴った。それは現地の人びととの反満抗日運動を激化させた。1934年3月の三江省で，土竜山地区の農民3000人が移民団を襲撃した土竜山事件は，その代表的なものだった。こうした移民のあり方は，ハワイや南米などへの日本人の移民と大きく異なるものである。これが，1945年の

敗戦のなかで大きな悲劇を生むことにつながった。

　1945 年 8 月 15 日にいわゆる「玉音放送」で人びとに敗戦が明らかにされる。その少し前の 8 月 8 日深夜に，ヤルタ協定で取り決められたとおりソ連が日本に対し宣戦布告し，満州に侵攻した。こうしたなかで，ソ連軍侵攻の情報を知った満州の日本軍や関東軍の上層部は，いち早く軍隊の撤収を進めた。聞き取りにくい「玉音放送」まで敗戦を知らされなかった移民団の人びとは，現地に取り残された。

---

### 探究活動

次の資料（体験記）を読んで，「国に棄てられた」ということについて話し合ってみよう。この斉藤さんは，52 歳のときに日本に永住帰国し，2002 年に「帰国の時期の遅れや生活への支援」をめぐって関東在住の中国残留孤児 637 人で日本政府に対する裁判を起こす。この裁判はどういうことが争点になり，どういう判決が出されたか，調べてみよう。

#### 中国残留孤児として生きる　斉藤弘子（1939 年生まれ）

　「敗戦の混乱中，父母や家族と離ればなれになり，旧満州に棄てられた子どもは大勢いました。運のよかった子どもたちは中国人に引き取られて育てられました。その子どもたちが中国残留日本人孤児です。私はその中の 1 人です。私たちは自分の意志で中国に残ったわけではありません。国に棄てられたのです。……敗戦のとき私は 6 歳でした。……ある日，日本人の女性と子どもだけの約 30 人が襲撃され，私と母とほかの日本人と一緒に赤いレンガの建物の中に逃げ込みました。みんな集まって甘い匂いのする飲み物を飲もうとしたのですが，1 人の中国人男性が現れ，私と母を連れ出しました。その人は後に私の養父になりました。後で知ったのですが……私たちが飲もうとした飲み物は青酸カリでした（通化事件という）。この中国人は私と母の命を助けたのです。

　　……家は貧乏ですので，芝刈りや農村でアルバイトをやって学費をひねり出しながら，師範専門学校を卒業しました。……（その後教師となり 3 人の娘を育てる）……しかし私は，自分が日本人であることはずっと忘れませんでした。……」

東京の高校生平和の集い実行委員会編『高校生が心に刻んだ戦争と平和の証言』平和文化，2012 年

---

## 授業づくりのポイント ------------------------------------------------------

●植民地支配は民族差別や人権侵害をもたらすことをとらえたい。
●アジア・太平洋戦争は中国にとっては民族解放の戦いだったことを考えてみたい。
●敗戦時の満州での戦争から，国家だけでなく国民（民衆）の視点で戦争をとらえ直したい。

## 参考文献 ---------------------------------------------------------------

　山田昭次ほか『朝鮮人戦時労働動員』岩波書店，2005 年
　山本晴太ほか『徴用工裁判と日韓請求権協定——韓国大法院判決を読み解く』現代人文社，2019 年

（河合美喜夫・丸浜　昭）

# イタリア・ドイツの敗戦

この授業で学ぶこと ----------------------------------------------------

　1939年に開始したヨーロッパの戦争はイタリア，次いでドイツの降伏によって，終焉を迎えた。なぜ，どのようにして戦争は終結したのか。そして，戦後体制にどのようにつながっていくのか。戦争の重要な局面を学習し，戦後世界への影響を考えたい。

----------------------------------------------------------------------

## （1）イタリアを終戦に導いたもの

　枢軸国側で参戦したイタリアの敗戦は，連合国軍の攻勢による結果ではあるが，果たしてそれだけだろうか。

　米英連合軍が42年11月に北アフリカに上陸，枢軸国軍は敗北を喫する。さらに翌年7月に連合軍はシチリアに上陸，ローマに迫ってきていた。同時期に国内ではムッソリーニ独裁に反発する動きが高まっており，ムッソリーニは外からの軍事的圧力だけでなく，国内

---

**探究活動**

イタリアの終戦において，民衆はどのような役目を担ったのか――史料から考えよう。

**国民解放委員会「イタリア人への呼びかけ」**
**（一部改変）**

　「ヒトラーのドイツはその強欲な略奪者として真の姿を露わにして，われわれの祖国に襲いかかってきた。……

　新しいイタリアがいま立ち上がろうとしている。イタリアは解放され，もはやファシズムの抑圧も，人民の意志の表明とは異なるいかなる政体も，支配することができなくなるであろう。

　そして，1922年10月28日以来，ファシズムの犯罪行為に加担し，先般の敗北と今日の不名誉を招いた人々に対して，人民が厳粛なる審判を下す日も遠からず訪れることであろう。」

歴史学研究会編『世界史史料10』岩波書店，2006年

「ドイツはあなたの真の友」（イタリア社会共和国のプロパガンダポスター）

◆敗戦に際して，レジスタンス運動をおこなったイタリア人政治勢力は，ファシズムを敵とし，イタリアを占領したドイツに抵抗する姿勢を示している。また，ファシズム政権の「犯罪行為」に加担した人びとを，イタリア人自ら裁くことを示唆している。

からの圧力にも直面していたのであった。

　1943年7月、ムッソリーニは国王と軍部が結託したクーデターによって首相の座を追われた。代わってバドリオが首班を務めた新政権は、休戦協定を結び戦線を離脱したが、これを察知したドイツ軍は北イタリアを占領、拉致したムッソリーニを立てて「イタリア社会共和国」を成立させた。他方、ドイツが擁立した北イタリアの政権に抵抗し、レジスタンス運動をおこなったイタリア人組織が「国民解放委員会」である。レジスタンス運動は広範な展開を見せ、イタリアの解放は徐々に進んでいった。45年5月にはイタリアを占領していたドイツ軍が降伏し、イタリアはようやく終戦を迎えた。なお、ムッソリーニはパルチザン（非正規の武装組織）によって処刑された。

　こうして、枢軸国側でありながら大戦末期にはドイツ軍と戦い（しかも、45年7月には日本にも宣戦布告している）、国内では反ファシズム勢力の影響が強かったイタリアの戦後は、連合国軍の占領も形式的にしか受けず、自主的に戦後改革にとりくんでいった。


## （2）ベルリン陥落とドイツの敗戦

　ヨーロッパのほぼ全土を支配下に入れたナチス＝ドイツも、1942年にアフリカ戦線で敗北し、同年始まったソ連軍とのスターリングラードの戦いでは、壊滅的な損害をこうむった。

　1944年6月、連合国軍は大規模な上陸作戦を敢行した。北フランスから攻勢を仕掛けるこの「ノルマンディー上陸作戦」において、米・英・カナダなどの連合国軍は多大な犠牲者を出しながらも上陸を成功させる。ドイツ軍は次第に追いつめられていき、占領していたパリの解放を許した。

　45年の春、独ソ戦においてドイツ軍を自国領内から追い出したソ連軍が、米英軍に先駆けてベルリンを包囲した。追いつめられたヒトラーは、地下塹壕において愛人とともに自殺した。また、彼の側近たちはもちろん、ベルリン市民もその多くがソ連軍の占領を恐れて命を絶ったという。ヒトラーの死から1週間後の5月7日、ナチス＝ドイツの軍上層部が降伏文書に調印をしたことにより、第二次世界大戦におけるヨーロッパの戦争は終結した。ドイツ中央政府の存続はもはや認められず、ドイツの主権は連合国を代表するアメリカ・ソ連・イギリス・フランスの4ヵ国に掌握され、国内は村々に至るまで連合国軍に占領・統治されたのである。

ベルリン陥落

## （3）ヤルタからポツダムへ

1945年2月クリミア半島のヤルタにおいて，アメリカ・イギリス・ソ連の会談がおこなわれた。参加者はイギリスのチャーチル，アメリカのF＝ローズヴェルト，ソ連のスターリンである。この3名が話し合ったのは，主に国際連合の設立や各国の戦後処理に関することであった。

まず国連については，大国の拒否権をめぐって以前から米ソ

ヤルタ会談。前列左からチャーチル，ローズヴェルト，スターリン

で意見が対立していた。最終的には，米英がソ連の主張する拒否権を条件つきで認めることで合意に至った。また，ドイツの戦後処理では米・英・ソ・仏の4国による分割管理などを決定し，イギリスとソ連の意見が対立していたポーランドの処理についてもいちおうの決着を見た。ここで確定した国際関係の枠組みは「ヤルタ体制」と呼ばれ，戦後冷戦の端緒ともなる。

この会談では，早くからアメリカ側が要請していたソ連の対日参戦も「秘密協定」として取り決められた (ヤルタ協定)。

そしてドイツ降伏後の45年7月，三国はドイツのポツダムにおいてふたたび会談をおこない，ここで日本に対して無条件降伏を勧告した (ポツダム宣言)。ソ連の日本への宣戦

布告は，広島に原爆が落とされた後の8月8日，約束どおりおこなわれることとなる。

---

**探究活動**

ヤルタ会談で決められた内容は，なぜ秘密協定とされたのか——史料から考えよう。

**ソ連の対日参戦に関する協定——ヤルタ協定（一部改変）**

　ソヴィエト連邦，アメリカおよびイギリス三大国の指導者たちは，ドイツが降伏し
ヨーロッパにおける戦争が終結したのち，2ないし3ヵ月後にソヴィエト連邦が以下
の条件により連合国の側に立って対日戦争に参加すべきことに合意した。

1　外モンゴル（モンゴル人民共和国）の現状が維持されること。

2　1904年の日本の背信的攻撃によって侵害された旧ロシアの権利が回復されるこ
　と。

3　クリル諸島［千島列島］がソヴィエト連邦に引き渡されること。

歴史学研究会編『世界史史料10』，岩波書店，2006年

◆ソ連対日参戦の条件とされた内容を読み取る。ソ連と日本は中立条約を結んでいたことに留意したい。ま
た，アメリカ・イギリスはソ連の参戦を強く望んでいたため，大西洋憲章で領土不拡大の原則が提唱されて
いたにもかかわらず，これを承諾してしまった。

---

**授業づくりのポイント** --------------------------------------------------------------

●イタリア，ドイツそれぞれの敗戦に至る経緯と，連合国による戦後処理の違いを確認し
ながら，戦後の2ヵ国の国家のあり方を比較・考察したい。

●イタリア・ドイツの敗戦から日本の敗戦につながっていくまでの流れを確認したい。

●日本の敗戦について扱う際には，イタリア・ドイツの各事例とどのように異なるのか，
戦後の国家体制にどのような違いがあるかを比較・考察したい。

●大戦末期に取り決めた事柄が，戦後の冷戦の対立構造にどのような影響を及ぼしたのか，
第4章を学習する際にふり返って意識したい。

---

**参考文献** ----------------------------------------------------------------------------

木村靖二『二つの世界大戦』山川出版社，1996年

ゲルト＝レッシンク著，佐瀬昌盛訳『ヤルタからポツダムへ——戦後世界の出発点』南窓社，1971年

油井大三郎，古田元夫『第二次世界大戦から米ソ対立へ（世界の歴史28）』，中公文庫，2010年

（久木山　咲）

# 日本の敗戦と「国体護持」

この授業で学ぶこと --------------------------------------------------------------

　アメリカ軍が本格的な反撃を始めた 1943 年からは，戦局は日本にとって不利となり，1945 年 2 月には当時の支配層のなかでも敗戦は必至という認識が生まれていた。日本の支配層は，にもかかわらず戦争をやめず，国民に本土決戦を唱えつづけた。何を考えてそうしたのか，その結果何がもたらされたか。ドイツやイタリアと比較してとらえたい。

--------------------------------------------------------------------------------

## （1）アメリカ軍の反撃と「絶望的抗戦期」

　以下の動きを，123 ページの地図を参照して学びたい。1943 年，アメリカ軍は約 10 万の兵を要して太平洋上の日本海軍のガダルカナル基地を占領した。アメリカ軍の初めての本格的な日本軍への反撃で，武器弾薬から情報収集力，補給物資などあらゆる面で日本軍をしのいでいた。これに対し日本側は，天皇の大元帥としての督促も受けて初めて中国大陸から陸軍を派遣し基地奪回を図るが，なす術なく大敗を喫した。結局，軍の公式発表は「転進」という名目でガダルカナルを放棄する。

　さらに 1943 年から 44 年にかけて，アメリカ軍は南太平洋から東南アジアに向けて島々を占領しながら時計回りに進軍した。潜水艦攻撃やレーダーを使った空中戦などで，兵のみならず物資の輸送もままならなくなった日本軍は，島々に多くの兵を残したまま敗退を続けた。兵士に渡されていた軍人手帳には，戦死は「献身・奉公の精神」であり捕虜になることは恥だとして，捕虜になることより死ぬことを美化する「戦陣訓」（1941 年に出された戦地の軍人向け文書）が記されていて，大きな影響を与えた。そして 230 万人とされる戦死者のうち，約 60% が餓死（衰弱死などを含む）者であったという。[*]

　* 　藤原彰『餓死した英霊たち』ちくま学芸文庫，2018 年

　アメリカ軍は同時に，グアム，サイパン，硫黄島など太平洋の真ん中を占領して飛行場を建設し，1944 年夏にはここからの日本の本土空襲が可能となった。こうしてこの時期には日本の軍事的勝利の見込みは全くなくなっていた。こうしたなかで，この頃から支配層はアメリカ軍の上陸に備える本土決戦を唱えた。次のようなことが明らかにされている。

　北海道から九州まで太平洋岸の兵力強化／基地軍事工場などを地下へ／様々な特攻戦術本格化／竹槍訓練実施／小学校卒業以上男子 60 歳女子 45 歳までを対象とした国民義勇軍創設／「国民抗戦必携」発表（資料参照）／太平洋側の海岸でアメリカ軍を迎え討つ諸訓練実施

**探究活動**

1. ガダルカナルの戦いなど太平洋南方での戦場の様子を，映像や写真で探ろう。

   参考　NHKスペシャル　ドキュメント太平洋戦争　第2集「敵を知らず己を知らず〜ガダルカナル」1993年

2. アメリカ軍の攻撃の実態の報告を受けていたはずの当時の支配層が，「竹槍訓練」や下記の「国民抗戦必携」に記された「白兵戦」が実際に有効だと判断していたとは考えられない。なぜこのようなことが推奨されたのか考えてみよう。

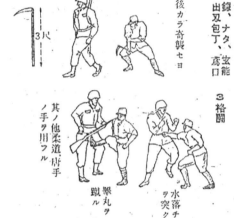

◆国民抗戦必携は，「本土決戦」を遂行するための国民向けの対米戦闘マニュアルである。「白兵戦では竹槍で敵の腹部をひと突きにし，鎌，包丁，鉈などで背後から奇襲の一撃を加えて殺す。格闘の場合は水落を突き，睾丸を蹴り上げる」などの記述がある。

# （2）遅すぎた「聖断」と沖縄戦

　もはや勝てないという認識は，支配層のなかにも生まれていた。1945年2月，元首相・近衛文麿が天皇に，敗戦は残念ながらもう避けられないが，「国体護持」（国体とは，天皇制を意味する当時の言葉）をめざす立場から見るといま戦争終結をめざしたほうがいい，という趣旨の意見書（資料参照）を提出した。これに対し天皇は，もう一度戦果を挙げてからでないと戦争終結は難しい，という趣旨を答え，早い敗戦への道を否定した。結果としてその後，半年余り戦争が続けられ，日本列島だけに限っても，東京大空襲と引きつづく各地への無差別爆撃，沖縄戦，広島・長崎への原爆投下などの大きな犠牲を生むこととなった。1989年，琉球放送は「遅すぎた聖断」と題したテレビ番組でこの天皇の発言と沖縄戦の関わりを取り上げた。

　1945年3月末に始まった沖縄戦は，一般市民が生活しているところで地上戦がおこなわれ，大きな犠牲を生んだ。戦争による犠牲者の正確な数はわからないが，沖縄戦前後の人口統計から推定して，総数で15万人前後とされ，当時の県民の4人に1人に及ぶという。地上戦に巻き込まれたというだけでなく，2万数千人の県民が様々な形で日本軍に召集され，さらに軍による県民への自決の強要なども犠牲を大きくした。

　そもそも沖縄戦は何のための戦いだったのか。NHK「沖縄戦全記録」（2015年6月14日放映）は，記録が残った8万2074人の住民の死のデータを分析し，首里陥落後の6月以

降に全体の6割近くが命を落としていた事実を明らかにした。特に日本軍の組織的戦闘が終わる6月23日までの1週間、わずか1日で5502人が亡くなった日もあったという。沖縄戦において5月の首里の軍司令部の陥落・本島南部への敗走は実質的な敗戦であり、さらに6月23日に司令官・牛島満中将が自決した。この時点で降伏して当然だったが、牛島満は最後まで戦えという命令を残し、日本軍は戦争を継続させた。それは沖縄戦が、沖縄の土地と人びとの生活・生命を守るための戦争ではなく、日本の「国体護持」のための時間かせぎの戦いと位置づけられていたからである。

---

**近衛上奏文（口語訳）**

「敗戦は残念ながら必至である。敗戦は、わが天皇制国家日本にとっては汚点をのこすものではあるが、英米の世論は日本の天皇制を否定するまでにはいたっていない。従って、敗戦によって天皇制度が崩されるとは思われない。……戦争推進派を一掃して、速やかに戦争終結の方法を考えるべきである。」

新城俊昭『新訂・増補版　高等学校琉球・沖縄史』編集工房東洋企画、2007年

---

**探究活動**

「遅すぎた聖断」というテレビ番組のタイトルはどういう意味か、考えてみよう。

---

## （3）ポツダム宣言受諾に至る道

　日本の降伏を求めるポツダム宣言は1945年7月に発表されたが、日本政府はこれを無視した。8月6日広島に原爆が投下され、広島は壊滅した。しかし戦争指導部は新型爆弾とだけ公表し、戦争を継続した。支配層のなかには、原爆投下によって国民や軍人に戦争終結を説く大きな理由ができたという受けとめ方もあったというが、これだけですぐにポツダム宣言受諾にはならなかった。9日に長崎への原爆投下を受け、さらに9日未明のソ連の対日参戦があった。日本の支配層が模索してきたソ連による戦争終結の仲介の道が完全に閉ざされた。9日深夜からの御前会議で、最終的に天皇の判断という形で「国体護持」だけを条件とするポツダム宣言受諾が決められた。

　8月15日には、「大東亜戦争」開戦の詔書を発した天皇によって、ポツダム宣言の受諾を告げる終戦の詔書が「玉音放送」として国民に向けて流された。そのなかでは「朕〔天皇が自分を指す言葉〕はここに国体を護持し得て」とか「かたく神州〔神の国の意〕の不滅を信じ」といい、「なんじ臣民それ朕が意を体せよ」と、天皇が国民を臣民として統治する体制は変わらないことが述べられていた。この敗戦の迎え方はイタリアやドイツと比べて大きく異なる。終戦の詔勅のなかでは、「朕はここに国体を護持し得て、汝臣民とともに太平を開かんと欲す」と、国民（臣民）に向かって「国体を護持」して戦争を終結したと告げている。戦後これがどう扱われていくかに目を向けていきたい。

### 探究活動

1. 日本の敗戦は，中国や朝鮮をはじめとするアジアでどう迎えられたか調べてみよう。

2. 核兵器は通常の爆弾とどこが違うか，箇条書きで挙げてみて，核兵器の特徴をとらえよう。

3. 次の文は「終戦の詔勅」の最後の一文である。このなかで，教育勅語で使われ

解放をよろこぶ朝鮮の人びと

ているような語句と似た語句を探してみよう。そしてこうした「国体」を重んじる考えが，戦前・戦中の人びとの生活にどういう影響を与えたかを考えてみよう。

### 終戦の詔勅の最後の部分（中略あり）

朕ハ茲ニ国体ヲ護持シ得テ　忠良ナル爾臣民ノ赤誠ニ信倚シ常ニ爾臣民ト共ニ在リ……宜シク挙国一家子孫相伝ヘ　確ク神州ノ不滅ヲ信シ　任重クシテ道遠キヲ念ヒ総力ヲ将来ノ建設ニ傾ケ　道義ヲ篤クシ志操ヲ鞏クシ　誓テ国体ノ精華ヲ発揚シ世界ノ進運ニ後レサラムコトヲ期スヘシ爾臣民其レ克ク朕カ意ヲ体セヨ

外務省『日本外交年表並主要文書』原書房，1966年

## 授業づくりのポイント

● 教科書にはあまり出てこないが，「国体」は当時の社会でよく使われたキーワードで，「国体護持」は多くの資料に出てくる。この意味をあらためて考えてみたい。

● 沖縄戦や，ポツダム宣言受諾による敗戦受け入れの特徴を，国体護持との関わりでとらえたい。

● 三国同盟のイタリアでは，ムッソリーニは最終的に民衆に処刑され，ドイツのヒトラーは自殺して敗戦を迎えた。三国はそれぞれどういう戦後を歩むことになっていくだろうか。

## 参考文献

吉田裕『日本軍兵士——アジア・太平洋戦争の現実』中公新書，2017年
吉田裕『アジア・太平洋戦争（シリーズ日本近現代史6）』岩波新書，2007年
山田朗，纐纈厚『遅すぎた聖断——昭和天皇の戦争指導と戦争責任』昭和出版，1991年
（映像）RBC琉球放送「遅すぎた聖断——検証・沖縄戦への道」1988年

（丸浜　昭）

# 16 日本国憲法と現代の世界

この授業で学ぶこと ------------------------------------------------

　日本国憲法は，GHQ が強く関わって短期間に原案がつくられるが，ただ GHQ の考え
が一方的に押しつけられてつくられたのではない。日本とそして世界の民主主義の伝統を
ふまえてつくられ，戦争の惨禍を体験した人びとに受けとめられていった。制定とその後
の歩みから，世界のなかの日本国憲法を考えたい。

------------------------------------------------

## （1）天皇制とアメリカ

　日本の支配層は敗戦の天皇の詔書で国体は護持されたと述べ，東久邇宮稔彦（ひがしくにのみやなるひこ）を首相とす
る皇族内閣で国体維持をはかった。しかし GHQ はポツダム宣言に基づく「民主化・非軍
事化」の占領政策を進め，1945 年 10 月には国体護持の一つの柱だった特高警察と治安
維持法の廃止を含む五大改革（婦人解放，労働組合の助長，教育の自由化・民主化，秘密的弾圧機
構の廃止，経済機構の民主化）を指令した。天皇制批判も解かれることになる動きに，東久邇
宮内閣は対応できず辞職した。連合国の一員であるソ連や中華民国，オーストラリアなど
からは天皇の戦争責任を問う声が高まることが予想された。

　こうしたなかで，最終的な天皇の処遇について判断をせまられたアメリカは，日本の政
治を統制する権威を占領統治に利用できると考え，天皇を存続する方針を固めた。そして
日本政府が大日本帝国憲法同様の憲法草案を作成していることを知ると，連合国から天皇
の戦争責任を問う動きが具体的に起こる前に，天皇が絶大な権力を持つことは否定するが
権威は残す方向で，GHQ の主導で憲法草案を作成することを急いだ。1946 年 3 月に，
象徴天皇と軍備放棄をセットにした憲法案を作成し，天皇を存続させうる唯一のものとし
て日本の支配層に受け入れさせた。

---

**探究活動**

GHQ は天皇の戦争責任は問わないこととし，東京裁判でも天皇のことは全く取り上
げなかった。日本の支配層のなかでは，天皇の道義的責任から天皇が退位すべきだと
いう意見があったが，これはどうなっていったか調べてみよう。また，天皇の戦争責
任が問われなかったことは日本人の戦争認識にどのような影響を与えたか考えよう。

---

## （2）日本国憲法誕生の背景とされたこと

　こうして作成されていく日本国憲法案だが，GHQ の役人の思いつきがもとにされたの
ではなかった。以下のように日本の自由民権運動の歴史を受けとめ，世界の民主主義の伝

統を継承してつくられたことが明らかにされている。

## ①憲法研究会「憲法草案要綱」が土台

　1945年末に民間の有志が集まっていた憲法研究会が「憲法草案要綱」（以下，憲法研究会案）を公表しGHQに提出した。憲法研究会案作成の中心人物の鈴木安蔵は，戦中から自由民権運動で生まれた憲法草案を学び，特に植木枝盛の憲法案を深く研究していた。GHQで憲法を担当した者たちはこの憲法研究会案に注目し，ただちに英訳して検討し，鈴木安蔵の研究も学んだという。憲法研究会案は多くの点で日本国憲法のもととされた。

「憲法草案要綱」英訳（古関彰一『平和憲法の深層』ちくま新書，2015年）

## ②立憲主義の精神，世界の基本的人権確立のとりくみなどを継承

　憲法第99条は「天皇又は摂政及び国務大臣，国会議員，裁判官その他の公務員は，この憲法を尊重し擁護する義務を負ふ」と，立憲主義の基本を記している。また，97条は「この憲法が日本国民に保障する基本的人権は，人類の多年にわたる自由獲得の努力の成果であつて，これらの権利は，過去幾多の試練に堪へ，現在及び将来の国民に対し，侵すことのできない永久の権利として信託されたものである」と，基本的人権の世界史的な価値を継承することを明記している。

## ③1928年パリ不戦条約が憲法9条に

　日本国憲法第9条は第一次世界大戦後の戦争違法化のとりくみを受けとめてつくられた（3-5参照）。マッカーサーから「Outlaw, War」の2語を示されたGHQ関係者が，焼け残った東京大学の図書館に行きパリ不戦条約の条文をもとに9条案を記したと回想している。

## ④議会の審議のなかで重要な規定が日本国憲法に

　GHQの憲法案では主権在民が明示されていたが，議会に提出された日本政府の憲法草案には主権在民の表現はなく，主権は国民と国家と天皇にあるという政府答弁などがおこなわれた。これに対し議会審議のなかで主権在民の明示が主張され，GHQの意向もあり最終的に前文の「主権が国民に存することを宣言」，第1条の「（天皇の地位は）主権の存する日本国民の総意」等の記述が実現した。また，憲法研究会案を受けた「健康で文化的な最低限度の生活」の語が生存権として25条に加えられたのもこの憲法審議のなかでのことである。こうして日本国憲法の主権在民，生存権等の重要な規定が議会の審議のなかで加えられた。

## ⑤日本人の戦争への強い反省と結合

　戦争の惨禍を体験した人びとはこの憲法を歓迎したことが，当時の新聞のアンケートに示された。日本国憲法前文の「政府の行為によつて再び戦争の惨禍が起ることのないやうにすることを決意し，ここに主権が国民に存することを宣言し，この憲法を確定する」という一文には当時の日本の人びとの思いが込められている。

こうした背景を受けてできあがった日本国憲法は，1946年11月3日に公布され，翌47年5月3日から施行された。

---

**探究活動**

1. 天皇主権を排し，儀礼行為のみおこなうという象徴天皇制は，憲法研究会案の影響を受けていることを次の資料から考えてみよう。第一項はなぜここに置かれたのだろうか。

**憲法研究会「憲法草案要綱」根本原則**
　　一　日本国の統治権は日本国民より発す
　　一　天皇は国政を親（みずか）らせず国政の一切の最高責任者は内閣とす
　　一　天皇は国民の委任により専ら国家的儀礼を司る

2. 政府はどういう意図で次の教科書を作成したのか考えてみよう。また，この教科書は1950年には副読本となり51年からは使われなくなった。どういう事情でそうなるか，背景を考えてみよう。

**六　戦争の放棄**

『あたらしい憲法のはなし』の挿絵

　「みなさんの中には，こんどの戦争に，おとうさんやにいさんを送りだされた人も多いでしょう。ごぶじにおかえりになったでしょうか。それともとうとうおかえりにならなかったでしょうか。また，くうしゅうで，家やうちの人を，なくされた人も多いでしょう。いまやっと戦争はおわりました。二度とこんなおそろしい，かなしい思いをしたくないと思いませんか。……戦争は人間をほろぼすことです。世の中のよいものをこわすことです。だから，こんどの戦争をしかけた国には，大きな責任があるといわなければなりません。……

　　みなさん，あのおそろしい戦争が，二度とおこらないように，また戦争を二度とおこさないようにいたしましょう。」

　中学社会科教科書『あたらしい憲法のはなし』文部省，1947年

---

## （3）日本の軍備復活・拡大と憲法改定の動き

　憲法改定の主張のなかで「押しつけ憲法」ということがいわれるが，つくられた当時は『あたらしい憲法のはなし』にも見られるように，そうは受けとめられていなかった。冷戦が本格化する1940年代末から，アメリカは日本の軍備増強を求める立場からこの憲法の平和主義を無視するようになり，日米安保条約が結ばれ自衛隊が創設されていくなかで憲法改定論が本格的に登場する。一番の理由とされることは，日本の再武装と憲法の平和主義が合わないことである。1955年に結成された自由民主党は党是として憲法改定を掲げた。

　日本の民衆は日本国憲法の平和主義をどう受けとめてきたか。制定当時は食糧不足がは

なはだしく食糧メーデーが大きな盛り上がりを示した時期だった。この時期「憲法より飯」といわれる面もあった。1950年代の憲法改定問題のなかで，人びとの意思があらためて示される。1955年の衆議院選挙では，憲法改定を掲げる自由党などに対し反対勢力が議員定数の3分の1を超え，憲法改定の発議ができなくなった。

---

**探究活動**

1. 1960年代から，自民党は憲法を変えることをせず，その解釈を変えることで軍備増強政策との整合性を維持してきた。防衛力整備計画などと日本政府の日本国憲法の解釈を対照させた一覧表をつくってみよう。現在はどのような状況にあるだろう。

2. 下記は，2人の若者の討論である。2つの意見を参考に，世界のなかの日本国憲法について考えてみよう。

A　アジアではまだ軍事的な脅威を示す国があるなかで，相手の軍備と均衡をはかることで戦争を防ぐことができるのが現実の世界だ。そのためには強大な軍事力を持つアメリカとの同盟を維持することは欠かせない。協力して軍備を整える必要がある。自衛のための軍事力も否定するような曖昧な憲法の規定は変えるべきだ。そういう姿勢をはっきり示してこそ，日本は同盟国にも認められる世界のなかの大国の一員となれる。

B　今日，EUがつくられたヨーロッパでは大きな戦争はなく，大きな戦争が起こっているのはアメリカが関わる中東だけだ。国連で核兵器を違法とする動きも拡大している。北朝鮮（朝鮮民主主義人民共和国）の問題も，武力ではなく韓国やアメリカとの外交で解決する努力が進められてきた。軍備によらない平和維持という動きはこれまで以上に現実的になってきた。日本国憲法をこういう世界の動きを拡大していこうというものとして捉え直すことが重要だ。

---

**授業づくりのポイント** --------------------------------------------------------

● 今日の日本国憲法の問題について，制定の歴史的背景として明らかにされていることをふまえて考えたい。

● 憲法改定は軍備の問題を争点に提起されてきたことを押さえ，解釈改憲のもとでどのように軍備増強が進められ，現在どのような状況にあるかを，生徒に調べさせたい。

● 今日の世界のなかで，日本国憲法を改定することは日本がどのような世界をめざすことになるか，また日本国憲法を生かしてどのような世界をめざすことが可能かを考えたい。

**参考文献** --------------------------------------------------------

古関彰一『平和憲法の深層』ちくま新書，2015年

古関彰一『日本国憲法の誕生　増補改訂版』岩波現代文庫，2017年

豊下楢彦『昭和天皇の戦後日本――〈憲法・安保体制〉にいたる道』岩波書店，2015年

山田朗『護憲派のための軍事入門』花伝社，2005年

（映像）NHK「焼け跡に生まれた憲法草案」ETV特集，90分，2007年

（丸浜　昭）

戦後世界と自由・独立・人権・平和をめざす
たたかい
（グローバル化と私たち）

# 1 「戦後」国際体制の成立から冷戦へ

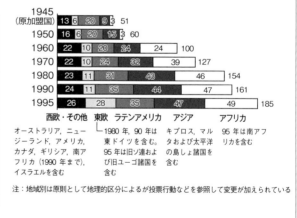

4-1

この授業で学ぶこと ----------------------------------------------------------------

　第二次世界大戦後の国際政治体制はどのようにして形成されたのか。反ファシズムと民主主義をめざした連合国は，なぜ戦後間もなく東西両陣営に分かれて対立し，冷戦に突入したのか。当時の国際的諸条件を視野に入れて考察したい。

----------------------------------------------------------------

## （1）国際連合の成立

　第二次世界大戦後の国際組織は，大戦中にどのように構想されたか，その軌跡を探ってみよう。その検討は，アメリカ合衆国では早くから着手され，参戦前の1941年4月に民間組織「平和機構研究委員会」が予備的報告書をつくり，43年8月には「国際連合憲章草案」が作成された。

　一方，連合国としては大西洋憲章（41年8月），連合国共同宣言（42年1月），英米ソ外相会議で採択された「一般安全保障に関するモスクワ宣言」（43年10月），テヘラン会談（43年11～12月），ダンバートン＝オークス会議（44年8～10月），ヤルタ会談（45年2月），サンフランシスコ会議（45年4～6月）という検討の経過をたどった。「モスクワ宣言」は国家の大小を問わず，すべての平和愛好国の主権平等の原則をうたい，ダンバートン＝オークス会議では国連憲章を作成した。国連憲章の採択と署名をおこなったサンフランシスコ会議では，中小の諸国家が活発に発言し，その要求の多くが憲章に反映された。

---

**探究活動**

「資料1　国連安全保障理事会での拒否権行使回数」と「資料2　国連加盟国の推移」を見て，両者にどのような関係があるか，読み取ったことを説明しよう。

資料1　国連安全保障理事会での
　　　　拒否権行使回数

|  | アメリカ | ソ連 | イギリス | フランス | 中国 |
|---|---|---|---|---|---|
| 1946-55 | 0 | 75 | 0 | 2 | 1 |
| 1956-65 | 0 | 26 | 3 | 2 | 0 |
| 1966-75 | 12 | 7 | 8 | 2 | 2 |
| 1976-85 | 34 | 6 | 11 | 9 | 0 |
| 1986-95 | 24 | 2 | 8 | 3 | 0 |
| 計 | 70 | 116 | 30 | 18 | 3 |

資料2　国連加盟国数の推移

| 1945（原加盟国） | 13 | 6 | 20 | 9 | 3 | 51 |
| 1950 | 16 | 6 | 20 | 15 | 3 | 60 |
| 1960 | 22 | 10 | 20 | 24 | 24 | 100 |
| 1970 | 22 | 10 | 24 | 32 | 39 | 127 |
| 1980 | 23 | 11 | 31 | 43 | 46 | 154 |
| 1990 | 24 | 11 | 35 | 44 | 47 | 161 |
| 1995 | 26 | 28 | 35 | 47 | 49 | 185 |

西欧・その他　東欧　ラテンアメリカ　アジア　アフリカ

オーストラリア，ニュージーランド，アメリカ，カナダ，ギリシア，南アフリカ（1990年まで），イスラエルを含む

1980年，90年は東ドイツを含む。95年は旧ソ連および旧ユーゴ諸国を含む

キプロス，マルタおよび太平洋の島しょ諸国を含む

95年は南アフリカを含む

注：地域別は原則として地理的区分によるが投票行動などを参照して変更が加えられている

木畑洋一『国際体制の展開』山川出版社，1997年

---

他方で，大国の意思と大国間の協調を国際体制運営の基礎とするために，安全保障理事会の常任理事国（戦勝五大国）に，総会決議に優る権限である拒否権が認められた。国連憲章は日本の敗戦に先立つ45年6月に採択され，10月に51ヵ国の加盟で国連が発足した。

　国連は社会経済・保健衛生・難民保護などの分野で国際連盟の遺産を受け継ぐとともに，国際平和に加えて，基本的人権と人間の尊厳，社会的進歩と生活水準の向上など，扱うべき多くの課題を提示し，その一端は世界人権宣言（48年），国際人権規約（66年）に結実した。日本は1956年の加盟以来，アメリカに追随しつつ，「国連中心主義」の立場を掲げている。

## （2）東西ドイツの分立

　敗戦国ドイツは，なぜ，そしてどのような経過で分断され，東西ドイツに分立したのか，考えてみよう。1945年5月8日，ドイツの無条件降伏によってヨーロッパにおける第二次世界大戦は終結した。翌6月からベルリンに連合国管理理事会が置かれ，ベルリンおよびドイツは米英仏ソの戦勝4ヵ国によって分割統治されることになった。

　4ヵ国は同年8月のポツダム協定に基づき，ドイツの非軍事化・非ナチ化・非カルテル化・民主化を軸とする占領政策を進めるなど，協調に努めた。

　しかし，大戦中，最多の2000万人を超える犠牲者を出したソ連が賠償の取り立てを最優先したのに対し，アメリカとイギリスは，第一次大戦後の戦後処理の失敗がナチスの台頭を招いたという反省から，ドイツの経済復興を最重要視していた。こうした占領国の足並みの乱れから1946年には，連合国管理理事会がすでに機能不全に陥った。

　その後，ソ連占領地区では土地改革と企業の国有化，公共機関の非ナチ化が進む一方で，西側では資本主義経済を維持しつつ，諸改革は限定的におこなわれ，東西の占領区で社会構造の差異が固定化されていった。47年には米ソ冷戦を背景に，ソ連地区と西側地区でそれぞれ別々の経済評議会，中央議会・中央政府の骨格が形成された。48年2月にチェコスロヴァキアで共産党のクーデターが起こると，西側3ヵ国は占領地区の金融基盤を強化するため，6月に西側3地区で通貨改革をおこなった。ソ連は対抗して別の新通貨マルクの発行と西ベルリンの封鎖（～49年5月）を強行し，西側3ヵ国はベルリン空輸作戦を展開するが，ドイツの分裂は決定的になった。

## （3）水爆実験と米ソの核兵器開発競争

　第二次大戦後，国際平和をめざす国際連合が創設される一方で，冷戦体制下でどのようにして核兵器開発競争が始まったか，考えてみよう。大戦中にアメリカのロスアラモス研究所で原爆の開発に関わった科学者たちは，戦後，原子力の国際管理の必要性を唱えた。彼らの提唱は1945年12月の米英ソ三国外相会議の声明として盛り込まれ，翌46年に原子力委員会が国連の安全保障理事会のもとに設置された。しかし，アメリカが原爆保有の

**探究活動**

「地図　第二次世界大戦後のドイツ——4連合国による分割占領と領土変更」を見て，次の問いに答えよう。

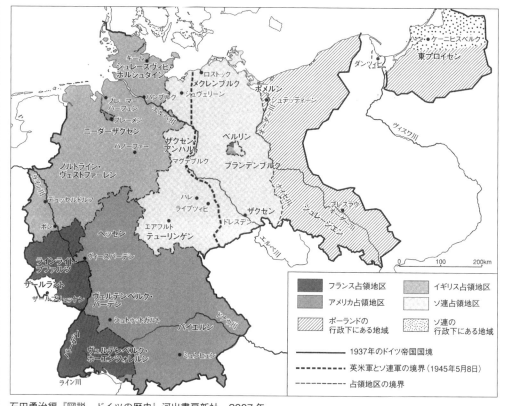

石田勇治編『図説　ドイツの歴史』河出書房新社，2007年

問1　首都ベルリンはどこの国の占領区にあるか。
問2　ドイツの東部の国境となった川の名前を答えよう。それによってドイツの面積はどう変化したか。
問3　旧ドイツ領の東プロイセンはどうなったか。
問4　ドイツの東部国境と領土の変更は，その後のドイツにどのような影響を与えたか。

態度を堅持したため，ソ連は離反し，原子力委員会は48年5月に無期限の休会となった。

　ソ連は大戦中，43年2月のスターリングラードの戦勝後，核物理学者クルチャトフを責任者に原爆の開発を進めた。49年8月末，セミパラチンスク核実験場でソ連初の原爆実験をおこない，プルトニウム爆弾の開発に成功した。ソ連の原爆実験はアメリカの予想よりも数年早くおこなわれ，アメリカの核兵器の独占体制を打破し，米ソ核軍拡競争の起点となった。

　アメリカのトルーマン大統領は1950年1月末，ロスアラモス研究所のリーダー，オッ

ペンハイマーらの反対を押し切って，原爆の威力を上まわる水爆の開発を命令した。52年11月，アメリカはエニウェトク環礁で世界最初の水爆実験をおこない，広島に投下された原爆の約700倍の威力を持つ水爆を開発した。

　その9ヵ月後の53年8月，今度はソ連がサハロフの設計した最初の水爆実験に成功した。ソ連の水爆は航空機に搭載し，実用が可能になったとアメリカに判断され，アメリカも「使える」水爆の開発を加速させた。すでにアメリカは53年4月に水爆ブラボーの実験計画を立て，翌54年1月には「キャッスル作戦」という複数回の水爆実験をビキニ環礁で実施すると発表した。この作戦の一環として，3月1日に水爆実験がおこなわれることになる。

---

**探究活動**

以下の文章を読み，問いに答えよう。

**1954年3月1日のビキニ環礁での水爆実験の爆発を見た住民の証言**

　「巨大な，真っ赤に煮えたぎった太陽みたいな火の玉が昇った。それは……太陽よりも大きく，輝き，熱を放ち，この世のものとは思えなかった。次にキノコ雲が立ちのぼり，空をすっかり覆ってしまった。大気は血の色に見えた。爆発！　天地が裂けんばかりの爆発音と共に竜巻のような風が吹きつけ，ヤシの木を根こそぎ倒した。」

豊崎博光・安田和也『母と子でみる　水爆ブラボー──3月1日ビキニ環礁・第五福竜丸』草の根出版会，2004年

問1　住民は最初，どのような現象を目撃したか。

問2　火の玉を見た後，次にどのような現象が起こったか。

問3　爆発の後，どのようなことが起こったか。

問4　住民たちは，なぜ，目撃した風景を「西に昇った太陽」と表現したのか。

---

**授業づくりのポイント** --------------------------------------------------------------

●第二次世界大戦中から，戦後の国際機構の創設が検討されていた事実に注目したい。

●国際連合の特徴と国際連合が扱う課題について理解したい。

●ドイツに対する占領政策の相違と，東西ドイツの分立の過程を，事実に即して把握したい。

●原水爆の開発が米ソの核開発競争を加速した理由を，国際関係を視野に入れ考察したい。

**参考文献** -----------------------------------------------------------------------------

　木畑洋一『国際体制の展開』山川出版社，1997年

　豊崎博光・安田和也『母と子でみる　水爆ブラボー──3月1日ビキニ環礁・第五福竜丸』草の根出版会，2004年

　石田勇治編『図説　ドイツの歴史』河出書房新社，2007年

（米山宏史）

# 2 アメリカに従属して「繁栄」した 戦後日本

この授業で学ぶこと --------------------------------------------------------

　1950年代後半から1973年まで，日本は実質経済成長率が年平均約10%という驚異的な経済成長を遂げた。その成長を支えたのは，戦後の冷戦構造によって引き起こされた朝鮮戦争と米軍占領下での沖縄の軍事基地化であったことを理解したい。

--------------------------------------------------------------------------------

## （1）朝鮮戦争は日本経済に何をもたらしたか

　日本の敗戦によって植民地であった朝鮮と台湾は解放され，日本軍は中国大陸の占領地から撤退し，「満州国」も崩壊した。こうして第二次世界大戦後，東アジア地域で自立と解放の動きが進展するが，ここに米ソの冷戦という要因が入ることによって東アジア各国は複雑な展開をたどる。1949年に中華人民共和国が成立し，翌年，朝鮮戦争が開始されると，ソ連・中国・北朝鮮という「社会主義圏」とアメリカ・日本・韓国・台湾という「資本主義圏」の対立という形で，東アジア地域の冷戦構造は緊迫の度を高めた。

　1950年6月に始まる朝鮮戦争は，この冷戦が「熱戦」に転じた大戦争だった。9月には米軍が国連軍として参戦し，10月に中国人民義勇軍が参戦し，戦線は一進一退をくり返した後，膠着状態が続き1953年に休戦協定が結ばれた（4-3，朝鮮戦争の地図参照）。

　朝鮮戦争には，多数の日本人船員や荷役労働者が，米軍の海上輸送の業務に従事する形

---

**探究活動**

下の表は，米軍の物資，サービスの契約高である。戦争の経過と特需額の推移を見てみよう。

（単位：千ドル）

| 年 | 物資 | 役務 | 合計 |
|---|---|---|---|
| 1950 | 127,327 | 64,029 | 191,356 |
| 1951 | 254,506 | 99,134 | 353,640 |
| 1952 | 205,373 | 117,149 | 322,522 |
| 1953 | 260,794 | 183,069 | 443,863 |
| 1954 | 104,727 | 132,693 | 237,420 |
| 1955 | 65,748 | 107,941 | 173,689 |
| 1956 | 68,757 | 95,743 | 164,500 |
| 1957 | 131,245 | 98,363 | 229,608 |
| 1958 | 67,392 | 76,120 | 143,512 |
| 1959 | 89,136 | 67,099 | 156,235 |

在日米軍特需契約高……歴史学研究会編『日本史史料5』岩波書店，1997年

---

で直接参戦し，犠牲者も出ている。それだけでなく，日本は米軍の兵站基地となり，兵器以外の雑多な軍需物資を米軍に調達して外貨収入を拡大し，その結果，日本経済の復興が始まった（朝鮮特需）。その後1955年以降，高度経済成長が開始され，1956年の経済白書には「もはや戦後ではない」と記述された。このように日本は，朝鮮戦争で米軍に加担することによって，戦後の経済復興を実現していったのである。

## （2）サンフランシスコ平和条約で，東アジアのなかの日本の位置はどうなったか

　1950年，朝鮮半島に出動した在日米軍を補うという理由で，GHQの指示によって警察予備隊が創設され，これが後の自衛隊になっていった。1951年にはサンフランシスコ平和条約が締結され，翌年発効して日本は国際社会に復帰したが，戦争で最も多くの被害を受けた中国は招かれず，「社会主義圏」のソ連は署名せず，後に非同盟路線を歩むインド，ユーゴスラヴィアは会議に参加しなかった。このような「資本主義圏」のみを対象とする講和を「単独講和」と批判し，「全面講和」を求める主張が，知識人や労働組合運動のなかで広がった。

---

**探究活動**

安倍能成・中野好夫・大内兵衛・和辻哲郎ら当時の代表的知識人は「平和問題談話会」を組織し声明を発表，雑誌『世界』に掲載された。この声明の主な内容，また注目すべき点は何か考えてみよう。

**講和問題についての平和問題談話会声明**（1950年1月15日）

一，日本の経済的自立は，日本がアジア諸国，特に中国との間に広汎，緊密，自由なる貿易関係を持つことを最も重要な条件とし，言うまでもなく，この条件は全面講和の確立を通じてのみ充たされるであろう。

二，抑々わが憲法の平和的精神を忠実に守る限り，われわれは国際政局の動揺のままに受身の態度を以て講和の問題に当るのでなく進んで二つの世界の調和を図るという積極的態度を以て当ることを要求せられる。われわれは，過去の戦争責任を償う意味からも来るべき講和を通じて両者の接近乃至調整という困難な事業に一歩を進むべき責務を有している。

三，講和後の保障については，われわれは飽くまでも中立不可侵を希い，併せて国際連合への加入を欲する。

四，単独講和または事実上の単独講和状態に附随して生ずべき特定国家との軍事協定，特定国家のための軍事基地の提供の如きは，その名目が何であるにせよ，わが憲法の前文及び第九条に反し，日本及び世界の破滅に力を藉すものであって，われわれは到底これを承諾することは出来ない。

『世界』1950年3月号。歴史学研究会編『日本史史料5』岩波書店，1997年より

---

また，東アジアでの冷戦の緊張が高まると，アメリカの東アジア戦略にとって沖縄の米軍基地の位置づけはいっそう重視され，条約第3条では，沖縄と奄美諸島と小笠原諸島の施政権はアメリカが行使することが定められた。沖縄では米軍政のもとで文字どおり「銃剣とブルドーザー」によって県民の土地が強制的に取り上げられて基地が建設され，それを米軍は自由に使用した。

　条約締結と同日に日米安全保障条約が結ばれ，米軍による占領は終わったが，引きつづき本土に米軍が駐留することになった。こうして日本はアメリカに従属する形で「資本主義圏」に組み込まれていった（日米安保体制）。

　サンフランシスコ平和条約が発効した1952年4月28日を，沖縄県民は日本から切り捨てられた「屈辱の日」と呼んでいる。故翁長雄志沖縄県知事は2015年に，菅義偉官房長官に次のように訴えた。「沖縄は27年間，日本の独立とひきかえに米国の軍政下に差し出されて，その間，日本は高度経済成長を謳歌しました。」


## （3）なぜ沖縄の基地は拡大したのか

　1950年代，本土では，憲法9条に支えられて，各地で米軍基地反対闘争が展開された。なかでも1953年の石川県・内灘闘争，1956年の東京都立川・砂川闘争はよく知られている。また，1960年には大規模な安保改定反対闘争もおこなわれた。こうしたたたかいによって本土の米軍基地は大幅に縮小され，米海兵隊は沖縄へ，米陸軍は韓国へと移駐した。

　1950年代後半，沖縄には第3海兵師団が移駐し，キャンプ・シュワーブ，キャンプ・ハンセン，北部訓練場など海兵隊の基地がつくられ，普天間飛行場も空軍から海兵隊のヘリ部隊の基地となった。こうした動きは，沖縄の米軍基地の任務が朝鮮半島だけでなく，ベトナムをはじめ東南アジアも視野に入れたものに変化したからでもあった。

　その結果，1950年代沖縄の米軍基地は約2倍に拡大し，その後も引きつづき拡大して，1972年の本土復帰のときには本土と沖縄の米軍基地の面積は逆転していた。また，アメリカは沖縄と韓国に大量の核兵器を配備し，核基地化も進めた。1965年からアメリカが本格的にベトナム戦争に介入すると，沖縄は前線基地の役割を担わされ，嘉手納飛行場からはB52爆撃機が北ベトナムに出撃した。

　沖縄の基地がベトナム戦争に使用されるという状況のなかで，本土復帰運動は「基地撤去」も要求に掲げて展開された。つまり，本土復帰運動はアメリカのアジア戦略を問い，冷戦構造と対峙せざるをえなくなったのである。戦後沖縄は東アジアの冷戦の前線に位置する米軍基地として拡大しつづけ，現実に戦争に使用されたが，この広大な基地がそのまま残る形で1972年，本土復帰を迎えた。しかし，現在の辺野古新基地建設に反対する県民のたたかいに見られるように，復帰後も米軍基地に反対する運動は粘り強く進められている。

## 探究活動

米軍基地面積の推移

| | 1952 年 | 1960 年 | 1972 年 |
|---|---|---|---|
| 本土 | 1,352㎢ | 335㎢ | 196㎢ |
| 沖縄 | 124㎢ | 209㎢ | 286㎢ |

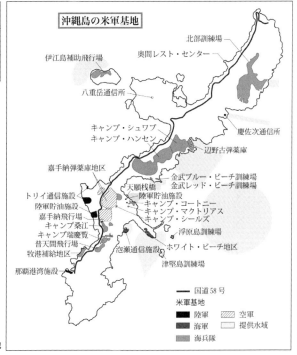

現在の沖縄の米軍基地

戦後，沖縄が基地負担を背負わされ，現在も在日米軍基地の 70.6% が沖縄に集中していることの意味を考えてみよう。

## 授業づくりのポイント

● 冷戦下のアメリカの東アジア戦略のなかで，日本，なかでも沖縄，そして韓国がどのように位置づけられたかを理解したい。

● 沖縄の基地被害については，軍用機の墜落，騒音，米兵による殺人・強姦など具体的事例を取り上げて説明したい。

● 戦後日本の「平和」と「繁栄」の背後には，朝鮮戦争と沖縄の基地負担があったことをとらえたい。

## 参考文献

和田春樹ほか編『アジア諸戦争の時代（岩波講座 東アジア近現代通史 7)』岩波書店，2011 年
新崎盛暉『沖縄現代史 新版』岩波新書，2005 年
歴史学研究会編『占領政策の転換と講和（日本同時代史 2)』青木書店，1990 年

（関原正裕）

# 3 南北統一を求めつづける 韓国と北朝鮮

この授業で学ぶこと ------------------------------------------------------------

　同じ民族でありながら2つの分断国家になっている朝鮮半島。その歴史的経緯をふまえ，南北統一の努力がどのように積み重ねられて現在に至っているかを理解したい。また，そのなかで日本が果たすべき役割についても考えたい。

------------------------------------------------------------------------------------

## （1）なぜ朝鮮は分断国家になったのか

　1945年8月15日，日本の敗戦によって，朝鮮は植民地支配から解放された。しかし，この直後アメリカが，北緯38度線以北をソ連軍，以南をアメリカ軍による分割占領をソ連側に提案し，これが両者のあいだで合意された。

　南ではアメリカが，植民地時代の対日協力者だった右翼や保守派を利用して，親米国家づくりを進めた。そのため，植民地期の総督府の官僚や警察官が，大量に再登用された。アメリカから帰国した李承晩は，1948年8月に大韓民国（以下，韓国）を樹立して大統領となり，反共を国是とする国家づくりを進め，左翼・進歩派を徹底して弾圧した。

　一方，北ではソ連が共産党や左翼・進歩派の政治を評価するなかで，土地改革，労働改革，男女平等など親ソ的な国家づくりが進められ，1948年9月に金日成を首相とする朝鮮民主主義人民共和国（以下，北朝鮮）が樹立された。

---

**探究活動**

朝鮮戦争は，国連軍として派遣された米軍と中国人民義勇軍の介入によって，冷戦が朝鮮半島を舞台にして「熱戦」に転じた激しい戦争であったことを確認したい。

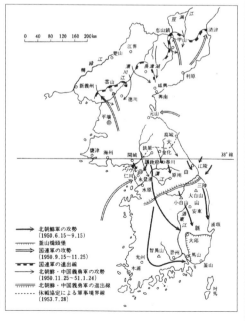

歴史学研究会編『占領政策の転換と講和（日本同時代史 2）』
青木書店，1990年

このように朝鮮半島の南北分断の背景には戦後の米ソ対立，冷戦があったが，米ソによる軍事介入，分割統治がおこなわれたのは，日本の植民地支配によって国家主権が36年間奪われた結果，朝鮮の人びとが米ソの介入を排して新しい政府を樹立することができなかったからである。南北分断をつくりだした責任は日本にもあるといわなければならない。

　その後，1950年6月に北の朝鮮人民軍の南進によって始まった朝鮮戦争は，南北分断を決定的なものにした。両国の死者数は300〜400万人と推定され，離散家族は1000万人にも及ぶとされる。また，戦争中に韓国の警察・軍は北朝鮮に通じていると見なした民間人を大量に虐殺している。この朝鮮戦争は1953年に休戦協定が調印されたが，この休戦状態は現在でも続いている。

# （２）南 北 統 一 に と っ て の 日 韓 基 本 条 約

　日本は1952年から韓国と交渉を続け，1965年に日韓基本条約をようやく締結し，韓国と国交を結ぶことができた。この背景には，米・日・韓の経済協力によって東アジアに強力な反共体制をつくろうとしたアメリカの戦略があった。1961年に軍事クーデターによって誕生した朴正熙軍事政権は，日韓基本条約とともに結ばれた日韓請求権協定によって多額の経済協力を日本から獲得するとともに，当時アメリカが介入を始めたベトナム戦争に韓国軍兵士を派兵する見返りに，アメリカからも資金援助を受けた。こうした資金をもとにして，朴政権のもとで韓国は奇跡的な経済成長を実現する。

　しかし，このアメリカの反共東アジア戦略は，北朝鮮・ソ連・中国の「社会主義圏」と敵対するもので，南北統一とは逆行するものだった。日韓基本条約の締結は，むしろ南北分断を固定化することになったのである。

---

**探究活動**

日本は韓国を「朝鮮にある唯一の合法的な政府」と規定したが，このことは北朝鮮や在日朝鮮人にどのような影響を与えただろうか。

　日韓基本条約第3条　大韓民国政府は，国際連合総会決議第百九十五号（III）に明らかに示されているとおりの朝鮮にある唯一の合法的な政府であることが確認される。

---

# （３）韓 国 の 民 主 化 と 南 北 統 一

　1972年，朴正熙は，反共と国家安全保障の維持のため憲法を改正し，「維新体制」と称する大統領独裁体制を成立させ，民主化運動を徹底的に弾圧した。ところが，1979年10月，朴正熙が側近によって射殺されるという事件が起こり，突如，大統領独裁体制は崩壊し，民主化を求める機運は高まった。1980年5月には，ソウルで学生たちが民主化を求めて大規模なデモをおこなった。これに対して，軍の実権を握っていた全斗煥は非常戒厳

令を全国に拡大し，全羅南道光州市で戒厳軍に激しく抵抗する学生，市民に対して徹底的な武力弾圧をおこない，市民側の死者，行方不明者は236人にのぼった（5・18民主化運動）。このとき政府は「北のスパイに煽動された暴動」と宣伝して，苛酷な弾圧を正当化したのだった。

　1987年，ソウル大学生の拷問致死事件をきっかけに，全斗煥政権に対する批判は高まり，大統領直接選挙の実施のための憲法改正と政権打倒を訴える学生，市民の運動は全国的に拡大した。6月26日の「国民大行進」デモが37の都市で180万人が参加する大規模なものになると，その3日後，全斗煥の後継の軍の同期生，盧泰愚は，直選制改憲・民主化の推進・拘束者釈放などを骨子とする「6・29民主化宣言」を発表した。

　このような民主化を求める市民の運動が，90年代に金泳三の文民政権，さらには金大中政権を誕生させた。2000年，金大中大統領は平壌を訪問し，分断後初めて南北首脳会談を実現し，南北間の和解協力を進める「太陽政策」を推進した。

---

**探究活動**

この写真は光州での軍の弾圧による犠牲者の墓地で，現在「国立5・18民主墓地」と呼ばれている。なぜ，国がこのような立派な墓地をつくったのか考えてみよう。

---

# （4）平和と統一に向けて動きはじめた朝鮮半島

　2016年10月から始まった，朴槿恵政権の退陣を求める大規模な集会（ろうそく集会）は，1987年の民主化実現以来の民衆の大衆的な運動に対する民衆の「自信」のあらわれでもあった。集会に参加した人びとは，朴槿恵政権の不正を糾弾するだけでなく，南北統一と平和への強い思いを持っていた。朴政権退陣後の2017年5月におこなわれた大統領選挙では，ろうそく集会の力で政権を倒した民衆の支持を受けて，文在寅が当選した。

　軍部や保守派は，これまで民主化運動に対しては「北のスパイによる陰謀」といった反共攻撃をおこなうのが常であった。2018年8月15日光復節の演説で文大統領は，南北

分断が「安全保障を打ち出した軍部独裁の名分となり，国民を敵味方に分ける理念」にもなったと述べ，韓国の民主化のためにも南北分断を克服することが重要であるとあらためて強調した。

---

**探究活動**

2018年4月27日には，韓国の文在寅大統領と北朝鮮の金正恩国務委員長は，南北分断を象徴する場所である板門店(バンムンジョム)で会談した。両首脳は南北統一を強く確認するとともに，朝鮮戦争を終結させ，朝鮮半島の完全な非核化を実現する，この2点を宣言に盛り込んだ。この「板門店宣言」の世界史的な意義を考えてみよう。

**朝鮮半島の平和と繁栄，統一のための板門店宣言**

　「冷戦の産物である長い分断と対決を一日も早く終息させ，民族的和解と繁栄の新しい時代を果敢に立ち起こし，南北関係をいっそう積極的に改善し，発展させていく……

　南北関係の全面的で画期的な改善と発展を成し遂げることによって，断たれた血脈をつなぎ，共同繁栄と自主統一の未来を早めていくことにした。南北関係を改善し発展させることは，全民族の一途な願いであり，これ以上遅らせることはできない……」

---

その後，2018年6月12日には，北朝鮮の金正恩国務委員長はアメリカのトランプ大統領と歴史上初の首脳会談をおこない，平和と繁栄に向けた新たな朝米関係の樹立，朝鮮半島の完全な非核化などで合意し，また「板門店宣言」を再確認した。このように冷戦構造がいまだに残っている朝鮮半島の情勢は，平和と統一に向けて変化を遂げつつある。

### 授業づくりのポイント ------------------------------------------------

● 戦後の冷戦構造が東アジア全体の国際秩序をどう規定したかを視点にして朝鮮半島をとらえたい。
● 南北分断が韓国の反共主義および軍部独裁政権さらに徴兵制を存続させてきた原因であったことをつかみたい。
● 南北統一のために日本は何をすべきか，戦前の植民地支配，戦後の南北両国との関係などをふまえて考えさせたい。

### 参考文献 ------------------------------------------------

糟谷憲一，並木真人，林雄介『朝鮮現代史』山川出版社，2016年
文京洙『新・韓国現代史』岩波新書，2015年
和田春樹ほか編『経済発展と民主革命（岩波講座 東アジア近現代通史 9)』岩波書店，2011年

（関原正裕）

# 4 21世紀の覇権国家として歩む中国

この授業で学ぶこと --------------------------------------------------------

　第二次世界大戦後，中国が歩んだ戦後史を世界史のなかに位置づけ，私たちと同時代史を形成してきたことを学ぶ。また，国家づくりの特徴や現状，直面している課題などについて，政策と社会の変化の両面から学びたい。

--------------------------------------------------------

## （1）激動の戦後史

　中国はどのような戦後史を歩んだのだろうか。1949年10月1日，15年に及んだ日中戦争とその後も続いた国共内戦が終わると建国を世界に宣言し，冷戦体制が激しさを増していくなかで，社会主義国家の建設を模索していくことになった。

　1950年代から1970年代にかけて，大躍進政策や文化大革命を経験した中国では，経済は停滞し，国民生活は疲弊を極めた。状況を立て直すため，鄧小平は1978年に改革開放政策を提唱。農業，工業，国防，科学技術の「4つの近代化」の具体化をめざした。

　1980年以降，深圳・珠海・汕頭・厦門・海南島に経済特区を設置して対外開放をおこない，1984年からは上海や天津，大連や青島といった沿海部の14の都市も開放して，それまでの計画経済から外資を導入した市場経済への転換が始まった。

　改革開放政策は，1960年代以降，香港・韓国・台湾・シンガポールなどのNIEsが，対外開放を進め輸出を軸に国際競争力を高め経済発展を遂げた事例と無関係ではない。また，同じ社会主義国家でもあるベトナムの経済政策に影響を与えることになった。

　なお，日本との国交を回復するのは1972年であり，日中戦争の際に生じた残留孤児が初めて帰国するのは，1981年になってからであった。

## （2）大国への道のり

　中国はどのように経済大国になったのだろうか。1980年代になると，ソ連の経済は沈滞し，東欧の社会主義国家への影響力も低下していった。1989年には東西ドイツを隔てていたベルリンの壁が崩壊。それと同時期に，それまで社会主義国家だった東欧諸国も，民主化運動や革命を経て共産党政権が終焉を迎えるなど，社会主義や共産党政権の存在そのものが世界的に問われることとなった。こうした世界情勢に中国が無縁だったわけではない。

　改革開放政策が始まって以来，中国経済の変化と発展は，インフラに代表される社会基盤の整備だけでなく，人びとの生活水準や様式，価値観にも影響を与えていくことになった。人びとの社会・経済活動への参加は，中国共産党政権やその政策への不満や批判，そ

して民主的な制度や政策を求める民衆運動に至る。ところが，そうした民主化要求は，1989年6月4日に武力によって鎮圧されてしまった（天安門事件）。

　天安門事件は国際的な批判を浴び，海外からの投資は減退，経済は停滞した。こうした状況を打破するために，江沢民は1992年に社会主義市場経済を掲げ外資を積極的に受け入れる優遇政策を推進し，年率10%を超える経済成長率を実現させた。

　1992年に韓国と国交を正常化した。また，2001年には世界貿易機関（WTO）に加盟して輸出を拡大，「世界の工場」と呼ばれるまでになると，2008年には北京オリンピックを開催して大国としての地位を確立するに至った。さらに，2010年にはGDPが日本を抜いて世界第2位となり，2013年，GDPは日本の2倍に達した。

---

**探究活動**

歴史を動かした鄧小平の言葉――1960年代の彼の以下の発言が，改革開放期にどのような意味を社会のなかで持つようになったのか調べてみよう。

「白い猫であれ，黒い猫であれ，ネズミを捕る猫がよい猫だ。」

---

## （3）中国社会の変化

　中国社会は改革開放以降，何がどう変化したのだろうか。天安門事件によって中国共産党政権やその政策への国民の期待は大きく損なわれた。こうした状況から今一度政権に国民をつなぎとめるために，全国各地に愛国主義教育基地や革命聖地が整備され，教育を通じた愛国心の発揚やあるべき国民像の提示が強まった。しかし，政権維持のためには国民の主体的な協力が欠かせないこともまた事実であり，「上に政策あれば下に対策あり」といわれるように，国民とのいわば「かけひき」が常におこなわれてきた。

　マクドナルドの1号店は1990年に深圳で開業した。2017年には約2500店にまで増加している。2000年には故宮のなかにスターバックスが店舗をかまえるなど，外資のチェーン店が全国に展開し，街中で見かけることも今日では珍しくない。また，お茶だけでなくコーヒーを飲む習慣も増えつつあるなど，食生活や食文化は大きく変容している。

　中国では1980年代生まれを「80後」，1990年代生まれを「90後」，2000年代生まれを「00後」と呼び，それぞれに特徴があるという。これは中国社会が10年にも満たない短期間でめまぐるしく変容しており，そのなかで育っていることを象徴している。

　日本のアニメやゲーム，音楽などが社会に与えた影響も少なくない。「御宅」（オタク）・「萌萌噠」（萌え）・「草食男」（草食系男子）といった和製漢字がその一例である。日本と中国の社会が相互に影響を与え合っているのが現代社会だといえる。

**探究活動**

中国における豊かさとは何だろう──2枚の写真から見えてくるもの，見えてこないものを比べ，考えてみよう。

〈1979年　北京〉白黒写真・旧式のテレビ・二人で一つのテレビを運ぶ生活者の姿をとらえた写真。躍動感があり，テレビを持つ二人からは豊かさへの期待を感じる。

姫田光義ほか『中国20世紀史』東京大学出版会，1993年

筆者撮影

〈2016年　北京〉カラー写真・あふれる商品・多様なファッション・生活の様子というよりは観光地と旅行者を写した1枚。物質的な豊かさを享受している。

◆30年間に生じた変化を読み取り，その背景を調べ，考える。外資の導入，物質的な豊かさの享受，中国の人びとにとって豊かさとは何か。物質的な豊かさを手に入れるなかで，何を失ったのか。中国の人びとはそれを今日どう受けとめているのか。

# （4）大国の苦悩と人びとの願い

　人びとは山積する課題にどう向き合っているのだろうか。2013年，習近平は一帯一路構想を提唱した。これは，中国がイニシアティブをとって中央アジアからヨーロッパへ，そしてアフリカまでを結ぶ陸と海の道であり，経済圏構想である。21世紀の今後，中国は経済だけでなく，政治や外交など各分野で大国としての地位を固めていくだろう。

　一方，国内は多くの課題を抱えている。沿海都市部と内陸農村部の経済格差の解消は喫緊の課題である。2018年末の段階で，農村の貧困人口は1000万人を超えている。都市部ではICT環境が整備されている学校も多いが，農村部では教科書も買えない生徒がいまだに存在している。なかでも近年は経済格差が世代を超えて継承，定着しつつあり，教育，就職，結婚，子育ての機会が平等に保障されているとはいいがたい。

　さらに，大気汚染に代表される環境問題，少子高齢化問題，少数民族問題から香港における民主化要求，台湾問題などに至るまで，難題が山積している。しかし，それらに直面

している人びとが，日々，仲間たちとともにソーシャルメディアを駆使して現状を告発し，法律で対抗していることもまた事実である。日本で暮らす私たちは，PM2.5の中国からの越境汚染を短絡的に批判するのではなく，自分たちの生活必需品の多くが中国で大量生産され，日本で大量消費している現実にも目を向ける必要があるだろう。

　中国は日本の隣国であり，いつの時代も同時代史を形成してきた隣人である。彼らが抱える課題を自ら克服しようとする願いや行動から，私たちも多くのことを学びたい。

---

### 探究活動

都市と農村の生活には，どのような特徴や相違があるだろう──データから読み取ってみよう。

都市・農村の生活指標の推移（1978 〜 2017 年）

| | 1978 | 1980 | 1985 | 1990 | 1995 | 2000 | 2005 | 2010 | 2015 | 2017 |
|---|---|---|---|---|---|---|---|---|---|---|
| 国内総生産（1,000 億元） | 3.6 | 4.5 | 9.0 | 18.7 | 60.8 | 99.2 | 183.9 | 413.0 | 689.1 | 827.1 |
| 1 人当たり国内総生産（米ドル） | 226 | 309 | 292 | 344 | 604 | 949 | 1,769 | 4,561 | 8,068 | 8,836 |
| エンゲル係数（都市，%） | 57.5 | 56.9 | 53.3 | 54.2 | 50.1 | 39.4 | 36.7 | 35.7 | 34.8 | 28.6 |
| 同上（農村，%） | 64.7 | 61.8 | 57.8 | 58.8 | 58.6 | 49.1 | 45.5 | 41.1 | 34.4 | 31.2 |
| 自家用車保有数（都市，台 /100 戸） | — | — | — | — | — | 0.5 | 3.4 | 13.1 | 30.0 | 37.5 |
| 同上（農村，台 /100 戸） | — | — | — | — | — | — | — | — | 13.3 | 19.3 |
| カラーテレビ保有数（都市，台 /100 戸） | — | — | 17.2 | 59.0 | 89.8 | 116.6 | 134.8 | 137.4 | 122.3 | 123.8 |
| 同上（農村，台 /100 戸） | — | — | 0.8 | 4.7 | 16.9 | 48.7 | 84.1 | 111.8 | 116.9 | 120.1 |
| 携帯電話保有数（都市，台 /100 戸 ） | — | — | — | — | — | 19.5 | 137.0 | 188.9 | 223.8 | 235.4 |
| 同上（農村，台 /100 戸） | — | — | — | — | — | 4.3 | 50.2 | 136.5 | 226.1 | 246.1 |
| パソコン（都市，台 /100 戸） | — | — | — | — | — | 9.7 | 41.5 | 71.2 | 78.5 | 80.8 |
| 同上（農村，台 /100 戸） | — | — | — | — | — | 0.5 | 2.1 | 10.4 | 25.7 | 29.2 |

久保亨ほか『現代中国の歴史　第 2 版──両岸三地 100 年のあゆみ』東京大学出版会，2019 年

---

### 授業づくりのポイント ------------------------------------------------

- ●中国の戦後史を一国史的にではなく，東アジアや世界との関係のなかに位置づけたい。
- ●中国の政治外交史だけでなく，社会の変化や生活についても扱いたい。
- ●中国社会が抱える諸課題を，世界が抱える課題と結びつけ解決策を検討したい。
- ●日本の価値観から中国を評価して，「進んでいる」「遅れている」といった比較をするのではなく，そこで暮らしている人びとの視点から社会や日常を考えたい。

### 参考文献 --------------------------------------------------------------------

仲田陽一『知られざる中国の教育改革──超格差社会の子ども・学校の実像』かもがわ出版，2014 年
西村成雄監修・阿古智子著『21 世紀の中国（中国の歴史・現在がわかる本　第一期 3）』かもがわ出版，2017 年
浜口允子『現代中国　都市と農村の 70 年』左右社，2019 年

（齋藤一晴）

# 5 脱植民地化から非同盟運動へ

この授業で学ぶこと ------------------------------------------------------

　冷戦体制下で軍事的対立が続くなか，アジア・アフリカの新興独立国は団結して平和共存・非同盟中立・自主外交を掲げ，第三勢力として国際政治における地位を確立した。第三勢力はどのように形成され，いかなる意義を示したか，世界史的な視野で学びたい。

------------------------------------------------------------------------

## （1）コロンボ会議と平和五原則

　のちの第三勢力の形成につながるアジア諸国の協力と連帯の試みは，インドのネルーが先導した。ネルーは新興アジア諸国の協力と，大国・宗主国中心ではない新しい国際秩序の形成を模索して，2つの会議を開催した。インド独立前の1947年春のアジア関係会議はアジア諸国の連帯と自立を展望し，49年1月の会議はインドネシアの独立戦争の支援を目的に開かれ，会議参加国が国連の枠内での協議・協力をめざす「アジア＝アフリカの団結に関する決議」を採択した。

　これらの動きを経て，1954年4月，インド，スリランカ，パキスタン，ビルマ，インドネシアの首脳がスリランカに集まり，コロンボ会議を開き，世界平和とアジア＝アフリカ会議の開催を提案した。

　同年4月末，インドと中国の両国政府は「中国のチベット地方とインドとの通商と交流に関する協定」に調印した。同協定の原則は6月末，周恩来とネルーの共同声明で平和五原則として発表された。それは①領土・主権の相互尊重，②相互不干渉，③相互の内政不干渉，④平等互恵，⑤平和的共存から成っている。平和五原則はヒンディー語で「パンチ・シール」（5つの理念）と呼ばれ，国家間の理想的な外交関係の理念を示すとともに，翌1955年4月にインドネシアのバンドンで開かれたアジア＝アフリカ会議のバンドン十原則に継承された。

> **探究活動**
> 平和五原則は，米ソが対立する冷戦体制を批判する意義を持っていたと評価されている。それはどのような点か，具体的に考えてみよう。

## （2）アジア＝アフリカ会議と日本

　1950年代半ばのアジアは，ヨーロッパの冷戦が波及し，インドシナ戦争，朝鮮戦争などの「熱戦」が継起する「アジア諸戦争の時代」の渦中に置かれ，脱植民地化を果たしたアジア・アフリカ諸国は，国民国家の建設と経済的自立の二重の課題に直面していた。

アジア＝アフリカ会議には29ヵ国（アジア16，アラブ9，アフリカ4ヵ国）が参加し，経済協力，文化協力，世界平和への協力などを議論し，バンドン十原則を含むコミュニケをまとめた。開催国のスカルノ大統領は同会議を「人類の歴史上はじめての有色人種のインター・コンチネンタルな会議」と評価し，日本でも歴史学者の上原専禄（せんろく）は「アジア・アフリカが世界史の客体から主体へと転換する動きを示した」と指摘した。[*]

＊　上原専禄『世界史における現代のアジア（増補改訂版）』未来社，1961年

同会議は，欧米諸国の植民地だったアジア・アフリカ新興独立諸国の自立と連帯を世界に印象づけた。バンドン十原則はアジア＝アフリカ人民連帯会議（1957～58年），第1回非同盟諸国首脳会議（1961年）に受け継がれた。

アジア＝アフリカ会議は，サンフランシスコ平和条約によって国際社会に復帰した日本にとって最初の国際会議となり，日本政府からは，経済審議庁長官の高碕達之助（たかさき）を首席代表として10余名が参加した。日本の代表団は，西側の一員であるとともに，唯一の旧植民地宗主国であり，他の参加国とは立場を異にしていた。日本はアメリカに気をつかいながら，アジア諸国の一員としての立場をアピールしたいとの思いの狭間に身を置き，低姿勢で会議に臨んだ。こうした日本の外交姿勢はこの会議の雰囲気から明らかに浮いていた。アジア・アフリカ諸国の台頭の現実を，アメリカの傘下で，西側の視線で眺める日本に注目したい。

---

**探究活動**

以下はバンドン十原則の一部である。平和五原則の各項目がバンドン十原則にどのように対応し，継承されているか，考えてみよう。

第1項　基本的人権および国連憲章の目的と原則の尊重
第2項　すべての諸国の主権および領土保存の尊重
第4項　他国の内政への介入，干渉を差し控えること
第7項　いかなる国の領土保全，あるいは政治的独立に対しても侵略の行為，脅迫，
　　　　武力の行使を差し控えること
第9項　相互利益と協力を促進すること
第10項　正義と国際的義務の尊重

歴史学研究会編『世界史史料11』岩波書店，2012年

---

# （3）アフリカの年

第二次大戦終結時のアフリカの独立国は4ヵ国（エジプト，エチオピア，リベリア，南アフリカ）にすぎなかったが，大戦後のアジア諸国の独立，アジア＝アフリカ会議が提起した反植民地主義の影響などを受け，アフリカでも1950年代に独立が相次いだ。アフリカ諸国はどのようにして独立を果たし，独立後いかなる課題に直面したか，考えてみよう。

宗主国イギリスの留学経験と国際的な影響力を持つンクルマがガーナの独立運動を指導

し，労働運動が反植民地運動の基盤となり，各地で独立を志向する政党が結成されるなど独立の気運が高まった。

　各宗主国は漸進的な改革での対応を模索したが，独立の気運に抗しきれず，57年のガーナの独立（サハラ以南で最初の独立）を契機に59年までに交渉等によって北部・西岸部の6ヵ国が独立し，1960年にはサハラ以南の中部アフリカを中心に17ヵ国が独立を実現し，「アフリカの年」と呼ばれた。これによって国連加盟国の4分の1をアフリカ諸国が占めることになり，同年12月に国連総会でアジア・アフリカ諸国が共同提案した「植民地独立付与宣言」が反対なしで採択されるなど，アジア・アフリカ諸国の発言力が強化された。

　1963年，エチオピアのアディスアベバで独立諸国の首脳会議が開かれ，「アフリカ合衆国」構想を唱えるンクルマらの急進派と，一国レベルでの独立の維持をめざす穏健派の妥協がなされ，世界最大の地域機構としてのアフリカ統一機構（OAU）憲章が採択された。

**探究活動**
地図「アフリカ諸国の独立」を見て，①第二次大戦終結時の独立国，②1946〜59年の独立国，③1960年の独立国，④1961年以降の独立国の名前を答え，独立した年代と独立国の関係から読み取れることを説明しよう。

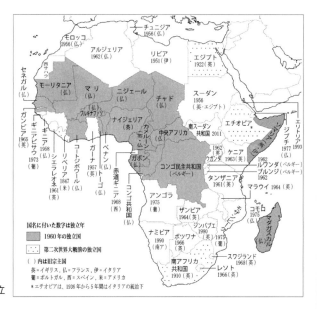
アフリカ諸国の独立

# （4）非同盟運動

　アジア・アフリカの新興独立諸国は冷戦体制を批判しながら結束し，東西いずれの陣営にも属さず，非同盟中立を掲げる「第三勢力」と呼ばれるようになった。「第三勢力」はどのように形成され，国際政治でどのような意義を残したか，考えてみよう。

　25ヵ国が1961年にユーゴスラヴィアのベオグラードに集まり，第1回非同盟諸国首脳会議を開いた。会議には開催国ユーゴのティトー大統領，インドのネルー首相，インドネシアのスカルノ大統領，アラブ連合のナセル大統領，ガーナのンクルマ首相，チュニジアのブルギバ大統領など国際的な影響力のある政治家が集い，帝国主義の弱体化，独立と平等の原則に基づく諸人民間の平和的協調などをうたった第1回非同盟諸国首脳会議宣

言を採択した。この会議は，世界が米ソ両陣営に二極化する時代のなかで，冷戦に対抗し，非同盟諸国が反植民地主義と平和的な国際秩序を確立するための連帯を示したという点で国際政治に大きな意義を残した。

　この会議はその後，3年ごとに開催され，1973年にアルジェリアで開かれた第4回会議は「新国際経済秩序」（NIEO）の創設を求める経済宣言を採択した。同宣言が提示した公正な価格の保障，天然資源に対する主権の尊重，多国籍企業・銀行の統制などの要求は，翌74年の国連資源特別総会での「新国際経済秩序樹立に関する宣言」につながった。非同盟諸国会議には現在120の国と地域が参加し，一大勢力になっていることに注目したい。

---

**探究活動**

以下の宣言文を読んで考えてみよう。

**第1回非同盟諸国首脳会議宣言（一部）**

　「帝国主義は弱まりつつある。アジア，アフリカ，ラテンアメリカにおける植民地帝国及びその他の形態での外国による諸人民の圧迫は次第に歴史の舞台から消え去りつつある。民族の独立と平等を求める多くの諸人民の闘争の中で大きな成果が収められつつある。同様に，ラテンアメリカの諸人民は国際関係の改善に向けたますます効果的な貢献を行いつつある。世界の大きな社会的変化がさらにそうした発展を促進しつつある。」

問1　植民地帝国以外の形態での外国による諸人民の圧迫とは何か。

問2　ラテンアメリカの諸人民の国際関係の改善に向けた効果的な貢献とは何か。

問3　世界の大きな社会的変化とは何か。

歴史学研究会編『世界史史料11』岩波書店，2012年

---

**授業づくりのポイント** --------------------------------------------------------

●平和五原則が発表された背景，各原則の普遍的意味を理解したい。

●平和五原則がバンドン十原則にどのように受け継がれたか，各原則に即して考察したい。

●日本がアジア＝アフリカ会議にどう対応したか，外交姿勢と関連させて理解したい。

●アフリカ諸国の独立の過程と方法について，宗主国や国際政治との関係のなかでとらえたい。

●平和五原則とアジア＝アフリカ会議と非同盟諸国会議の関連性について気づかせたい。

●非同盟運動が国際政治に占める位置と影響について，具体的に理解したい。

**参考文献** ------------------------------------------------------------------

　木畑洋一『二〇世紀の歴史』岩波新書，2014年

　和田春樹ほか『東アジア近現代通史──19世紀から現在まで　上』岩波書店，2014年

　歴史学研究会編『世界史史料11』岩波書店，2012年

（米山宏史）

# 「アジア諸戦争の時代」から経済成長へ

この授業で学ぶこと ------------------------------------------------------------

　第二次世界大戦後，脱植民地化と新国家建設の過程でインドシナ戦争，ベトナム戦争などの諸戦争に苦悶した東アジア・東南アジアが，その後どのようにして経済成長と民主化を進め，今後どこに向かうのか。世界現代史のなかでその激動の歩みを学びたい。

------------------------------------------------------------

## （1）脱植民地化の類型と独立戦争

　第二次世界大戦後，東アジア・東南アジア諸民族の脱植民地化と新国家建設の歴史を考察したい。この地域の国々の独立には3つのケースが見られた。①敗戦国日本から解放された台湾，朝鮮，満州，②宗主国の英米諸国から独立を承認されたインド，パキスタン，フィリピン，ミャンマーなど，③宗主国オランダ，フランス，ポルトガルが独立を認めず，独立戦争に勝利して自力解放を果たしたインドネシア，ベトナムなどである。

　③に関して，インドネシアでは，共産主義勢力と民族主義勢力が独立運動を牽引した。後者の代表のスカルノが1945年8月17日に独立宣言を発表したが，翌年，オランダ軍が侵攻したため，5年間に及ぶ独立戦争が始まった。49年のハーグ協定でのインドネシア共和国とインドネシア連邦共和国（オランダ傘下）の分立を経て，前者が後者を統合し，50年8月，独立を果たした。この独立戦争には約780人の残留日本兵が参加した事実もある。

## （2）ベトナム戦争と日本・沖縄・韓国

　第二次大戦後最大の戦争となったベトナム戦争が，日本や韓国にどのような影響を与えたか，考察しよう。1965年，北爆を機にアメリカはベトナム戦争に突入し，最大時に54万以上の兵力を派兵した。これに対し，北ベトナムは1967年までに2680機以上の米軍機を撃墜し，南ベトナムでは解放民族戦線がゲリラ戦を展開するなど，南北ベトナムがソ連と中国の軍事・経済援助を受けながら，民族の尊厳を賭けた戦いに勝ち抜いた。ベトナム戦争は長期化し，数百万人が犠牲になり，480万人以上が枯れ葉剤撒布の被害者になった。

　北爆後，日本政府はアメリカのベトナム戦争への支持・協力を表明し，米軍機が沖縄の基地から，原子力空母が横須賀，佐世保からベトナムに出撃するとともに，日本企業は軍需物資の提供を要請され，巨額の「ベトナム特需」（1965～72年に約70億ドル）を得た。

　他方，日本各地で"べ平連"（「ベトナムに平和を！市民連合」）などの市民団体，労働組合，知識人，学生，一般市民などが，思想や階層を超え，世界のベトナム反戦運動と連帯し，

様々な反戦運動をおこなった。

　沖縄は米軍の発進・補給・通信・宣伝・核準備・休養等の基地として利用され，アメリカは沖縄なしにはベトナム戦争を戦うことができなかった。1968年11月，嘉手納基地でB52が墜落し，爆発事故が起きると，"B52撤去・原潜寄港阻止県民共闘会議"が結成され，69年2月のゼネストを決定した（政府の圧力で中止）。こうして沖縄では，日本復帰運動とベトナム反戦運動が連動して展開した。

　韓国の朴正煕政権は1965〜72年まで常時5万の兵力のベトナム派兵と引き換えに，アメリカからの借款や技術提供に加え，派兵兵士の給与の本国への送金，軍需物資の提供などによるベトナム特需（10億2000万ドル）で外貨を獲得し，経済成長の土台を築いた。

---

**探究活動**

「資料1」はベトナムの米軍基地に送られた日本製品である。資料2は日本のベトナム特需の表である。2つの資料を見て，日本のベトナム特需について説明しよう。

**資料1**

　ジャングル・プリント（迷彩服），ジャングル・シューズ，プレハブ・ハウス，有刺鉄線，防虫網，ダイナマイト，釘，木材，セメント，カメラ，時計，ラジオ，テープレコーダー，装飾品，陶磁器，自動車部品，ジェット燃料JP4，ナパーム弾　など

**資料2　日本のベトナム特需**　　　　　　　　　　　　　　　　　（単位：百万ドル）

| | 1965 | 1966 | 1967 | 1968 | 1969 | 1970 | 1971 | 1972 | 合計 |
|---|---|---|---|---|---|---|---|---|---|
| 直接特需 | 6 | 134 | 188 | 251 | 303 | 323 | 281 | 285 * | 1,771 |
| 米国向け | | 55 | 246 | 369 | 438 | 371 | 256 | 162 * | 1,897 |
| ベトナム及び周辺国向け | 77 | 256 | 392 | 444 | 517 | 404 | 400 * | 400 * | 2,890 |
| 合計 | 83 | 445 | 826 | 1,064 | 1,258 | 1,098 | 937 | 847 | 6,558 |

*Far Eastern Economic Review*, 1973.

---

# （3）アジア諸国の経済成長と日本

　アジア諸国の経済成長を，アメリカ合衆国や日本の経済活動と関連づけて考えてみよう。

　日本は安保体制下，1960年代にアメリカの支援を受けつつ，所得倍増を掲げて年率10%を超える高度経済成長を続け，ベトナム戦争の特需もあり，68年には国民総生産がアメリカに次ぐ世界第2位になった。その間，東南アジア諸国への賠償支払いや日韓基本条約による経済援助を，現金ではなく「日本国の生産物及び日本人の役務（えきむ）」という方法でおこない，日本企業の進出の機会をつくった。

　韓国では60年代後半，軍事政権が日本からの経済援助とベトナム戦争の特需（派兵軍人・技術者からの送金と用役収入等）を通じて外資を獲得し輸出工業の育成に努め，日本から

部品資材を輸入して韓国で組み立て，アメリカに輸出するというスタイルを確立した。

　70年代には，韓国，台湾，香港，シンガポール，マレーシア等がアメリカや日本から資本や技術を導入し，めざましい経済発展を遂げ，NIES（新興工業経済地域）と呼ばれた。

　70年代末から中国がアジアの経済成長に登場し，79年に外資の導入，80年に経済特区の設置，84年に14都市の開放を決め，日本からのODA（政府開発援助）や円借款，技術提供を受けて経済成長を進め，2010年にはGDPが世界第2位の経済大国に成長した。

　他方，1967年に5ヵ国体制で創設されたASEAN（東南アジア諸国連合）が2015年に日中韓，インド，オーストラリアを含むASEAN経済共同体に発展して域内の経済成長を模索し，注目されている。

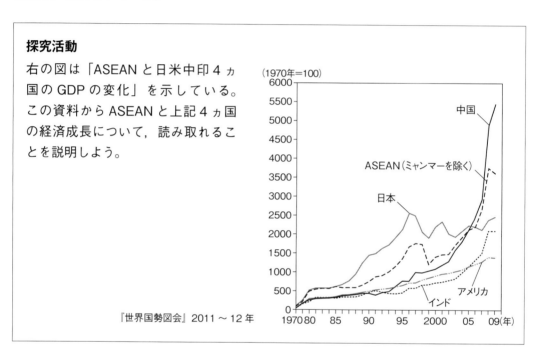

**探究活動**

右の図は「ASEANと日米中印4ヵ国のGDPの変化」を示している。この資料からASEANと上記4ヵ国の経済成長について，読み取れることを説明しよう。

『世界国勢図会』2011〜12年

## （4）開発独裁から民主化へ

　開発独裁による経済成長はやがて，各地で民主化をもたらした。開発独裁と民主化にはどのような関係があるか，考えてみよう。1970年代前後からアジア各地で開発主義国家（開発独裁）が出現した。韓国の朴正煕，台湾の国民党独裁，インドネシアのスハルト，マレーシアのマハティール，フィリピンのマルコスなどである。開発独裁は，新興国の貧困からの脱出を掲げ，アジアでの共産主義の拡大阻止をめざすアメリカの経済支援や先進工業国の企業の誘致などを利用して，政府批判の弾圧と強権支配を伴いつつ，輸出品生産を中心とした経済開発至上の工業化を推進した。開発独裁は，国内産業の自立的発展や農村の土地改革を放置して，先進工業国の下請生産や加工貿易で富を増やし，経済成長を遂げる一方で，都市と農村の貧富の格差など様々な問題を生み出した。

　開発独裁による経済成長を経て，1980年代半ば以降，各地で民主化が発生した。1986

年2月，フィリピンでマルコス大統領の長期独裁が民主化運動に倒されたことを発端に，台湾では同86年に民進党が結成され，88年に李登輝が本省人として初めて総統に就任し，韓国では87年に民主化運動が高揚し，全斗煥大統領は再選をあきらめ，盧泰愚が直接選挙で大統領に当選した。89年に中国でも民主化運動が起こり，天安門事件が発生した。90年代に入ると，90年にモンゴルが一党独裁体制を放棄し，92年に社会主義体制から離脱し，98年にインドネシアのスハルト政権が倒れた。これら一連の民主化現象の背景には，各国の経済成長に伴う「都市中間層」の出現と，1974年のポルトガル，スペインで始まった民主化の波が世界各地を経由してアジアに波及したという国際的動向があった。

---

**探究活動**

以下は1987年，韓国の民主化運動で発表された「6・10国民大会宣言文」である。これを読んで，問いの答えを考えよう。

　「今日われわれは……40年の独裁政治を清算して希望に満ちた民主国家を建設するための大きな一歩を全国民とともに踏み出す。国家の未来であり希望だった美しい若者を野蛮な拷問で殺し，それでも足りずに図々しく国民を欺こうとした現政権に国民の怒りが何なのかを明確に見せ，国民的望みだった改憲を一方的に破棄した4・13護憲措置を撤回させるための民主長征を始める。」

問1　40年の韓国の独裁政治とは何か，調べてみよう。

問2　この国民大会が開かれる契機になった事件とは何か。

問3　国民的望みだった改憲とはどのようなことを指すか，調べてみよう。

『検定版 韓国の歴史教科書 高等学校韓国史』明石書店，2013年

---

**授業づくりのポイント** --------------------------------------------------------

●アジア諸国の脱植民地化の方法と過程について，具体的な事例を通じて学びたい。

●アジア諸国の脱植民地化が宗主国の反応，国際関係に左右されたことに留意したい。

●ベトナム戦争がアジア諸国・諸地域に与えた影響について，具体的に理解したい。

●アジア諸国の経済成長がどのように達成されたかを，国際的視野のなかで把握したい。

●開発独裁がなぜ，どのように民主化を生み出したか，国内的・国際的視野で考察したい。

---

**参考文献** ---------------------------------------------------------------------

岩崎育夫『アジア近現代史──「世界史の誕生」以後の800年』中公新書，2019年

和田春樹ほか『東アジア近現代通史──19世紀から現代まで　下』岩波書店，2014年

古田元夫『歴史としてのベトナム戦争』大月書店，1991年

歴史学研究会編『世界史史料11』岩波書店，2012年

（米山宏史）

# 7 パレスチナ問題を見つめる 中東アラブ世界

この授業で学ぶこと --------------------------------------------------------

　パレスチナ問題は，どのようにして始まり，なぜ今日に至るまで解決されていないのか。実感できるようなワークや，それぞれの立場に立った資料を通して，この問題の難しさを考える。

--------------------------------------------------------

## （1）「パレスチナ分割決議」から第一次中東戦争まで

　パレスチナ問題はなぜ起きたのか。この問題の出発点は，国連の「パレスチナ分割決議」にある。そこに至るまでには，パレスチナに民族国家建設をめざすシオニズム，さらにイギリスのバルフォア宣言がこの運動を後押しし，ナチスによるユダヤ人迫害がパレスチナに移民するユダヤ人の増加に拍車をかけていたため，パレスチナのアラブ人との対立が深刻化していた事実があった。

　第二次世界大戦後，パレスチナを統治していたイギリスは，その統治能力はもはやなく，発足したばかりの国連にその解決を「丸投げ」した。1947年，国連は「パレスチナ分割決議案」を採択したが，アラブ人住民とアラブ諸国から猛反発が起こった。アラブ・ユダヤ双方の武装対立と緊張関係のなか，1948年にユダヤ側はイスラエル建国を宣言した。

---

**探究活動**

教室で「パレスチナ分割決議案」を体感する。

　教室をパレスチナの土地，生徒（ここでは40人とする）をユダヤ人役とパレスチナ人役に見立てて，分割決議以前と分割決議案とを教室で再現し，何が問題かを生徒に実感させる。

〔進め方〕1946年にはユダヤ人は6%の土地（地図A）に約60万人，アラブ人は94%の土地に約120万人（アラブ人の比率は67%）。このデータからおよその人数の割合を出すと，ユダヤ人役の生徒13人に対し，アラブ人役27人。生徒に教室内で移動を指示すると，ユダヤ人役たちはわずか机2個分程度のスペースに13人がひしめき合うことになる（図1）。

　次に「パレスチナ分割決議案」は，アラブ系住民に43%，ユダヤ系住民に57%の土地を与えるので，教室の半分からややユダヤ側に広くテープを張り，生徒を移動させる（図2）。そしてこの分割決議案をどう考えるか，ユダヤ人役，アラブ人役の生徒に疑問に思うことや意見を聞いてみる。

　次に第一次中東戦争後，アラブ人の土地は25%に減るため（地図B），教室を4分の1にする（図3）。ここで約70～80万人の難民が発生したとされる。これをクラスの生徒に置き換えると，アラブ人役27人のうち，およそ18人が難民になるので，18人は廊下に出てもらう。ここで難民役になった生徒から意見や感想を聞く。また「イスラエルにいちばん要求したいことは何か」と問いかけてみたい。

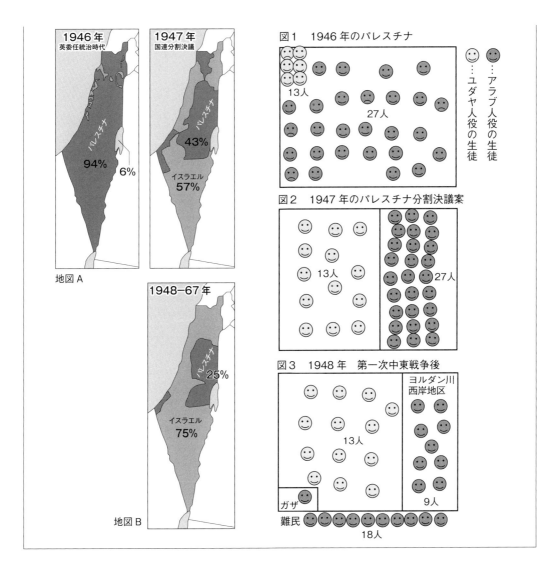

図1　1946年のパレスチナ

地図A

1946年　英委任統治時代

1947年　国連分割決議

1948-67年

地図B

図2　1947年のパレスチナ分割決議案

図3　1948年　第一次中東戦争後

## （2）第三次中東戦争（1967年）

　イスラエルは奇襲攻撃により，ヨルダン川西岸地区と東エルサレム，ガザ地区，シナイ半島およびゴラン高原を軍事占領下に置いた。国連安全保障理事会は，イスラエル軍の西岸およびガザからの撤退を求める（国連安保理決議242号）が，イスラエルは応じなかった。

## （3）パレスチナ難民とPLO

　パレスチナ人は，ヨルダン川西岸地区やガザ地区，そしてヨルダン，シリア，レバノンなど近隣諸国に逃れた。住民がいなくなった町や村はイスラエルによって，完全に破壊されるか，ユダヤ人が住むようになった。一方，難民となったパレスチナ人は，難民キャンプの粗末なテントや洞窟などで困窮を極めた生活を強いられた。

　1964年，パレスチナ解放機構（PLO）が組織され，1969年，ファタハを組織したアラファトがPLOの議長となり，武装闘争をおこなった。

**探究活動**

ユダヤ人側の資料から，ユダヤ人が自分たちの国をどう考え，パレスチナ人をどのように見ていたのかを考えてみよう。

**資料1　1878年，詩人ナフタリ・ヘルツ・インベルが詠んだ詩「ハティクヴァ」（ヘブライ語で「希望」）**

　「我らの胸に，ユダヤの魂が脈打つ限り，ユダヤびとの目が東彼方，シオンに注がれる限り，二千年，我らがはぐくみ続けた，希望をなお失することはない，シオンとエルサレムの地で，自由のうちに生きる希望を，我らの古き望みを，なお失することはない，わが父の地，ダビデの住みたもうた，町にかえる望みも」

鳥塚義和『授業が楽しくなる「歌と演説」』日本書籍，1996年

◆1948年5月14日イスラエル独立式典で合唱され，現在の国歌になったので，実際に国歌を聴かせてもよいだろう。

**資料2　イギリス系ユダヤ人作家イズラエル・サングウィルの「土地なき民に民なき土地を」**

　「政治的シオニストのイメージの世界では，パレスチナは不毛な荒れ地で無人であり，たとえそこに先住民族であるアラブ人が居住していたとしても，その存在はとるに足らない，政治的には簡単に解決しうる問題だと認識していた。」

臼杵陽『イスラエル』岩波新書，2009年

---

**探究活動**

パレスチナ人の立場からパレスチナ問題を考えてみよう。

〔資料〕アラファトのインタビューから

　「アラブはユダヤ人に対して何らの差別をも加えたことはなかった。……我々の目標は，ユダヤ人・シオニスト国家，人種主義的・膨張主義的国家という概念に終止符を打つことである。我々の目標は，この国家，この概念を破壊することであるが，その人民を滅ぼすことではない。我々は民主的パレスチナ国家というものを欲している。この国家の旗のもとに，忠実なパレスチナ人として生きようとするなんびとをも追い出そうとは，絶対にしない。」

『学習資料「世界史」』ほるぷ出版，1974年

## （4）インティファーダ，オスロ合意，分離壁

　イスラエルは，さらに西岸・ガザ地区へ25万人以上のユダヤ人を入植させるなど，強硬姿勢を崩さず，1987年パレスチナ人の抵抗運動インティファーダが広がった。こうした状況下で話し合いが進められ，1995年にパレスチナ暫定自治協定（オスロ合意）が結ばれた。しかし復讐の連鎖は止まらなかった。西岸地域では，2002年から巨大な「分離壁」建設が開始された。

**探究活動**

分離壁を体感する。

〔進め方〕2006年，ユダヤ人約540万人，パレスチナ人140万人，パレスチナ人比率20%。2012年，パレスチナの土地が8%，25万人のユダヤ人が西岸に入植したとして，教室の机，縦一列分にテープを張る。生徒の32人がユダヤ人，うち2人が西岸入植者とし，8人がパレスチナ人として，机を分離壁とする。パレスチナ人役の生徒に，どのような不満があるか，またユダヤ人役の生徒に，「テロから守るためには分離壁は安全か」と問いかけてみる。

---

**探究活動**

アメリカ，日本の立場を考えよう。

**資料1　アメリカの立場（冷戦期）**

　「西欧諸国の中で，最も多くのユダヤ系人口をもつアメリカが，ユダヤ人たちの『約束の地』であるイスラエルに厳しい態度をとることは，政治的に困難であった。ユダヤ系のロビイストたちは，潤沢な資金を使って，歴代政権が親イスラエル政策をとるよう働きかけていた。……さらに，イスラエルを反共主義の砦と捉えるようになった50年代末からは，大規模の武器売却も行われ始めた。それがアラブ・イスラエル間の抗争を激化させる可能性を知った上でのことであった。」

西崎文子『アメリカ外交とは何か──歴史の中の自画像』岩波新書，2004年，190ページ

**資料2　日本政府の立場（1980年）**

　「『安保理決議242及び338の早急な実施，パレスチナ人の民族自決権の承認，イスラエルによる東エルサレムを含む全占領地からの撤退，パレスチナ独立国家の樹立』であり，このために『我が国は，PLOをパレスチナ代表と認め，PLOが和平過程へ参加することが必要』としている。」

野口宏『これならわかるパレスチナとイスラエルの歴史Q&A』大月書店，2005年

---

## 授業づくりのポイント ----------------------------------------------------------------

● 単にイスラエルとパレスチナのあいだの紛争ではなく，国際政治のなかで位置づけたい。
● 憎しみと復讐の連鎖はどうして起こるのか，特にユダヤ人とパレスチナ人の青少年の（自爆テロや戦争の犠牲になる）生の声（映像も含めて）を取り上げたい。
● パレスチナ問題を解決するためには何が必要か，それぞれの立場を吟味し，生徒間で自由に意見交換できる場や時間を確保したい。
● 生徒を動かすときは，複雑にすると混乱するので，シンプルな指示を出したい。
● 生徒が自らNPO活動などをネットで調べるように，関心を広げさせたい。

**参考文献** -------------------------------------------------------------------------------

広河隆一『パレスチナ　新版』岩波新書，2002年
臼杵陽『イスラエル』岩波新書，2009年
野口宏『これならわかるパレスチナとイスラエルの歴史Q&A』大月書店，2005年，140ページ

（周藤新太郎）

# 8 内戦を乗り越え，連帯と団結に向かうアフリカ諸国

4-8

この授業で学ぶこと ----------------------------------------------------------------

　冷戦終結後のアフリカ諸国は，様々な困難な問題を抱えてはいるが，内戦を乗り越えて力強く未来に向けて発展を遂げている国もある。ここではシエラレオネとリベリアの内戦を例に，内戦はなぜ起きるのか，私たちはそれをどう受けとめればよいのか，考えていきたい。

-----------------------------------------------------------------------------------

## （１）ダーバン宣言

　2001年8月，南アフリカ共和国のダーバンで，国連主催による「人種主義，人種差別，外国人排斥および関連のある不寛容に反対する世界会議」が開かれた。このなかで次の宣言がなされた。

　「大西洋越えの奴隷取引などの奴隷制度と奴隷取引は，その耐えがたい野蛮のゆえだけではなく，その大きさ，組織された性質，とりわけ被害者の本質の否定ゆえに，人類史のすさまじい悲劇であった。奴隷制度と奴隷取引は人道に対する罪であり，とりわけ大西洋越えの奴隷取引は常に人道に対する罪であったし，人種主義，人種差別，外国人排斥および関連のある不寛容の主要な源泉である。」

---

**探究活動**

あなたは奴隷制度と奴隷取引が「人道に対する罪」にあたると思いますか。次の文を読み意見を述べよう。

**ダーバン会議での南アフリカ共和国ムベキ大統領の言葉**

　「アフリカは，今でも日々，奴隷制度や植民地主義，人種差別など，負の遺産に苦しみつづけています。貧困は人工的につくりだされるものです。貧困は人間の尊厳に対する直接的な攻撃です。人びとは飢えや絶望から逃れるために，強盗や売春などをせざるをえないのです。」

---

## （２）なぜ貧困から抜け出せないのか

　ダイヤモンドの価値が独占と宣伝によってつくられたことは周知のとおりである。その輝くダイヤモンドが，貧困と内戦を生み出したのである。そこで具体的な証言からその実態を読み取らせたい。

　＊　福島達夫「ダイヤがひめたアフリカの幻影」『歴史地理教育』1990年11月号

**探究活動**

ムベキ大統領が指摘した「貧困は人工的につくりだされるもの」とはどういうことか。次の資料から，「貧困」に陥ると思われる要因を挙げてみよう。

**シエラレオネのダイヤモンド鉱山労働者モハメド・ダボさんの話**

「ダイヤモンドの価値なんて私にはまったくわかりません。私にとってダイヤは飯の種でしかありません。疲れきっています。他にできることも，行くところもありません。

見てください，ここに私たちの家があったんです。すべて連中に焼かれました。私の家はこの地区で最初に焼かれました。襲撃されたとき，焼き討ちにされたのです。この県で最初に襲われたのは，私の住む地区でした。夜，バーン，バーンという音で目が覚めました。みんな逃げながら叫んでいました。やつらが来る。私たちを殺しに来た。連中は何もかも奪いつくし，誰かれ構わず殺す。川岸で，私のおじが捕まりました。おじはトラックに乗せられましたが，やつらはその場で殺そうと思ったのでしょう。トラックを道端に止めて，おじを殺しました。

もし私が教育を受けていたら，ちゃんと仕事について，決まった給料をもらっていたでしょう。私には3人の娘と4人の息子がいます。自分が受けられなかった教育を，子どもには受けさせてやりたい。同じ思いをさせたくはありません。私には学はありませんが，学ぶ大切さは知っています。ぎりぎりの生活です。

神に祈っています。家族を養えるように，大きなダイヤモンドが見つかりますように，と。そうすれば，生活の基盤を固めることができるし，貯金もできる。人間らしい生活ができるようになるでしょう。」

BS世界のドキュメンタリー『ダイヤモンド・ロード』より

# （3）冷戦終結後の内戦

　冷戦終結後，アフリカ諸国では，独裁政府と反政府勢力との内戦が頻発した。さらに民族間の対立や地下資源の支配権の争奪などが複雑に絡んで，隣国の国境を越えて拡大，泥沼化していった。図は2003年6月時の西アフリカの紛争地図を示したものであるが，内戦が国境を超えて広域化していることが読み取れる。

　その典型的な内戦の一つがリベリア内戦（1989年〜1996年の第一

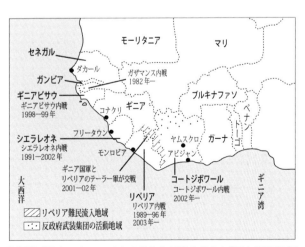

勝俣誠「日本からアフリカの政治と経済を見る」『歴史地理教育』2003年9月号

次内戦と，1999 年～2003 年の第二次内戦）とシエラレオネ内戦（1991 年～2002 年）である。

　1989 年 12 月にチャールズ＝テーラー（リベリア国民愛国戦線 NPFL）が独裁政府に対し武装蜂起したことで，リベリア内戦が勃発した。テーラーは，麻薬漬けにした少年兵を組織した。

　次にシエラレオネで，1991 年，サンコー率いる革命統一戦線（RUF）が武装蜂起し，内戦が勃発した。サンコーも，少年兵を組織し，虐殺をくり返した。抵抗する者やその家族の腕を切断するなどの蛮行をおこなった。この二人はかつてリビアのカダフィのもとで，武装蜂起をおこなうための軍事訓練をした仲だった。

　1997 年，リベリアで権力を握ったテーラーは，サンコーを支援した。その支援とは，シエラレオネのダイヤモンドをリベリアに密輸し，リベリアから武器をシエラレオネへ密輸することだった。これが悪名高き「紛争ダイヤモンド」である。

---

**探究活動**

アフリカにおいて，地下資源をめぐる紛争は他にどのようなものがあるのか，調べてみよう。

---

## （4）内 戦 の 終 結

　サンコーは，シエラレオネ警察に拘束され，シエラレオネ政府は革命統一戦線（RUF）と停戦に合意した。RUF 側は政府側の武装解除の要求に応じて，2002 年 3 月，ついにシエラレオネの内戦が終結した。

　同じ年，リベリアでは，首都モンロビアで女性たちが平和運動に立ち上がり，座り込みを始めた。4 月 27 日に，女性のデモ運動によって，テーラー大統領に，反政府勢力との和平交渉の席に着くことを認めさせた。6 月 4 日，ガーナで，テーラーの政府と反政府勢力の和平交渉が開始した。テーラーがシエラレオネでの戦争犯罪に問われ起訴された。リベリアの女性運動家たちは交渉の会議場を包囲し圧力をかけ，ついにテーラーの国外追放，暫定政府による民主選挙の実施という合意に達した。

　2006 年 1 月，エレン・ジョンソン・サーリーフがリベリア大統領に就任した。「深く感謝したいことがあります。様々な境遇の女性たちの力強い声が，私を勝利に導いてくれました。彼女たちは私を擁護し，共に働き，祈ってくれました。我が国に平和をもたらそうと努力し，声をあげたのは女性たちです。」（BS 世界のドキュメンタリー『内戦を終わらせた女たち～リベリア』より）

**探究活動**

以下の資料は，自由研究で「ルワンダの虐殺」について調べた日本の高校生の文である。最後に「本当に怖いこと」と述べているが，それならば，私たちは何をすればよいか，考えてみよう。

　「アメリカのジャーナリストが，大虐殺の様子を映像としてカメラに収めた。その事に対して主人公が『ありがとう，これで世界中の人がこの映像を見て，支援してくれたり，事の重大さに気付いて，何かしらの行動を起こしてくれるかもしれない』と言った。それに対するジャーナリストの言葉……

　『どうかな，世界中の人がこの大虐殺の様子をテレビで見たところで，なんとも思わないだろうね。夕食を続けながら，ただ“怖いね”なんて言うだけで』

　まさにその通りだと思った。と同時に，私は恥ずかしくなった。ニュースを見てはひどいねと言うだけで行動すら起こさず，その事実の背景にあるものを調べようとも思わず，その内にそういった事が起きていることさえも忘れ，しまいには『平和がいいよ』なんて，平和以外を知らないくせに平和はどういうことか，どうしたら平和になれるのかを何一つわかっていないからである。……私たちは『平和しか知らない』どころじゃなくて，『何も知らない』ということになってしまうかもしれない。それは本当に怖いことだと私は思う。」

**授業づくりのポイント** --------------------------------------------------

● アフリカの問題は，単に現在置かれた現状を理解するのではなく，ダーバン宣言で指摘されているように，奴隷貿易の時代まで遡ってつながっていることを理解させたい。
● 賠償問題をも視野に入れて考えさせたい。その場合，日本の戦後補償についても考えたい。
● 一口にアフリカといっても，広大で多様な環境や社会条件があるため，そこから具体的な事例に絞って取り上げる。
● 生徒の日常生活に関わる具体的な例を取り上げたい。
● 日本国憲法の平和主義と国際協調主義が，アフリカの問題とどう関わっているかを考えさせたい。

**参考文献** --------------------------------------------------

平野克己『経済大陸アフリカ』中公新書，2013 年
松本仁一『アフリカ・レポート——壊れる国，生きる人々』岩波新書，2008 年
石弘之『子どもたちのアフリカ——〈忘れられた大陸〉に希望の架け橋を』岩波書店，2005 年

（周藤新太郎）

# 9 繁栄から混迷に向かう覇権国家アメリカ合衆国

## この授業で学ぶこと

第二次世界大戦後のアメリカ合衆国は，パクス・アメリカーナの時代を迎えた。国内では公民権運動が高揚する一方，対外的にはベトナム，イラクなどに世界大規模の軍事介入を続け，国家財政も悪化する。トランプ大統領の登場は，衰退局面における内向きのアメリカを象徴するものである。繁栄から衰退に向かうアメリカ合衆国の歴史の歩みを考察しよう。

## （1）公民権運動

黒人大統領オバマの登場は，アメリカにおいて人種問題が解決した証と考えてよいのだろうか。南北戦争後の憲法修正第13条（1865年）で奴隷の廃止が，第14条（1868年）で市民権が，第15条（1870年）で公民権（投票権）が認められたにもかかわらず，黒人の権利は白人の様々な妨害にあい，憲法の条文が守られることはなかった。公民権運動が本格化するのは，1950年代に入ってからである。最高裁が「分離すれども平等」原則を違憲とした「ブラウン判決」（1954年），1955年の15歳の黒人少女クローデット・コルヴィンやローザ・パークスに始まるバスボイコット運動，キング牧師の登場などが，公民権運動

---

### 探究活動

リンカンによる奴隷解放宣言の100年後（1963年），マーティン・ルーサー・キング牧師は，ワシントン大行進の演説で，どのような「夢」を語ったのか。次の資料を読んで，キング牧師の「夢」について，考えてみよう。

**「私には夢がある」**（マーティン・ルーサー・キング牧師）

「100年を経たこんにち，黒人はいまだ自由ではない。100年を経たこんにち，黒人は，物質的繁栄という広大な海原に浮かぶ貧困という孤独な島に住まわされている。100年を経たこんにち，黒人はいまもアメリカ社会の片隅に押しこめられ，自国であるのにまるで亡命者のような生活を送っているのだ。……私には夢がある。いつの日にか，この国は立ちあがり‘自明の真理として，すべての人は平等につくられ’というこの国の信条の真意に生きるときがくるであろう。私には夢がある。いつの日にか，かつての奴隷の子供たちと，かつての奴隷所有者の子供たちがジョージアのあか土の丘の上で兄弟としてともに食卓につくときがくるであろう。私には夢がある。いつの日にか，私の四人の小さな子供たちが，肌の色によってではなくその人となりそのものによって評価される国に住むときがくるであろう。」

アメリカ学会編『原典アメリカ史　第7巻』岩波書店，1982年

---

展開の画期となった。この運動には，良心的な白人も共闘したことに留意したい。

　様々な屈折を経て，2008年にオバマが大統領選挙に当選した。公民権運動の象徴的な到達を意味することは確かだが，これをもってアメリカの人種問題が「最終解決」したといえるかどうか。もう解決したのだから人種を問題化するのは終わりにしようという「カラー・ブラインド」の考え方も唱えられるようになった。


# （2）キューバ危機（ミサイル危機，10月危機）

　戦後最大の核戦争の危機は，どのように起こり，そして回避されたのだろうか。また，この危機は世界にどのような影響を与えたのだろうか。

　1962年，ソ連のフルシチョフ第一書記・首相は「社会主義圏の強化」のため，キューバにミサイル基地を設置することを提案し，ミサイル発射台数24基，R-12ミサイル42機，核弾頭およそ45発の設置，兵員4万5000人の派遣を計画した。キューバのカストロ首相は，アメリカに事前に公開すべきだと提案したが，フルシチョフは事後公開（秘密裏の設置）の方針を押し通して，ミサイルの本体が運び込まれた。この事態を察知したアメリカ軍は，キューバ上空の偵察飛行をくり返し，搬入阻止の海上封鎖に踏み切る。10月27日にはアメリカのU-2型偵察機が撃墜され，核戦争の緊張がいっそう高まった。

　米ソ首脳（ケネディ大統領とフルシチョフ）のギリギリの交渉の結果，フルシチョフはキューバの頭越しに基地の撤去に応じることになる。こうして，米ソの核戦争の危機は回避され，米ソ首脳間にホットラインが開設されることになった。また，翌1963年の部分的核実験禁止条約は，キューバ危機の結果締結されたものである。さらに，米ソの接近によって，中ソ関係が冷却するという世界史的な変動も生んだ。

---

**探究活動**

次の資料を読み，最も適切と思われる方式を選び，その理由を説明しよう。

**キューバ危機へのアメリカ合衆国のいくつかの対応案**

　わが国から90マイルしか離れていない国に攻撃的核兵器が存在することを許容できないことについて，全般的な意見の一致がある。いずれの方式にも明らかな外交的・軍事的不都合があるが，ほかの方式は考えられなかった。

方式A　政治行動，圧力と警告，それで目的が達成されない場合，軍事行動に出る。

方式B　事前の警告，圧力，行動なしに，軍事行動をとり，その行動が限定的なものであることを伝達する。

方式C　政治行動，圧力と警告，その後で海軍による全面的封鎖をおこなう。

方式D　（キューバへの）全面的進攻作戦。

「討議結果に関するソレンセン補佐官の大統領宛メモ」（1962年10月17日）。大下尚一ほか『史料が語るアメリカ――メイフラワーから包括通商法まで』有斐閣，1989年

## （3）ベトナム戦争

　アメリカはなぜベトナム戦争に介入し，なぜ敗北したのだろうか。また，敗北によって，世界におけるアメリカの地位はどう変化したのだろうか。日本はベトナム戦争にどのように関わったのだろうか。これらの問いを考察しよう。

　ベトナム戦争に介入するアメリカの目的として，国家安全保障行動覚書（1964年）は「われわれが求めるのは独立した非共産主義南ベトナムである。もしわれわれが南ベトナムにおいてこの目的を達成しえないのであれば，東南アジアのほぼ全域は，おそらく共産主義の支配下に陥る」と述べている。

　これは，いわゆる「ドミノ理論」である。冷戦下，ベトナムの統一を求める民族主義的な運動を軽視し，反共産主義というイデオロギーで世界戦略を立案していたことがわかる。自国の戦争を批判するアメリカの作家カール・オグルズビーは，1967年に「ベトナムには内戦はない。あるのは，むしろ，侵略者─合衆国に対する民族抵抗の闘いである」と述べて，戦争の本質を的確にとらえている。膨大な戦費は，覇権国アメリカの国家財政を悪化させ，1971年にはドル危機（平価切り下げ）が起こり，金本位制から離脱せざるをえなくなる。ドルの信用の低下は経済的な覇権の揺らぎとなり，ドルを基軸通貨とする戦後のブレトン＝ウッズ体制の動揺につながる。

---

**探究活動**

PTSD（心的外傷後ストレス障害）をわずらうベトナム帰還米兵は70万人に達するとされている。次の資料を読み，ベトナム帰還米兵にどのようなことが起きているか，問題を分類し，各々の内容を説明しよう。

**アメリカ人ベトナム帰還兵のPTSD**

(1) 既婚者の38%が帰還後6ヵ月以内に離婚

(2) 帰還兵全員の離婚率は90%

(3) 帰還兵全員の40〜60%が恒常的な情緒適応障害を持つ

(4) 各地域の復員軍人のための社会復帰プログラムを修了した帰還兵の100人に2.5人が自殺，帰還兵の事故死と自殺は年間にして1万4000人

(5) 5万8000人余の戦死者に加え，戦後15万人以上の自殺者

(6) 50万人のベトナム帰還兵が法的処罰により逮捕投獄され，なお推定10万人が監獄で服役中，20万人が仮出獄中

(7) 麻薬・アルコール依存症が50〜75%

(8) 帰還兵の失業率40%，25%が年収7000ドル以下（単身者所得による貧困水準以下）

白井洋子『ベトナム戦争のアメリカ──もう一つのアメリカ史』刀水書房，2006年。ベトナム帰還兵援助のNPOを立ち上げたチャック・ディーンの1990年段階の調査による。

## （4）9.11テロからトランプ政権まで

「対テロ戦争」は，従来の戦争とどう違うのか。トランプ大統領の登場は，アメリカや世界にとってどのような意味を持つのか。

2001年9月11日，アメリカ本土が初めて外国勢力によってテロ攻撃された。国家対国家という従来の戦争とは異なる，テロ組織による攻撃だった。アメリカは報復としてのアフガニスタン，イラク戦争をおこなった。これらは，冷戦終結後の「アメリカ単独主義」とか「アメリカ帝国」と称されるアメリカ外交の特徴を示している。アメリカを盟主とする多国籍軍には日本も加わり，集団的自衛権を容認し自衛隊の海外派兵を可能にする「安保法制」が成立した（2015年）。

続いて，2017年に大統領に就任したトランプ大統領は，「アメリカ・ファースト」を掲げ，移民の排斥，メキシコとの国境に壁を建設すること，イスラーム教徒の入国制限，環境や貿易に関わる国際協定からの脱退，「関税戦争」など，一国主義的な政策を矢継ぎ早に打ち出している。トランプ政権のこうした政策は，国際協調主義にもはや従うことができないアメリカの覇権の衰退を示している。

## 授業づくりのポイント ------------------------------------------------

● 公民権運動から半世紀を経たオバマ大統領以後の現在，キング牧師の「夢」はどこまで実現したのか，また残された課題は何かを考える。
● キューバ革命とキューバ危機を事例にアメリカとラテンアメリカとの関係を考察する。
● ベトナム戦争はなぜ起こったかを知ると同時に，日本を含む世界に広がったベトナム反戦運動の世界史的意義に注目したい。
● 戦後世界におけるアメリカの覇権が，ベトナム戦争とその敗北によって，長い緩やかな衰退の局面に入ったことに気づかせる。
● トランプ大統領の登場を，世界のポピュリズム現象とも関わらせながら，覇権の衰退現象として考察する。

## 参考文献 ------------------------------------------------

『新版　アメリカを知る事典』平凡社，2012年
アメリカ学会編『原典アメリカ史』第7〜9巻，岩波書店，1982，2006年
黒崎真『マーティン・ルーサー・キング――非暴力の闘士』岩波新書，2018年
上杉忍『アメリカ黒人の歴史――奴隷貿易からオバマ大統領まで』中公新書，2013年
油井大三郎『平和を我らに――越境するベトナム反戦の声（シリーズ日本の中の世界史）』岩波書店，2019年
金成隆一『ルポ　トランプ王国』1・2，岩波新書，2017年，2019年

（難波達興）

# 変革と民主化を模索する ラテンアメリカ諸国

この授業で学ぶこと --------------------------------------------------------------

ラテンアメリカ世界は，日本の私たちにとって，どれくらい「遠い世界」だろうか。しばしば独裁体制やクーデターを経験しながら，人びとは民主化を求めてたたかってきた。「北の巨人」アメリカ合衆国との関わりを重視しながら，「統合と自立」をめざすラテンアメリカ諸国の動きと今後の課題を考察しよう。

--------------------------------------------------------------------------------

## （1）キューバ革命

キューバ革命とはどのような革命だったか。キューバはアメリカの裏庭といわれるが，アメリカに最も近いキューバとの関係はどうなっているのだろうか。キューバはなぜ社会主義体制を現在も維持しているのだろうか。これらの問いを手がかりに，世界史におけるキューバ革命の意義について考えよう。

バティスタ独裁政権を打倒するため，1953年7月26日，カストロらの革命勢力はモンカダ兵営を襲撃し，キューバ革命を開始した。襲撃は失敗に終わったが，後に革命運動組織「7月26日運動」が結成され，1959年1月1日にバティスタ独裁を打倒する革命を成就した。彼らの革命の綱領は，人民主権や農地改革を重視し，初めから社会主義をめざすものではなかった。しかし，砂糖プランテーションなど莫大な利権を保有していた最大投資国アメリカはキューバ革命に敵対し，ケネディ政権は，反革命軍を支援して革命キューバを転覆させるための侵攻作戦をおこなった。

このような動きに対して，カストロはキューバ革命を防衛するためソ連に接近し，1961年5月には「社会主義共和国」を宣言した。アメリカの強硬な対応が社会主義キューバを生んだともいえる。以後，アメリカはラテンアメリカ政策の目的を，「第二，第三のキューバ」を防ぐことに置いた。ケネディ政権が打ち出した「進歩のための同盟」（1961年）は，ラテンアメリカの変革運動を社会主義に向かわせないためのものであった。

キューバ革命後の1961年に国交が断絶してから半世紀を経て，オバマ政権の末期（2015年）にようやく国交が回復され，関係修復の兆しが見えはじめたが，トランプ政権下の現在，その歩みは停滞している。

## （2）中米 —— ニカラグア革命とコスタリカ

中米のニカラグアやコスタリカはどこにあるか，まず地図で確かめよう。また，小国コスタリカはなぜ，軍隊を持たない平和国家の道やエコツーリズムを選択したのだろうか。

ニカラグア革命は，ソモサ長期独裁政権打倒の革命過程と，政権獲得後，コントラと称

される反革命勢力との内戦の時期に分けることができる。革命の中心を担った主体はサンディニスタ民族解放戦線（FSLN）で，他の党派と共闘しながらソモサを追放し，混合経済，複数政党制，非同盟主義の三原則を掲げて社会主義的な革命政権を樹立した（1979年7月）。

　キューバ革命（1959年）からニカラグア革命（1979年）への20年間は，ラテンアメリカにおける「ゲリラ闘争の時代」といわれるが，一つの時代を画する革命の成功が続いた。革命の成功には，カトリック教会が貧しい人びととともに歩み，社会問題の解決に尽力すべきだとする「解放の神学」も貢献した。1984年にはニカラグアの正副大統領と国会議員の選挙がおこなわれ，大統領にはFSLNのオルテガが当選し，議会でもFSLNが第一党になった。1987年には新憲法が公布され，上記の三原則のほか，思想・信条の自由，農地改革，天然資源の国有化などが明記された。

　ニカラグアの南に位置する小国コスタリカは，独裁や内戦，頻繁に起こるクーデターなどの歴史に学んで，その国家的生存戦略として，軍隊を廃止したことで知られる。世界でも注目すべき非武装・永世中立の平和主義国である。日本の自衛隊にあたる武装組織も持たず，いらなくなった軍事費を教育・福祉・自然保護にあて，「平和」，「民主主義」，「自然保護」の3点を国の方針としている。それはラテンアメリカ特有の歴史から導き出された「特有の道」であり，国政選挙における候補者の4割以上は女性でなければならないと定めている。

---

**探究活動**
次の資料を読み，コスタリカでは軍隊についてどのように定められているか，その特徴について説明しよう。

**コスタリカ共和国憲法**（18章，全197条。一部抜粋）
第1章　国家，主権，軍隊
○ 12条：常設としての軍隊はこれを禁止する。公の秩序の監視と維持に必要な警察
　　　力はこれを保有する。米大陸内の協定または国内防衛上のためにのみ軍事力を
　　　組織することができる。これらはいずれも常時文民の権力に従属し，個別・集
　　　団の如何を問わず，いかなる示威行為あるいは（戦争の）布告も審議することが
　　　できない。
コスタリカ共和国政府観光局編『コスタリカを学ぶ』2003年

---

# （3）チリ —— アジェンデ政権の「実験」

　革命方式ではなく，選挙を通じて成立した世界で初めての社会主義政権は，なぜ短命に終わったのだろうか。アジェンデ政権の政策の特徴とその崩壊の理由について，考察しよう。

　1970年の大統領選挙において，「人民連合」（社会党，共産党，急進党およびキリスト教民主党の一部）が擁立した社会党のサルバドル・アジェンデが当選した。アジェンデ政権は，

ソ連やキューバとは異なるチリ独自の「社会主義への道」に踏みだし，プロレタリア独裁型ではない政権の動向は，「チリの実験」として世界からも注目された。

その政策は，低所得者層の所得の引き上げ，社会福祉の拡大，農地改革，大企業の国有化など，社会主義社会建設の布石となるものであった。灌漑地基準面積80ヘクタール以上の農地の接収や，アメリカ資本のアナコンダ社やケネコット社などの大銅鉱山会社の接収は，その代表的な成果であった。

しかし，政権末期の経済状況は厳しさを増し，GDP成長率がマイナスに転じ，インフレ率が高騰し（73年には508%），財政赤字もふくらんだ。政権に対する不満が高まり，軍事クーデターを画策する軍右派の動きが活発になり，それをアメリカが多額の資金を提供して援助した。こうして1973年9月11日に，軍によるクーデターによってアジェンデ政権は短命のうちに崩壊した。

---

**探究活動**

次の資料を読み，1970年におけるチリの政治の課題と，人民連合政府がめざした政治の目標について，説明しよう。

**アジェンデ大統領の就任翌日の人民連合政府発足演説**（1970年11月5日。一部抜粋）

「われわれは金融を国有化し，国や人民の発展のために使うだろう。われわれはラティフンディオ（半封建的な大地主制度）を廃止するだろう。それは未だに何千という農民を服従と貧困に追いやり，国がその大地から必要な食糧を得るのを妨げている。そのためには真の農地改革が必要だ。われわれはチリのために基本的資源を回復するだろう。銅・石炭・硝石の大鉱山をわが人民の手に取り戻すだろう。」

歴史学研究会編『世界史史料11』岩波書店，2012年

---

# （4）新自由主義とたたかう左派政権

有数の産油国ベネズエラに登場したチャベス政権とその後の動向を事例に，ラテンアメリカ諸国が21世紀の現在，どのような課題を抱えているかを考えてみよう。

ラテンアメリカ諸国は1980年代に，世界で最も早くアメリカ主導の「新自由主義」の影響を受け，その結果，「債務問題」を経験することになった。「失われた10年」ともいわれる経済的困難は，相次ぐ軍部のクーデターを招き，1980年代は「軍政の時代」ともいわれる。民政復帰を果たした1990年代以降も様々な困難を抱えている。

世紀転換期の1999年に「ボリバル革命」を掲げて大統領に就任したベネズエラのチャベス政権は，豊富な石油収入を社会政策にまわし，貧困率を大幅に下げた。チャベス大統領による「21世紀の社会主義」宣言（2005年）は，アメリカの覇権に抵抗する反新自由主義・反グローバリズムの表明である。しかし，チャベスのポピュリズム的で強権的な国家運営は，民主主義の制度的基盤を掘り崩し，権威主義に変質する危険性を示している。

チャベスの死（2013年）によって後継者になったチャベス派のマドゥロ政権も，ベネズエラの安定を実現できずに現在に至っている。

ベネズエラの急進的な改革ばかりではなく，ラテンアメリカには穏健な改革派（ピンク・タイド）も存在する。中道左派政権を担ったウルグアイのムヒカ大統領（在任2010年3月〜2015年2月）はその例である。ムヒカは，1960年代には軍部独裁政権に抗する都市ゲリラ「トゥパマロス」のメンバーとして武装闘争に参加し，投獄4回，軍政下13年におよぶ獄中生活（うち10年は独房）を体験し，1985年出獄した。彼は中道左派を基本路線として市場原理を批判し，反新自由主義を採用，給与の大部分を財団に寄付し，月1000ドルで生活していることから「世界でいちばん貧しい大統領」として注目された。

---

**探究活動**

次の資料を読み，ムヒカ大統領が民主主義についてどのように考えているか，説明しよう。

**世界でいちばん貧しい大統領の言葉**

「民主主義がすばらしいのは，永遠に未完成で，完璧にもならないからだ。そして，平和的な共生を可能にするからだ。民主主義は，異なる考えの人を尊重するからね。これが社会を生きやすくする。ゆるぎない価値なんだ。」

くさばよしみ編『世界でいちばん貧しい大統領からきみへ』汐文社，2015年

---

**授業づくりのポイント** --------------------------------------------------

● 植民地時代の遺制，とりわけ大土地所有制とのたたかいを理解する。
● ラテンアメリカ諸国のアメリカ合衆国への従属と，自立のたたかいを学ぶ。
● クリオーリョ層，先住民，ムラート，黒人など，国内の多様な民族構成を知ること。
● ポピュリズム型の政治や社会主義をめざす変革を，その挫折も含めて考察する。
● キューバやベネズエラの現在を通して，ラテンアメリカ諸国の課題を考える。
● アマゾンの開発や森林火災を事例に，地球温暖化などの環境問題について考える。
● 日系ブラジル人・ペルー人を通して，日本とラテンアメリカとの関わりをとらえる。

---

**参考文献** --------------------------------------------------

『新版　ラテンアメリカを知る事典』平凡社，2013年
国本伊代『改訂新版　概説ラテンアメリカ史』新評論社，2001年
後藤政子，山崎圭一編著『ラテンアメリカはどこへ行く』ミネルヴァ書房，2017年
歴史学研究会編『統合と自立（南北アメリカの500年　第5巻）』青木書店，1993年
後藤政子『キューバ現代史——革命から対米関係改善まで』明石書店，2016年

（難波達興）

# 11 平和共存と地域統合の道を歩む 西ヨーロッパ

この授業で学ぶこと - - - - - - - - - - - - - - - - - - - - - - - - - - - - - - - - - - - - - - - - - - -

　ヨーロッパの歴史は，まさに戦争の歴史であった。特に二度の世界大戦は未曾有の犠牲者と破壊をもたらした。しかし三たび戦争をくり返さない決意のもと，ヨーロッパは統合という壮大な挑戦を始めた。この挑戦の成果と課題を考える。

- - - - - - - - - - - - - - - - - - - - - - - - - - - - - - - - - - - - - - - - - - - - - - - - - - - - - - - - -

## （1）ヨーロッパ統合の開始

　ヨーロッパは，戦後まもなく，米ソ東西陣営が対立する冷戦の舞台となった。1947年に発表されたマーシャル＝プランによって，アメリカはヨーロッパに131億ドルの資金援助をおこなった。翌年オランダ・ベルギー・ルクセンブルクの3国は，関税障壁を相互に廃止し，この潤沢な資金を使って域内貿易を促進し経済成長を図ることにした。この動きが，その後のEEC（欧州経済共同体）や欧州市場統合のモデルとなった。

　そして1950年に画期的なプランが実現する。それがシューマン＝プランである（1952年には欧州石炭鉄鋼共同体ECSCが発足）。17世紀以降フランスとドイツは，主にアルザス＝ロレーヌ地方をめぐる攻防を続けてきた。平和への決意，戦争を二度と起こさないための工夫はどこにあるのか，シューマン＝プランの一文から生徒に読み取らせたい。

---

**探究活動**

なぜヨーロッパ統合は必要なのだろうか。シューマン＝プラン（1950年5月9日）から考えてみよう。

　「ヨーロッパ諸国が一つとなるためには，ドイツとフランスの積年の敵対関係が一掃されることが必要です。フランスとドイツこそが率先して行動を起こすべきなのです。……

　石炭・鉄鋼生産の共同化は，経済発展の共通基盤を早急に確立し，ヨーロッパ連邦の第一歩を記すでしょう。そしてそれは長きにわたって武器製造という定めを負わされ，常にその犠牲を重ねてきたこれらの地域の運命を変えることになるのです。」

歴史学研究会編『世界史史料11』岩波書店，2012年

---

## （2）EECの発足と「欧州のためのドイツ」

　ECSCの成功から，西欧では超国家的な地域統合への期待が高まった。1957年ローマ条約が結ばれ，翌年フランス，西ドイツ，イタリア，ベルギー，オランダ，ルクセンブルクの6ヵ国による欧州経済共同体（EEC），欧州原子力共同体（EURATOM）が設立された。

EECは緩やかな欧州自由貿易連合として，経済の活性化を図ろうと，①関税同盟の結成，②ヒト，サービスおよび資本移動の自由化，③共通農業政策（CAP），④共通運輸政策などを目標に掲げた。これがヨーロッパ経済を牽引（けんいん）することになり，西ドイツでは，アデナウアー政権のもと「奇跡」の発展を遂げた。

しかし東ドイツから西ドイツへの人口流出がやまず，1961年8月，東ドイツはベルリンの壁を築き，一気に東西両陣営の緊張が高まった。この危機的状況を打開したのが，ブラント首相による東方外交であった。

ドイツがヨーロッパ諸国から信頼を得て，ヨーロッパ統合に向けての中心的役割を担っていくために，戦争責任をどのように果たすのか，生徒に考えさせたい。ただしそのドイツも「補償問題の解決には半世紀以上の時を要し，とくに，占領地の住民が受けていた被害があくまでも国家間賠償の対象であり狭義の"戦争犯罪"の問題とされた[*]」ことにもふれておきたい。

* 永原陽子編『「植民地責任」論──脱植民地化の比較史』青木書店，2009年，16ページ

---

**探究活動**

ドイツは，戦争責任をどのように果たそうとしたのだろうか。ワルシャワのゲットー跡でひざまずくブラント西ドイツ首相の写真や，ヴァイツゼッカー大統領の演説などから考えてみよう。

写真提供　PPS通信社

---

# （3）EU の 発 足 と ユ ー ロ の 導 入

1967年に，ECSC，EEC，EURATOMの3機関が統合され，欧州共同体（EC）が発足した。73年にはイギリス，デンマークが加盟（第1次拡大），81年にギリシアが加盟（第2次拡大），1985年のシェンゲン協定では，協定加盟国間の国民がパスポートやビザなどなしで往来可能となり，人の移動が自由になった。86年にはスペイン，ポルトガルが加盟した。

1989年11月，ベルリンの壁が崩壊し，12月に冷戦終結をうたうマルタ宣言が出された。このことがヨーロッパ統合をめぐる環境にも著しい変化を促した。東西両ドイツの間では，統一をめざす動きが多くの人びとの予想をはるかに超える速さで進み，1990年10月の東西ドイツの統一によって，東ドイツもECの一部となった。

統合の深化はさらに進み，1992年マーストリヒト条約（欧州連合条約）に12ヵ国が調印し，欧州連合（EU）が発足した。外交・安全保障政策の共通化と通貨統合の達成，共通市民権の導入や欧州議会の権限拡大など，経済統合から政治統合への発展を意図した歴史的

実験といわれている EU は，ついに未知の領域に踏み込むことになった。1995 年にはスウェーデン，フィンランド，オーストリアが EU に加盟し，EU 加盟国は 15 ヵ国となった。1999 年のユーロの導入により，通貨交換に伴う両替手数料が不要となるだけでなく，通貨間の為替の変動がなくなり，EU 主要国における市場統合がなされた。ユーロはドルと並ぶ「基軸通貨」としての役割を持った。

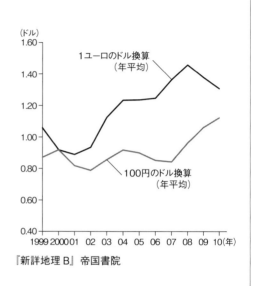

**探究活動**

ユーロと円の対ドル為替相場の表から，ユーロがどのような問題を抱えているのか，年表と関連させながら考えてみよう。

1999 年　11 ヵ国で単一通貨ユーロ導入

2002 年　「ユーロ」民間流通開始

2004 年　ポーランド，チェコなど東欧諸国 10 ヵ国が EU に加盟し，25 ヵ国体制に

2007 年　ルーマニア・ブルガリアが EU に加盟し，27 ヵ国体制に

2008 年　アメリカ，リーマンショック

2009 年　ギリシア危機

『新詳地理 B』帝国書院

## （4）ロマ問題と難民受け入れ問題

　EU は，シェンゲン協定などにより，ヒト，モノ，カネ，サービスの自由な移動が可能になり，「異質との共存」を活力にしてきた。しかし EU の掲げる理想を打ち砕くような新たな問題が発生した。それがロマ問題と難民受け入れ問題である。

　ヨーロッパに 1200 万人いるといわれているロマは，特にルーマニアとブルガリアに多く，両国が 2007 年に EU に加盟したことで，彼らの自由移動が保障された。ところが近年，移動生活をしているロマによるキャンプ地の不法占拠が問題となった。2010 年フランスのサルコジ大統領が実施したキャンプ撤去と強制送還を，人権擁護の観点から EU が非難した。

　マーストリヒト条約ではマイノリティに属する権利を含む人間の尊厳を掲げているものの，「ロマを依然として認知していない国家も少なくなく，ロマは EU 加盟諸国のなかでもきわめて厳しい社会状況におかれている。ロマ問題は歴史的に根深く，解決には幾多の困難がともなうが，それだけに，ヨーロッパの民主主義の真価を問う指標[*]」だとの指摘のように，加盟国の反対に対して EU はいかにロマの市民権を保護するのかが課題である。

　＊　米山宏史「EU の地域政策と民族問題」『歴史地理教育』2013 年 11 月号

　2011 年の「アラブの春」以降，シリア内戦につながる中東紛争によって，2015 年夏以降，中東や北アフリカからの難民の受け入れ問題が深刻化した。1997 年のアムステルダ

ム条約で，民族や宗教を理由とする差別，排斥に対処する権限をEUに認めた。しかしEU域内では，一連のテロ事件も相まって，ゼノフォビア（外国人排斥）が強まり，移民受け入れを拒否するポピュリズムやナショナリズム勢力が強まっている。

---

**探究活動**

あなたは難民を歓迎しますか？　ドイツが難民を受け入れることに対する賛否両論の理由を挙げ，自分の考えを述べてみよう。

「ドイツは積極的に多くの難民を受け入れたが，これに対し失業者が多いドイツ東部では，難民に対する不満が強まっている。ある主婦は『年金生活者は，洗濯機が壊れても直すお金に困っている。なぜ我々が払っている税金で難民にお金をあげる必要があるのか』と述べている。」

『政治・経済資料2019』とうほう

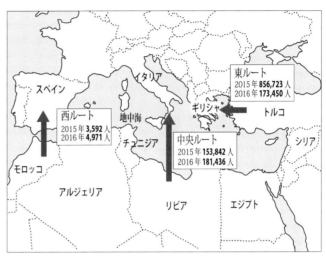

西ルート
2015年 **3,592**人
2016年 **4,971**人

中央ルート
2015年 **153,842**人
2016年 **181,436**人

東ルート
2015年 **856,723**人
2016年 **173,450**人

国連UNHCR協会「続ヨーロッパ難民危機」HPより作成

---

**授業づくりのポイント** --------------------------------------------------------

● ヨーロッパは多様性に富んだ地域であることを確認したい。
● 戦後の国際情勢と関連させながらヨーロッパ統合を位置づけたい。
● イギリスのEU離脱問題など，最新のニュースも取り上げたい。
● 日本の貿易との関連も視野に入れたい。
● 難民が発生した諸国は，19世紀以降西ヨーロッパ諸国の植民地であったことをふまえて考えさせたい。
● EUの様々な課題を，アジアの統合に置き換えた場合，日本はどのような課題を背負わなければならないか，想像させてみることは大切である。

---

**参考文献** ---------------------------------------------------------------------------

羽場久美子編『EU（欧州連合）を知るための63章』明石書店，2013年
藤井良広『EUの知識』日経文庫，2013年
田中素香『ユーロ──危機の中の統一通貨』岩波新書，2010年

（周藤新太郎）

# 12 ソ連・東ヨーロッパにおける 社会主義の実験から冷戦の終焉へ

4-12

この授業で学ぶこと --------------------------------------------------

　第二次世界大戦後，ソ連の影響下の社会主義陣営に組み込まれた東欧諸国はどのような歩みをたどったか。東欧革命とソ連の崩壊はどのようにして起こり，いかにして冷戦体制を終焉に導いたか。ソ連・東欧の激動の現代史を考察してみよう。

-----------------------------------------------------------------------

## （1）スターリン批判とその波紋

　スターリン批判はどのようにして起こり，何が批判されたのか。そして国内外にいかなる影響を与えたか，考えてみよう。

　1956年10月，日本は日ソ共同宣言により，ソ連との国交を回復した。その8ヵ月前の2月，フルシチョフ第一書記はソ連共産党第20回党大会で，冷戦の緩和をめざし，西側との平和共存を提起するとともに，非公開の「秘密報告」でスターリン批判をおこなった。内容は，スターリンへの個人崇拝，彼が命じた大粛清，独ソ戦の指導や対ユーゴスラヴィア関係の誤りなどである。この報告は国内の各党組織に伝達されると同時に，アメリカ国務省が公表して全世界に知られ，各国の共産党と世界の世論に衝撃を与えた。

　同年6月，ポーランドのポズナニで共産党の支配に反発する自由化運動が起こり，10月にゴムウカが第一書記に復帰し，ソ連の介入を回避しながら「十月の春」と呼ばれる一定の自由化を達成した。

---

**探究活動**

以下の資料を読み，問いに答えよう。

**メフェス建築工科大学学生集会決議16項目**

1. すべてのソ連軍がハンガリーから即時に，講和の諸決定に基づき撤退すること……。
4. ……複数政党制のもとでの普通・平等・秘密の選挙を要求する。
12. 意見の表明，出版の自由，自由なラジオ……新しい新聞を要求する。
13. 専制と政治的抑圧の象徴であるスターリン像を……解体し，代わりに1848～49年の解放戦争の英雄と犠牲者のための記念碑を打ち立てることを要求する。

＊　メフェス（MEFESZ）：ハンガリー大学生連盟

問1　1956年10月当時，ブダペシュトはどのような状態に置かれていたか。

問2　当時，ハンガリーではどのような選挙制度がおこなわれていたか。

問3　当時，ハンガリーではどのような自由が求められていたか。

問4　ハンガリーでは，スターリンはどのように見なされていたか。

歴史学研究会編『世界史史料11』岩波書店，2012年

---

ハンガリーではラーコシが親スターリン的な政治を復活させ，強権的・抑圧的な政治を展開していた。ポーランドの「十月の春」の影響もあり，10月にブダペシュト工科大学の学生集会を発端に反独裁・反ソ連の運動が発生し，ソ連軍が介入した。国民に人気の高いナジが首相に復帰し，収拾を図った。その後，ナジ政権がワルシャワ条約機構からの脱退，国際的中立，西側諸国と国連への救援を訴えると，ソ連軍が再度侵攻し，2週間の戦闘で自由化運動を弾圧した。この自由化運動は「ハンガリー革命」と呼ばれている。

## （２）プラハの春と１９６８年の世界

「プラハの春」とは何か，なぜ1968年に起こったのか，国際的視野のなかで考察しよう。ベトナム戦争でテト攻勢がおこなわれた1968年には，アメリカではベトナム反戦運動の高揚，キング牧師の暗殺を発端とする黒人解放運動の広がりと学生たちの反体制運動，フランスでは学生のストライキに始まる五月革命，日本ではベトナム反戦運動と沖縄返還闘争，大学闘争の拡大など世界各地で「体制への抵抗」運動が影響し合い，同時並行的に展開した。

ソ連の勢力圏に組み込まれた東欧諸国では，1960年代には官僚主導の経済システムが行きづまり，経済の停滞が顕在化したため，社会主義経済の原則を維持しながら，市場原理の導入による経済改革が検討され，ハンガリーでは68年1月に企業の自主性を重視する経済改革が実施された。

チェコスロヴァキアでは1968年1月，共産党内の改革派のA. ドゥプチェクが第一書記に就任し，「人間の顔をした社会主義」を掲げて改革に着手した。4月には「チェコス

---

**探究活動**

以下の資料を読み，問いに答えよう。

**二千語宣言**

「今年初めから，私たちは民主化の再生過程にある。それは共産党内で始まった。……この希望の瞬間に諸君に訴える。ただし，その希望は依然として脅かされている。……共産党はそれ自身の『行動綱領』を持っている。それは不平等の極みを正そうとする最初のプログラムでもあって，共産党以外にこれほど具体的な綱領は存在しない。……私たちは，共通の問題を自らの手で解決できるかも知れない。かつての私たちの名声，私たちのよりよい自己像にふさわしい相貌を，社会主義と名付けるものに与えることができるかもしれない。」

問1　1968年の初めから民主化の再生過程にあるとは，どういう意味か。
問2　希望とは何を指すか。希望が脅かされているとは，どういう意味か。
問3　共通の課題とは何を指しているか。
問4　社会主義に対して，どのような期待を語っているか。

歴史学研究会編『世界史史料11』岩波書店，2012年

ロヴァキア共産党行動綱領」を発表し，検閲の廃止，党の刷新，言論の自由の拡大，政治・経済体制の改革，文化政策の自由化などを進め，「プラハの春」が到来した。そして作家・知識人・芸術家や社会団体の活動が活発化し，6月には作家ヴァツリークが起草した「二千語宣言」が発表され，人びとに共産党改革派との協力，改革への参加を呼びかけた。

「プラハの春」の高まりに対して，ソ連とワルシャワ条約機構諸国は，政治の自由化が自国に波及することを阻止するため，8月にプラハに軍事干渉をおこない，「プラハの春」を弾圧した。ソ連のブレジネフ書記長は，社会主義国の全体利益は個別利益よりも優先されるという「制限主権論」（ブレジネフ・ドクトリン）を主張し，軍事介入を正当化した。

## （3）ソ連・東欧世界の崩壊と未来へ向かう中欧・東欧

東欧諸国の民主化とソ連の崩壊過程は，どのように展開したのか，考えてみよう。東欧諸国の脱社会主義化の芽生えは1980年，ポーランドの自主管理労働組合「連帯」の誕生に見られた。ワレサ率いる「連帯」は81年の非合法化，83年の戒厳令に抗して生きのび，88年には政府との円卓会議を重ねて89年に複数政党制による選挙にたどり着き，9月に「連帯」の政権が成立した。

同じ1989年9月にハンガリーでも複数政党制による自由な総選挙，10月に憲法改正がおこなわれた。11月にはベルリンの壁崩壊，チェコスロヴァキアでビロード革命，ブルガリアでジフコフの退陣へと続く民主化ドミノが進行し，12月にルーマニアでのチャウシェスク大統領夫妻の処刑をもって東欧革命は閉幕した。

ソ連では，ゴルバチョフ書記長がペレストロイカ（改革）に着手し，1986年のチェルノブイリ原発事故を機にグラスノスチ（情報公開）を加速し，対外的には「新思考外交」を打ち出した。彼の一連の改革は共産党保守派の反感を買い，91年8月に同保守派のクーデターが発生した。しかし，その鎮圧後，ソ連構成諸国の独立宣言を経て，ソ連は解体し，69年間の歴史に終止符を打った。

2018年1月現在，東欧15ヵ国中7ヵ国で，ポピュリズム政党が政権についている。その7ヵ国には，ヴィシェグラード4（V4）が含まれている（V4とは，EU加盟に先行して1991年に創設されたチェコスロヴァキア，ハンガリー，ポーランドの地域協力機構である）。ポピュリズム政党の成立の背景には，景気・雇用問題と難民の受け入れ問題などがあり，その本質的問題としてEU内の東西の経済格差が挙げられる。

日本と中欧・東欧諸国の関係に注目すると，1990年代半ば以降，日本企業の進出が顕著であり，21世紀以降には，ハンガリー，チェコ，ポーランド，スロヴァキアなどに約200社の日本企業が進出している。上記諸国にルーマニアを含め，直接投資も多くなされている。進出の理由として，アジアよりも安価な労働力，IT産業の発達と優秀な人材の確保，EU諸国への無関税での商品販売などが指摘されている。

**探究活動**

2つの戯画を見て，問いに答えよう。

戯画1

戯画2

問1　「戯画1」は 1989 年 10 月 18 日のドイツ民主共和国（東ドイツ）建国 40 周年
　　記念式典を表現している。描かれている人物は E. ホーネッカー国家評議会議長
　　である。この戯画に込められたメッセージを説明しよう。

問2　「戯画2」は 1989 年にドイツで作成された戯画である。DDR とはドイツ民主
　　共和国を意味している。この戯画に込められたメッセージを説明しよう。

P. ガイスほか編『ドイツ・フランス 共通歴史教科書【現代史】』明石書店，2008 年

## 授業づくりのポイント -----------------------------------------------------------

● スターリン批判の内容と，スターリン批判が東欧諸国，世界に与えた影響を理解したい。
● 自由化運動の要求から，1956 年のハンガリー革命の目標を理解したい。
● 1968 年の世界各地の民衆運動・反体制運動の相互関連性に気づかせたい。
●「プラハの春」の具体的な内容について，理解を深めたい。
● 東欧革命の展開過程について，時系列的・相互関連的に把握したい。
● 東欧革命とソ連の崩壊過程の同時代的な関連性について考察したい。
● 中・東欧諸国が置かれている現状と今後の課題，日本との関係に注目したい。

## 参考文献 -----------------------------------------------------------------------

南塚信吾ほか編『新しく学ぶ西洋の歴史——アジアから考える』ミネルヴァ書房，2016 年

下斗米伸夫『ソビエト連邦史 1917 − 1991』講談社学術文庫，2017 年

羽場久美子編『EU を知るための 63 章』明石書店，2013 年

松尾秀哉『ヨーロッパ現代史』ちくま新書，2019 年

（米山宏史）

# 国境を越えて広がる女性の自立と解放

**13**

**4-13**

## この授業で学ぶこと

女性解放は男女平等，男女同権を求める運動として，欧米諸国から始まった。今日ではすべての人間に関わる人権，「ジェンダー平等」を求める運動となっている。法律の整備や制度，教育，意識改革とともに，経済的自立が必要であることはいうまでもない。国際的なつながりのなかで，世界各地で進行している改革と課題を学ぶ。

## （1）国際連合のとりくみ——男女平等からジェンダー平等，女性・女児のエンパワーメントへ

1945年10月に発足した国際連合（国連）は，憲章の前文で男女の同権を確認し，世界人権宣言（1948年），国際人権規約（1966年）でも男女同権を規定した。当初の加盟国51ヵ国中20ヵ国にはまだ女性参政権がなかったが，46年に設置された「女性の地位委員会」は女性参政権や既婚女性の国籍，婚姻の同意・最低年齢など，女性の法的権利の整備を進めた。植民地が次々に独立し，60年代に経済の南北格差が国連の重要課題になると，委員会は貧困の解決は女性の地位向上に必要なだけでなく，農村開発には全面的な女性の参加が必要であると指摘し，70年代の国連の女性政策を修正した。

それでも67年の「女子差別撤廃宣言」では，家事・育児の家庭的責任はまだ女性に求められていた。しかし75年の「国際婦人（女性）年」とその後の「国連婦人（女性）の10年」の活動を経て世界の女性のネットワークが広がり，79年「女子に対するあらゆる形態の差別撤廃に関する条約（女性差別撤廃条約）」が成立した。「性別には特性・役割がある」「男は仕事，女は家庭」という前提での平等論ではなく，固定的な男女の役割分担から解放し，ジェンダー平等に向けた法的拘束力を持つ条約である。

「世界女性の憲法」ともされる女性差別撤廃条約の締結国は，2019年8月現在189ヵ国，非締結国はわずかである。批准するには条約にそって，国内法を整えなければならな

---

**探究活動**

1. 女性差別撤廃条約は，なぜ「世界女性の憲法」といわれるのだろうか。何を，どのように実現しようとしているのだろうか。
2. UN Women は，"Equality for women is progress for all（女性が平等を享受することは，すべての人びとにとっての前進である）" や，"HeForShe"（ヒーフォーシー）という標語をかかげ，ジェンダー平等を呼びかけている。女性の地位向上は男性に不利ではないのか。「すべての人が平等になる」というのは，なぜだろうか。

い。締結後は国連の女性差別撤廃委員会が，その国が女性の人権を守り，差別をなくす努力を続けているかを監視する。2010年にはUN Women（国連ウィメン）が発足し，「ジェンダー平等と女性のエンパワーメント（女性が自分の生活と人生を決定する権利と力を持ち，社会的・経済的・政治的な意思決定過程に参画すること）」を推進している。

## （2）日本のジェンダー平等

　民法典論争を経て1898（明治31）年に施行された民法は，家長である戸主(こしゅ)に家族を支配する絶対的権限を認めた。家族（イエ）制度は，天皇を家長，国民を赤子(せきし)とする国家体制のミニチュアとして，絶対的な権力を持つ国家体制を支える基盤となった。女性は戸主に従い，働き，男子の跡継ぎを産み育て，良妻賢母であるよう求められた。夫は妻の「主人」「旦那様」で，夫が死ねば妻は「未亡人（未(いま)だ亡くならない人）」となった。大正期には女性解放や女性参政権を求める運動が生まれたが，昭和となり軍国化が進むと，「軍国の母（妻）」となることが強要された。

　戦後日本国憲法の制定では，GHQ民政局の憲法草案作成チームのベアテ・シロタ・ゴードンが，妻妾(さいしょう)同居や事実上の一夫多妻をなくすよう，第14条（法の下の平等），第24条（婚姻における男女平等，家族関係における個人の尊厳と両性の本質的平等）の草案作成につくした。敗戦の翌年初めて女性が参加した国政選挙では女性議員38名が誕生し，最後の帝国議会での審議を経て，男女平等を明記した新憲法が成立した。

　その後女性の就学・進学，権利の拡大，社会での活躍は著しい。女性差別撤廃条約の批准（85年）にあわせ，84年に国籍法が父系優先血統主義から父母両系血統平等主義に大転換，85年に男女雇用機会均等法が成立した。また中・高の家庭科の男女共修が進み，89年の学習指導要領改訂では小・中・高の全教科で男女差がなくなった。

　それでも日本の男女の賃金格差，労働形態の違い，管理職や議員，大臣の比率などは，先進国中最下位レベルである。女性天皇の可能性は現在なく，夫婦同姓(うじ)（氏）を義務づけている国は世界で日本だけである。「女子力」という価値基準が安易に広がり，痴漢防止の女性専用車両が導入される一方，性暴力をふるう漫画やゲームがつくられている。2018年の大学医学部入試選抜では，女子と多浪生への差別が発覚した。

| **探究活動** 日本のジェンダー平等にはどのような問題があるだろう。それはどのようにして解決できるだろうか。 ジェンダーギャップ指数 （2019年） | 前年 | 今年 | | 51 | ↓ 53 | 米国 |
|---|---|---|---|---|---|---|
| | 1 | → 1 | アイスランド | ⋮ | | |
| | 2 | → 2 | ノルウェー | 103 | ↓ 106 | 中国 |
| | 4 | ↑ 3 | フィンランド | ⋮ | | |
| | 3 | ↓ 4 | スウェーデン | 115 | ↑ 108 | 韓国 |
| | 5 | → 5 | ニカラグア | ⋮ | | |
| | 7 | ↑ 6 | ニュージーランド | 110 | ↓ 121 | 日本 |
| | 9 | ↑ 7 | アイルランド | ⋮ | | |
| | 29 | ↑ 8 | スペイン | 149 （最下位） | ↓ 153 （最下位） | イエメン |
| | ⋮ | ⋮ | | | | |

## （3）欧米諸国のジェンダー平等

　北欧諸国をはじめとして，一般に欧米諸国はジェンダー平等の先進国である。2019年にはフィンランドで世界最年少の女性首相（32歳）が，デンマーク，ベルギーでも女性の首相が誕生した。またニュージーランドの女性首相は，2018年の在任中，世界で初めて産休を取得したが，これら当該国ではさほど特別なできごとではなかった。

　アメリカでは公民権運動とベトナム反戦運動が拡大した1960年代，ベティ・フリーダンが著書『新しい女性の創造』を発表。女性の役割を妻，母，家事，育児に限定し，男性に依存し受動的であれとする考えを批判した。この主張は多くの女性の共感を呼び，女性解放運動（women's liberation movement）は急速に世界に広がった。女性が主体的に生きられるよう避妊，中絶の自由が求められ，非婚同居や非婚出産が拡大，さらに社会史や女性学，ジェンダー研究，男性学など新しい学問分野が生まれた。86年，ドイツの「緑の党」は議員候補者を男女半数にするクオータ制（割当制）を導入し，現在は各国の様々な分野にこの制度が取り入れられている。社会主義国の政策の影響も見逃せない。

　しかし女性解放運動を牽引したアメリカは，現在も女性差別撤廃条約を批准していない。憲法に性の平等条項はなく，性別による法的差別を憲法違反とする憲法修正条項（ERA）は，82年成立寸前に廃案となった。しかし2017年にはハリウッド女優の告発をきっかけに，SNSを介して性暴力，セクシュアル・ハラスメントに抗議する #MeToo 運動が起こり，性暴力を許さない世界的な運動となった。

> **探究活動**
>
> 　大人が子どもの衣服や持ち物，おもちゃを選ぶ時，女児，男児では違いがある。色や内容，機能には，どのような特徴，偏りがあるだろうか。また児童書や絵本，漫画の登場人物は，男女で異なる役割を振り分けられていないだろうか。
>
> 　欧米では女性の宇宙飛行士や科学者の人形（Lottie 社）や，女児向けの組み立ておもちゃ（Goldie Blox 社）やロボットのおもちゃが生まれている。なぜだろう。

## （4）非欧米諸国のジェンダー平等

　「リプロダクティブ・ヘルス／ライツ（性と生殖の健康／権利）」とは，「産む」「産まない」「産めない」女性の人権を重視し，女性の多様な生き方を認める考えである。日本では1941年，兵力と労働力の増強のため結婚年齢が下げられ，「産めよ，殖やせよ」「1家庭に5人以上の子ども」という人口政策がとられた。現在でも途上国では国家や宗教，慣習が，プライベートなものである生殖に強制力を持っている。

13歳で結婚。
14歳で出産。
恋は，まだ知らない。

国際ガールズデー 2019
（プラン・インターナショナル・ジャパン）

国連は 3 月 8 日の国際女性デー（1904 年にニューヨークで起きた女性参政権要求のデモに由来）に加え，2011 年から 10 月 11 日を国際ガールズデーと決め，児童婚や低年齢出産，不就学，女性器切除などで人権を侵害される女児の現状改善を進めている。これは貧困，健康，平等，環境など地球規模の問題解決の根幹となり，独裁政権や戦争・紛争と直結する性暴力の解決は，平和と民主主義の形成に不可欠である。

　長く軍事独裁政権が続いた韓国では，1960 年に日本統治時代の旧民法を踏襲（とうしゅう）する戸主制度が定められ，女性を抑圧しつづけた。しかし 87 年に民主化宣言が出され，文民政権に交代し，2005 年戸主制度は廃止された。この変化の間の 91 年，金学順（キムハクスン）は日本軍「慰安婦」にされたことを実名で証言。各地の戦時性暴力被害者の証言が続き，尊厳と人権の回復が求められた。近年はフェミニズム小説『82 年生まれ，キム・ジヨン』が大ベストセラーとなっている。

　冷戦終結後のグローバル化は，①貨幣経済への転換による，現金収入のない女性の急速な貧困化，②安価な労働力（特に介護，家事・育児）となる女性労働者の大移動（女性移民の急増），③人身売買，偽装結婚，性的労働，臓器摘出など国際犯罪の拡大と複雑化を生んだ。女性と子どもの緊急課題は，SDGs（持続可能な開発目標）のすべてに関わっている。

---

**探究活動**

21 世紀に入り，2001 年から 19 年までに 7 名の女性がノーベル平和賞を受賞した。すべてアジア，アフリカの女性である。受賞理由は何か，調べよう。

---

**授業づくりのポイント** ------------------------------------------------

● 女性差別撤廃条約第 1 条は，「差別」とは「区別，排除，制限」であると定義する。かつて「ひと（man）」とは「男性・白人・異性愛者」「障碍のない人」「キリスト教徒」だけを意味し，その他の人びとを差別していた。「ジェンダー平等」は「女性が男性と同じになる」ことではなく，子どもや老人，病人も含む「ひと」がそれぞれありのままに，自分らしく生きるよう解放されることをめざしている。

● 男女の役割に注意して，学校生活や家庭，ニュース，テレビ番組，映画，歌，広告，ＣＭ，芸術，スポーツ，用語を見直してみよう。ジェンダー平等・不平等を自分の問題として生徒に気づかせたい。

**参考文献** ------------------------------------------------

三成美保ほか編『歴史を読み替える　ジェンダーから見た世界史』大月書店，2014 年
船橋邦子『知っていますか？　ジェンダーと人権　一問一答　第 2 版』解放出版社，2006 年
国連広報資料センター　https://www.unic.or.jp/activities/humanrights/discrimination/women/
プラン・インターナショナル・ジャパン　https://www.plan-international.jp/

（石出みどり）

# 核廃絶をめざす市民のたたかいと核兵器禁止条約

4-14

この授業で学ぶこと --------------------------------------------------------------

NPT体制の限界を知る。1950年代に始まる水爆禁止運動やパグウォッシュ会議，1980年代に全世界で展開された反核運動など市民の運動が核軍縮に導いたことを学ぶ。世界各地の非核兵器地帯条約や核兵器禁止条約を学ぶことで，核廃絶の可能性を考える。

--------------------------------------------------------------

## （1）NPT体制の限界

　1945年8月，アメリカは広島と長崎に原爆を投下し，12月までに広島で約14万人，長崎で約7万4000人が亡くなった。その後，49年にソ連が核実験に成功，50年代米ソが相次いで水爆実験に成功すると，米ソ双方が核開発を進め「恐怖の均衡」に突き進んだ。

　1960年代，キューバ危機で核戦争の一歩手前まで突き進んだ米ソ首脳は，イギリス（52年に核実験に成功）とともに部分的核実験禁止条約を締結（63年），大気圏内外と水中の核実験は禁止された。しかし，新たにフランス（60年），中国（64年）が核実験に成功して核保有国が5国になると，米ソは核兵器の拡散を防止するために，68年，核拡散防止条約（NPT）を締結，70年に発効した。

---

**探究活動**

核拡散防止条約にはどのような問題点があったのか，冷戦後の核保有国増加の動きと関連させて考えてみよう。

　「条約の中では，条約草案がほぼ固まった1967年の時点ですでに核兵器を保有していたアメリカ，ソ連（現在のロシア），イギリス，フランス，中国の5カ国を核兵器国，その他の国を非核兵器国と定義して，核兵器国に対しては，核兵器国を含め，核兵器国，非核兵器国を問わずに他の国に核兵器を譲り渡したり，非核兵器国が核爆発を起こす装置を作ることを援助したり，そそのかしたりしてはいけないという義務を課しました。また，非核兵器国に対しては，いかなる目的でも核爆発を起こす装置を開発，製造，入手することを禁止しました。」

長崎大学核兵器廃絶研究センター　データベースより

---

## （2）日本および世界の核廃絶運動と日本の原子力政策

　1954年3月1日，日本は3度目の被爆を体験した。アメリカによるビキニ環礁での水爆実験に遭遇した第五福竜丸の乗組員23人全員が被曝して14日に焼津に帰還，9月に

久保山愛吉さんが「原水爆の被害者は私を最後にしてほしい」と言い残して亡くなった。

　この事件は，日本国民に広島，長崎の惨禍を思い出させた。5月9日，東京杉並区の婦人団体，福祉協議会，PTA，労働組合などで原水爆禁止署名活動杉並協議会が結成され，全国に原水爆禁止署名運動が広がった。1年後には，国民の3人に1人に当たる3238万人の署名が集まった。世界全体では6億7000万の署名が集まり，55年8月6日広島で，第1回原水爆禁止世界大会が開かれた。

　世界に原水爆禁止署名運動が広がるなか，55年7月9日，ロンドンで世界の著名な科学者11人が署名したラッセル・アインシュタイン宣言が発表され，57年には，10ヵ国22人の科学者がカナダのパグウォッシュに集まり，核兵器の危険性，放射線の危害，科学者の社会的責任について討議した（パグウォッシュ会議）。日本国内や世界で核廃絶を求める運動が広がりを見せるなか，唯一の戦争被爆国日本の原子力政策はどうだったのか。

---

**探究活動**

以下の資料から，日本の原子力政策の内容をまとめよう。

(1) 「米国の旧式な兵器を貸与されることを避けるがためにも，新兵器や，現在製造の過程にある原子兵器をも理解し，またはこれを使用する能力を持つことが先決問題である……」（衆議院本会議における原子炉築造予算案提案趣旨演説 1954年3月3日）

(2) 「現憲法下でも自衛のための核兵器保有は許される」（岸信介首相，1957年）

(3) 「NPTに参加すると否とにかかわらず，当面核兵器は保有しない方針をとるが，核兵器製造の経済的・技術的ポテンシャルは常に保持する」（佐藤栄作内閣，外務省『わが国の外交政策大綱』1969年）

(4) 2011年，東京電力福島第1原子力発電所の事故時，日本の原発は54基で世界第3位の原発大国となっていた。1963年日本で原発が稼働して以来溜め込まれたプルトニウム（長崎型原爆の原料）は45トンに達しており，原爆を8000発もつくれる量となっている。日本が核兵器開発のための技術をすでに持っていることから，原子力の軍事利用を監視するIAEA（国際原子力機関）は日本の動きを警戒している。（藤田祐幸『藤田祐幸が検証する原発と原爆の間』本の泉社，2011年などより作成）

---

# （3）反核運動のうねり

　核廃絶を求める市民運動が，国際政治をどう変えていったのか。1981年，アメリカのレーガン政権は，それまでのデタント路線を否定し「力による平和」戦略に転換した。ソ連がヨーロッパに向けて配備する核弾頭搭載可能な中距離弾道ミサイル（INF）SS20に対抗して，83年から陸上発射巡航ミサイルやパーシングⅡなどINFを西ヨーロッパに実戦配備することが決まると，ヨーロッパでINF配備に反対する数十万規模の反対運動が起こり，82年の国連軍縮特別総会に向けて世界各国で大規模な反核運動に発展した。

　85年にソ連にゴルバチョフが登場して，ヨーロッパに配備したINFを一方的に削減する外交方針を明らかにすると，国際世論がゴルバチョフ支持に動いた結果，レーガン政権

は政策転換に踏み切り，87年，米ソ首脳はINF全廃条約に合意した。両国で廃棄された数は全核兵器の数％であったが，歴史上初の核兵器削減条約となった。

**探究活動**

1981年に始まった世界的な反核運動は，どのような成果をあげたのか。以下の資料から具体的な成果をまとめてみよう。

　81年10月，西ドイツのボンで米ソ軍拡競争に抗議する30万人の市民がデモをおこなうなど，東西ヨーロッパ各地で数十万人規模の反核行動が続けられた。82年には3月21日広島集会（20万人），5月23日東京行動（40万人），6月に入ると連日のように数十万人が参加するデモがヨーロッパ各都市で起こり，6月12日にはニューヨークでの100万人集会で最高潮に達した。それは，第2回国連軍縮特別総会（SSD II 6/7～7/10）に照準を合わせたものであった。SSD IIに日本から核兵器完全禁止と軍縮を求める約3000万人の署名を携えて参加した被爆者の代表として，山口仙二さんが自らのケロイドの顔写真をかざして核廃絶を訴えた。その後，12月にはイギリスのグリーナムコム基地の周り14キロを女たちだけで手を結び「人間の鎖」で包囲する抗議運動に結びついていった。

　アメリカでは核凍結運動が広がり，83年4月段階で28州391都市（全米人口の3分の2が住む）が核凍結決議を上げ，非核地帯宣言を上げる自治体も増えていった。82年の中間選挙では核凍結派が下院で過半数を占め，83年下院で核凍結が可決された。レーガンの軍拡路線に対し財界からも抗議の声が上がり，レーガンは苦境に陥った。

岩波書店編集部『核兵器と人間の鎖──反核・世界のうねり』岩波ブックレット，1983年より作成

## （4）「核兵器のない世界」に向けて

　宇宙空間，大気圏内，水中，地下を含むあらゆる場所における核爆発実験およびその他の核爆発を禁止する包括的核実験禁止条約（CTBT，1996年採択）は，核保有国の批准が必要であるため，いまだ発効されていない。核兵器のない世界の実現に向けた現実的な方策は，非核兵器地帯構想である。現在，南極を含めてラテンアメリカ，南太平洋，東南アジア，アフリカ，中央アジアで非核兵器地帯条約が実現し，世界で最も危険な北東アジアでも非核兵器地帯構想が検討されている。

　2017年7月7日，国連本部で，核兵器を非合法化する核兵器禁止条約が122ヵ国の賛同を得て採択された（50ヵ国の批准に達すれば発効）。

川崎哲『核兵器はなくせる』岩波ジュニア新書，2018年，76ページ

核保有国およびその「核の傘」に依存する同盟国（日本など）は不参加だった。条約は第1条で禁止事項を明記している。核兵器の開発，実験，生産，製造，取得，保有，貯蔵，核兵器やその管理の移譲，核兵器の使用，使用の威嚇，これらの行為の援助，奨励，勧誘，自国内への配置，設置配備を全面的に禁止している。2020年3月20日現在，81カ国が署名，36カ国が批准した。

---

**探究活動**

以下の2つの資料を読み比べ，あなたの意見を表明しよう。

**(1) 日本政府が核兵器禁止条約に反対する理由**

「核兵器の脅威に対しては，世界で唯一の被爆国として，核兵器のない世界を目指した現実的かつ着実な核軍縮の国際的努力の中で積極的な役割を果たすとしつつ，核兵器を保有する国が存在し，またその拡散といった新たな危険をはらんでいる現実を考慮し，核兵器の脅威に対しては米国の核抑止力に依存する」（「防衛大綱解説」）

**(2) 核兵器禁止条約**

核兵器禁止条約は，核兵器の開発や実験，製造，生産，獲得，保有，貯蔵，移譲や移譲受け入れ，そして使用（核兵器の使用と使用の威嚇）も包括的に禁じている。冷戦初期から「使用の威嚇」を前提に核抑止論が組み立てられてきたことから，核兵器禁止条約が，「使用の威嚇」を禁じたことは，「核の傘」に依拠しながら半世紀以上続いてきた米国の同盟政策，ひいてはその世界戦略に真正面から倫理上の戦いを挑み，その正統性と正当性を根源から鋭く問い直す英断と断じていい。（太田昌克「核兵器禁止条約と日米核同盟」『世界』2017年9月号などより作成）

---

**授業づくりのポイント** -------------------------------------------------------------

● 核兵器の使用や開発に反対する市民の活動を具体的に取り上げる。

● 戦後日本の原子力政策を取り上げる。

● 核兵器禁止条約採択の意義と，それに反対する日本政府の主張を対比して提示し，生徒に意見表明をさせ，討論会に持ち込むことを追求したい。

● トランプ大統領のINF全廃条約破棄や米朝非核化交渉のオルタナティブとして，北東アジア非核兵器地帯構想を提示して，核抑止による平和か非核化による平和か，どちらが持続可能な社会実現に結びつくかを検討させることもできる。

**参考文献** -------------------------------------------------------------------------------

岩波書店編集部『核兵器と人間の鎖――反核・世界のうねり』岩波ブックレット，1983年

「NHKスペシャル」取材班『"核"を求めた日本――被爆国の知られざる真実』光文社，2012年

秋山信将編『NPT 核のグローバル・ガバナンス』岩波書店，2015年

川崎哲『核兵器はなくせる』岩波ジュニア新書，2018年

（井ノ口貴史）

# 21世紀の世界と日本を見つめて

15

4-15

## この授業で学ぶこと

　21世紀の世界が解決を迫られる地球規模の問題として貧困・格差問題を取り上げ，その背景にある「新自由主義」のもとで進められるグローバル化の現状を知ったうえで，連帯と共生を求める国際社会のとりくみを学びたい。

---

## （1）「ウォール街を占拠せよ」――"We are the 99%"

　授業の導入にウォール街占拠運動（オキュパイ運動）を取り上げることで，1％が主導する世界の現実に気づかせたい。2008年9月15日，サブプライムローン（低所得者層を対象にした高金利の住宅ローン）問題をきっかけにアメリカの投資銀行リーマン・ブラザーズが経営破綻し，瞬く間に世界的な金融危機（リーマン・ショック）が発生した。2011年までに黒人やヒスパニック系の低所得労働者

ウォール街占拠運動
David Shankbone, CC 3.0, https://commons.wikimedia.org/w/index.php?curid=16834824

400万世帯が家を失う一方，ブッシュ政権は大手金融グループのゴールドマン・サックス

---

**探究活動**

オキュパイ運動が求めていたものは何か。以下の資料からその内容を読み取り，まとめよう。

(1) YouTube でオキュパイ運動の映像を視聴（「ウォール街占拠 2011」など）。

(2)「私が確信を持って言えることは，それは世の中の1％の人は危機を望んでいるということです。人々がパニックや絶望に陥り，どうしたらいいか誰にもわからない，そのときこそ，彼らにとっては自分たちの望む企業優先の政策を強行するまさに絶好のチャンスとなります。教育や社会保障の民営化，公共サービスの削減，企業権力に対する最後の規制の撤廃。これが経済危機のただ中にある今，世界中で起きていることなのです。」

ナオミ・クライン「ウォール街を占拠せよ――世界で今いちばん重要なこと」『世界』2011年12月号，YouTube に映像あり

など大手金融機関に7000億ドルの公的資金を注入して救済を図った。金融危機を引き起こしたウォール街の経営者は誰一人起訴されなかったうえに，税金が投入されているにもかかわらず，CEO（最高経営責任者）たちは数億ドルものボーナスや退職金を手に入れた。

　アラブの春やスペインのインディグナドス運動に触発された「ウォール街を占拠せよ<ruby>占拠<rt>オキュパイ</rt></ruby>」の呼びかけ（2011年9月）に，家や職を失い，巨額の奨学金ローンを抱えながら仕事がない若者たちが，ニューヨークのマンハッタンに集まった。この運動のキャッチフレーズが"We are the 99%"である。1%の金融資本や軍産複合体，それにつながる政治家を排除し，99%の平等を求める市民による民主主義をめざした運動で，「1%の，1%による，1%のためのシステム」（ノーベル経済学賞受賞者ジョセフ・スティグリッツの表現）に対抗する運動であった。


## （2）新自由主義がめざす社会

　「1%の，1%による，1%のためのシステム」はどのように形成されたのか。スタートはレーガン政権が進めた新自由主義政策である。レーガンは「小さな政府」を掲げ，公共事業の民営化，規制緩和，教育・医療・福祉への支出削減，富裕層への大減税，労働者保護廃止などの新自由主義政策を始めた。特に，所得税の累進課税に関しては，1950年代の90%超から，カーター政権の70%を経て，レーガン政権では28%に引き下げられ

---

**探究活動**

湾岸戦争やイラク戦争で利益を得たのはどのような企業であったか。以下の資料を読み，企業の名前とその分野をまとめよう。

　「湾岸戦争（1991年）では投機と価格操作でエクソンが75%の増収，モービルの利益が四半期で45.6%跳ね上がり，9兆ドルに及ぶ中東石油の売買による収益がシティバンクやJPモルガン・チェイスなどの銀行を潤した。またクウェート再建のための1000億ドルに大手建設会社のベクテルやハリバートン，通信事業のAT&Tやモトローラ，大手請負業者キャタピラーなどの多国籍企業が群がり契約を独占した。

　「9.11」後引き起こされたイラク戦争でも米多国籍企業が利益を独占した。2003年8月末のワシントン・ポスト紙の分析では，（ブッシュ政権の副大統領チェイニーがCEOをつとめていた）ハリバートンは，イラク，アフガニスタンなどで軍の業務（米軍部隊の施設や補給にまつわる兵站業務）を受注し，17億ドル（約2000億円　1$ = 120円）を稼いだ。また，2002年財政年度に三大兵器メーカー（ロッキード・マーチン，ボーイング，ノースロップ・グラマン）が国防総省から受注した契約の総額は，410億ドル以上。軍用の簡易食やライフルからミサイルにいたるまで，国防総省が支出する予算の4分の1を今やこの3社が得ている。」

ジョエル・アンドレアス『戦争中毒──アメリカが軍国主義を脱け出せない本当の理由』合同出版，2002年，およびウィリアム・D・ハートゥング『ブッシュの戦争株式会社』阪急コミュニケーションズ，2004年より作成

た。資産家や投資家に直接利益をもたらした結果，低所得者が切り捨てられ，極端な不平等がつくりだされた。『新自由主義』の著者デヴィッド・ハーヴェイは，新自由主義は「階級権力の回復」を企図するものだったと述べている。

　新自由主義は1980年代に，途上国の累積債務問題への対処としても取り入れられた。国際通貨基金（IMF）の「構造調整プログラム」は，支援の条件として，通貨の切り下げ，金利引き上げ，公務員削減，教育費や医療費の削減，関税障壁の撤廃，金融システムの自由化，公共サービスの民営化などを求めた。この結果，途上国の民衆の生活は困窮し，テロの温床となり，紛争や戦争が引き起こされた。一方，経済のグローバル化のもとで巨大化した金融資本や軍産複合体は，アメリカ政府に影響力を行使し，冷戦後引き起こされる戦争に関与しながら巨額の利益を得た。

## （3）国際的に拡大する貧困・格差の現状と それに対する国際連帯税の構想

　21世紀の世界経済は，情報技術の普及により，パソコンのクリック一つで巨額の資金を株や債権，デリバティブ（金融派生商品）などに投資して金儲けする投資家や，GAFAといわれる巨大IT企業が巨額の利益を得ており，実体経済から金融経済にシフトしている。そのもとでの貧困と格差の実態を，データをもとに明らかにする必要がある。

　世界の貧困問題にとりくむ国際NGO「オックスファム」の2019年報告書によると，世界のビリオネア（個人資産が10億ドル以上の金持ち）はリーマン・ショック後の793人（2009年）から2208人（2018年）に増え，資産総額も2兆8330億ドルから9兆600億ドルへと10年で3.4倍にふくれあがっている。2018年，世界の最も裕福な26人の総資産が，貧しい38億人の総資産と同額であった。アメリカでは上位10%の世帯が保有する資産は全米資産の79%を占める一方で，相対的貧困率（国民の所得の中央値の半分未満の所得しかない人びとの割合）は17.8%（2016年）であり，国内での貧富の格差は先進国トップクラスである。

　一方，世界の貧しい38億人の側の資産は，2017年と比べて11%も減少している。世界銀行の推計によると，絶対的貧困の基準額1日1.9ドル未満で暮らす人は7億6700万人（2013年）である。オックスファムの2019年報告では「最も裕福な1%があと0.5%だけ多くの税金を支払えば，教育を受けられずにいるすべての子ども2億6200万人に教育を授け，330万人に医療を提供して命を救ってもまだ余るだけの財源を確保できる」という。

　グローバル化のもとで進む地球環境問題や貧困・格差の拡大，感染症の拡散など地球規模の課題に対し，グローバル・タックスの構想がある。グローバル化する世界を一つの「国」と考え，国境を越える経済活動やグローバルな資産に税をかけることで，地球社会に悪影響を与える活動を抑えるというアイデアで，2000年以降，国際連帯税構想へと発展した。すでに，2006年にはフランスが「航空券連帯税」を導入し，現在韓国やチリ，アフリカ諸国9ヵ国が，国際線の乗客の代金に上乗せして税を徴収し，国際機関

（UNITAID）を通じて感染症（エイズ，結核，マラリア）対策や地球温暖化対策に使っている。

　他にも国際連帯税として導入が検討されているものは，金融取引税（株式や債券の取引に 0.1%，デリバティブの取引に 0.01% 課税する構想），富裕層に対するグローバル累進資産課税，地球炭素税，資源採掘税，武器取引税などである。

『東京新聞』2019 年 5 月 20 日付朝刊

---

**探究活動**

国際連帯税とは何か。以下の資料を読み，その内容をまとめよう。

　フランスの経済学者ピケティは，『21 世紀の資本』で地球規模での累進的資本（資産）課税の実施を提言している。ピケティはこの税制の採用はまだユートピア的で理想の段階だと断っているが，世界のビリオネアに直接課税する構想である。2018 年のビリオネア 2208 人の資産総額は 9 兆 600 億ドルである。これに 1% の課税をすると，906 億ドルとなり，2016 年の政府開発援助（ODA）上位 5 ヵ国（米，独，英，日，仏）の合計 962 億ドルに匹敵する。

上村雄彦編『世界の富を再分配する 30 の方法』合同出版，2016 年をもとに作成

---

## 授業づくりのポイント

● 現在世界で引き起こされている貧困・格差をめぐる問題と関連づける。
● 新自由主義政策が貧困と格差を生み出すものであることを押さえたい。
● 貧困・格差の現状を各種データで明らかにする。
● 新自由主義のもとで利益をむさぼる金融資本や軍産複合体と，それにつながる政治家の姿を，湾岸戦争やイラク戦争で具体的にとらえさせたい。
● オキュパイ運動が，新自由主義のもとで進められる経済のグローバル化に対する対抗運動であることに気づかせたい。
● 国際連帯税を取り上げ，その実現可能性を検討させたい。

## 参考文献

上村雄彦編『世界の富を再分配する 30 の方法』合同出版，2016 年
勝俣誠『娘と話す 世界の貧困と格差ってなに？』現代企画室，2016 年
デヴィッド・ハーヴェイ『新自由主義──その歴史的展開と現在』作品社，2007 年
三宅芳夫・菊池恵介編『近代世界システムと新自由主義グローバリズム──資本主義は持続可能か？』作品社，2014 年

（井ノ口貴史）

# 現在の気候変動と向き合う

この授業で学ぶこと ----------------------------------------------------------------

　グレタ・トゥーンベリが，地球温暖化問題で適切な対策を打ち出さない政治家をはじめとする大人たちを批判していることを知る。京都議定書やパリ協定の内容を押さえ，国際社会がとりくんでいる温暖化阻止の現状，それに逆行する日本のとりくみを学ぶ。そして温暖化問題を克服するための課題を，持続可能な社会の視点から考える。

--------------------------------------------------------------------------------------

## （1）「たったひとりの学校ストライキ」

　2018年8月20日，スウェーデン，ストックホルムの国会議事堂前で，一人の女子中学生がストライキを始めた。「私はグレタ・トゥーンベリ，9年生。選挙当日まで，気候のためのストライキをします」とチラシに書かれていた。取材に訪れたメディアのインタビューも一人でこなし，SNSなどで彼女の主張は拡散された。そのニュースは，たちまち北欧から世界に広まり，若者による温暖化阻止のムーブメントを起こすことになった。

---

**探究活動**

グレタ・トゥーンベリはどんな主張をしているのだろう。

　「私たちは絶滅に差し掛かっているのに，あなたたちが話すのは金のことと，永遠の経済成長というおとぎ話だけ。何ということだ。

　10年間で（温室効果ガスの）排出量を半減するというよくある考え方では，（気温上昇を）1.5℃に抑えられる可能性が50%しかなく，人類が制御できない不可逆的な連鎖反応を引き起こす恐れがある。

　あなたたちは50%で満足かもしれない。でもこの数字は（後戻りできない変化が起こる）転換点のほか，（永久凍土が溶けることなどで温暖化が進む）ほとんどのフィードバック・ループ，有害な大気汚染による温暖化，公平性や気候の正義といった側面を考慮していない。この数字はあなたたちが空気中に出した何千億トンもの二酸化炭素（$CO_2$）を，私たちの世代が，（現時点で）ほとんど存在していない技術で吸収することを当てにしている。だから，50%の危険性は私たちには全く受け入れられない。私たちはその結果と共に生きていかなければならない。

　地球の気温上昇を1.5℃に抑える確率を67%にするには，気候変動に関する政府間パネル（IPCC）の最善の見立てでは，2018年1月1日時点で世界に残された$CO_2$排出許容量は4200億トンだった。現在では3500億トンを下回った。よくも従来通りの取り組みと技術的な解決策で何とかなるなんて装うことができたものだ。現状の排出レベルでは，残された$CO_2$排出許容量に8年半もたたずに達してしまう。」

国連気候行動サミットでのスピーチ。『東京新聞』2019年9月25日付

---

グレタは、「国連気候変動枠組条約第24回締約国会議（COP24，ポーランド・カトヴィツェ）」など国際会議でのスピーチで，対策の強化を訴えた。IPCCが求める1.5℃目標やパリ協定による温室効果ガス削減に真剣にとりくもうとしない政治家が若者の未来を奪っていると，厳しく批判した。それは1987年国連の「環境と開発に関する世界委員会（ブルントラント委員会）」が定義した「将来の世代のニーズを満たす能力を損なうことなく，今日の世代のニーズを満たす」という持続可能性に基づく批判である。

グレタ・トゥーンベリ
Anders Hellberg, CC 4.0, https://commons.wikimedia.org/w/index.php?curid=77270098

## （2）京都議定書とパリ協定

　温暖化対策のための国際合意は，1992年地球サミット（リオデジャネイロ）での「気候変動枠組条約」が最初である。そこでは1990年代末までに温室効果ガスの排出量を1990年の水準に戻すこと，途上国への資金支援や技術援助の実施などが合意された。COP3で法的拘束力がある国際条約として採択されたのが京都議定書（1997年）である。会議では，温暖化対策に積極的なEU諸国と消極的なアメリカ，オーストラリア，カナダ，ロシア，日本など先進国同士の対立と同時に，途上国にも責任を負わせたい先進国と，先進国の責任を問う途上国の主張が真っ向からぶつかった末に合意された。産業革命後，温室効果ガスを排出してきた先進国に重い責任があるとして，温室効果ガスの削減義務は先進国が負う。そして，削減目標は，EU8％，アメリカ7％，日本6％，旧ソ連・東欧諸国0％，オーストラリア8％増と決められた。また，先進国間の排出量取引や先進国と途上国間でのクリーン開発メカニズムなどが導入された。しかし，当初から排出量の20％を占めるアメリカが参加せず，2005年に京都議定書は発効したものの，カナダや日本，ロシアが抜けてしまい効力は半減した。

　気候変動に関する政府間パネル（IPCC）の第4次評価報告書（2007年）は，産業革命以降地球が温暖化しており，現在のまま対策をとらないとすれば今世紀末には平均気温が4℃ほど上昇するとした。この気候危機に対して2011年のCOP17ではすべての国を対象に法的拘束力のある新しい国際条約をつくることが合意され，パリで開かれたCOP21でパリ協定が締結された。パリ協定は，翌16年に二酸化炭素（$CO_2$）排出量第1位，2位の中国とアメリカが同時に批准，EUも批准して発効した。19年末現在，批准国や団体数は187である。パリ協定の目標は，①産業革命前からの平均気温の上昇を2℃未満，できれば1.5℃に抑える，②今世紀後半に温室効果ガスの排出量を「実質ゼロ」にすることである。しかしアメリカのトランプ大統領は2017年6月，パリ協定からの離脱を宣言した。

　地球が許容できる限界を超えて負荷をかけつづけるならば，ある限界点（ティッピングポ

イント）を超えると，後戻りできないほどに気候システムが急激に変化する事態に突入すると考えられている。それは2℃から3℃のあいだと指摘されている。パリ協定締約国が提出している目標が完全に実施されたとしても，21世紀末には3℃程度気温が上昇すると予測されており，1.5℃未満に引き下げることが求められている。IPCCの1.5℃特別報告書によると，1.5℃に気温上昇を抑えようとすると，$CO_2$を2010年度比で2030年までに45%削減，2050年度には排出実質ゼロにする必要があるとしている。

## （3）日本の温暖化対策

　COP25で日本は化石賞を受賞した。対策が消極的な国にNGOが与える賞であり，日本が石炭火力発電に固執することが批判されたのである。日本は国内では50基の新設計画があり，インドネシアやバングラデシュなどへの輸出計画も持っている。化石燃料のなかで石炭火力が最も多くの温室効果ガスを排出するものであり，天然ガスによる発電の2倍の排出をする。

　世界の電力供給における再生可能エネルギーの割合は約26%（2018年）に達している。特にパリ協定締結以降，風力発電と太陽光発電の容量が爆発的に伸びている。発電コスト

---

**探究活動**

デンマークと日本の温暖化対策方針を比較しよう。温暖化対策として原発を再稼働する日本政府の方針をどう考えるか。

**デンマーク**　「デンマークがめざましい風力発電への道を歩みはじめたきっかけは，1970年代の石油危機でした。当時のデンマークは，国内のエネルギー需要の90%以上を石油に頼っていたのですが，もはやそれではやっていけないと考えたのです。

　デンマーク政府は，当初は石炭に頼り，将来的には原子力発電所を建設しようと考えました（原発計画は，その後，国民の反原発感情から撤回されることになります）。デンマーク政府は同時に，再生可能エネルギーの研究開発に電気税の税収を投入し，誕生したばかりの風力発電産業を後押ししました。

　（デンマークは）現在の電力の43%を風力から得ていて，エネルギー自給率も100%を超えています。さらに，電力の内再生可能エネルギーから得る割合を2020年までに50%に引き上げ，2050年までに100%にする目標です。」

レスター・R・ブラウン，枝廣淳子『データでわかる　世界と日本のエネルギー大転換』岩波ブックレット，2016年

**日本**　「二度の石油危機に対して日本がとった政策は原発政策でした。第1次石油危機（1973年）までに日本にあった原発は5基，第2次石油危機（79年）の時には合わせて21基を稼働させています。それから30年余，東電福島第1原発事故当時54基もの原発を有する世界第3位の原発大国になっています。地球温暖化阻止に向けて日本政府は，発電時に$CO_2$を排出しない原発を，原子力規制委員会の新規制基準に合格したところから再稼働させる方針をとっています。」

も化石燃料による発電と同程度，あるいはそれ以下になっている。特に風力発電は，土地面積あたりの収益性は高いこと，化石燃料と違って資源の枯渇の心配はなく電力量が豊富に確保できること，火力発電や原子力発電と違って冷却用の水を必要としないこと，コストが安いことなどの理由のため，今後も拡大していくだろう。また，送電網が整備されていない地域に暮らす約13億人の人びとに対し，太陽光や風力による発電が普及することは確実である。

　国連気候サミットでは77ヵ国が2050年実質排出ゼロを約束しているなか，日本の温室効果ガス削減目標は，2030年までに2013年比で26%削減，2050年に80%削減である。また，日本政府の2030年のエネルギー見通しでは，原発をベースロード電源と位置づけ，20～22%程度を原発に，再生可能エネルギーは22～24%程度，石炭火力発電も26%としている。日本国内の再生可能エネルギー（大規模水力を含む）が全発電量に占める割合は，2012年度10.1%から18年度には17.5%，そのうち太陽光は0.6%から6.7%，風力は0.4%から0.7%に増加した。しかし，再生可能エネルギー比率が増加するもととなった固定価格買取制度は，12年の導入から10年で打ち切られることになっており，再生可能エネルギーの普及に水を差すことになろう。一方，原発による発電量は東電福島第1原発事故後いったん0%となったが，18年度の発電量は6.0%（稼働中の原発は9基）である。政府の見通しを実現するためには30基程度の原発が稼働することが必要と見込まれている。


## 授業づくりのポイント ------------------------------------------------------------

● グレタ・トゥーンベリの主張を，持続可能性の視点からとらえさせる。
● 京都議定書，パリ協定の内容を押さえる。
● 日本の温暖化対策が石炭火力発電の維持と原発の再稼働であることを示して，原発再稼働の是非を考えさせる。


## 参考文献 ------------------------------------------------------------

マレーナ・エルンマン，グレタ・トゥーンベリ『グレタ　たったひとりのストライキ』海と月社，2019年
佐和隆光『グリーン資本主義──グローバル「危機」克服の条件』岩波新書，2009年
小西雅子『地球温暖化は解決できるのか──パリ協定から未来へ！』岩波ジュニア新書，2016年
鬼頭昭雄『異常気象と地球温暖化──未来に何が待っているか』岩波新書，2015年
レスター・R・ブラウン，枝廣淳子『データでわかる 世界と日本のエネルギー大転換』岩波ブックレット，2016年
『世界』2019年12月号（岩波書店）の特集「気候クライシス」に関する諸論文

（井ノ口貴史）

# 私たちの歴史認識と歴史教育の課題

　歴史認識とは，歴史上の事件や人物あるいは歴史の流れをどのように見るか，その見方のことをいう。歴史に対する評価と言い換えることもできる。歴史的事実からどういう教訓を，何が大事かをどう引き出すか，その大事な部分が歴史認識である。そして今，日本と韓国のあいだで，この歴史認識のギャップ（ズレ）が問題になっている。

　日韓で歴史認識が衝突するとか，ズレがあるということについて，私たちは，2つのことを考えなければならない。一つは，日本人と韓国人は歴史的体験が違うということである。植民地支配をしてきた側とされていた側，つまり加害者と被害者ということで体験が違うため，歴史認識にズレがあるのはやむをえない部分がある。そしてもう一つ重要なことは，加害者側の歴史認識というのは，どうしても自分に都合よく歴史を解釈しようとして，何か歪んだものになっているおそれがあるということである。ここでは，そのズレと歪みについて考えたい。

## （1）歴史認識のギャップ（ズレ）を考える

### 原爆投下をめぐる歴史認識

　右の写真は，長崎の原爆・きのこ雲の写真である。この写真からどういう言葉を連想するかで，その人の歴史認識がある程度わかる。この写真を見て，ある人は「恐怖・大きな犠牲」を，ある人は「平和」を，またある人は「安堵・解放」という言葉をイメージする。

　一般的には，広島・長崎の体験を知っている日本人の多くは「恐怖・大きな犠牲」を連想する。たとえば，「広島・長崎への原爆の投下は多くの犠牲者を出したので，二度とくり返されてはならない」という文言を考えてみよう。「広島・長崎への原爆の投下は大きな犠牲者を出した」というのは歴史的事実である。「二度とくり返されてはならない」というのは歴史に対する評価，すなわち歴史認識である。日本人の多くは，広島・長崎への原爆の投下は多くの犠牲を出したので，二度とくり返してはならない，このように評価する。原水爆禁止運動はこういう観点から出発した。

　ところが，現在のアメリカでは，「広島・長崎への原爆の投下は多くの犠牲者を出したが，世界に平和をもたらした」というのが一般的な評価である。「多くの犠牲者を出した」までは一緒なのだが，その後は「世界に平和をもたらした」という評価が引き出されている。このように，事実は同じなのに，なぜ評価は違うのか。こうした歴史評価のギャップはなぜ生まれてくるのか。もっとも，大戦直後のアメリカでは，「広島・長崎への原爆の

投下は多くの犠牲者を出すことを防ぎ，世界に平和をもたらした」という評価であった。これは原爆を落としたトルーマン政権の原爆を正当化する論理である。原爆を落とさなければ，「本土決戦」によってアメリカ人も日本人もさらに多くが犠牲者となった，だから原爆投下はさらなる犠牲者を防いだのだという論理である。こうした考え方が戦後のアメリカ社会で長らく力を持っていた。その後，原水禁運動など，広島・長崎で何が起きたのかを伝えようとする運動とアメリカにおける歴史教育が次第にアメリカ人の歴史認識を変化させ，「多くの犠牲者を出した」が一般的認識となった。しかし，アメリカ人の多くは，第二次世界大戦は「よい戦争」だったという思いが強く，最終的には「世界に平和をもたらした」という認識に落ち着いてしまう。これは日本人から見ると違和感があることであるが，原爆を落とした側と落とされた側とでは，事実関係がほぼ同じであっても，最終的にどういうことを認識するかということが違ってくるのである。

### 対話と相互理解を

　また，戦争の被害者であっても原爆に肯定的な認識を持っている人もいる。「広島・長崎への原爆投下は，戦争終結をもたらし，われわれを解放した」という考えである。これはアジア諸国の被害者からのものである。植民地支配から解放されたとの意味合いが込められている。このように，「恐怖」「平和」「解放」という３つのキーワードが連想されるように，事実認識はほぼ同じなのに歴史認識がそれぞれ異なってくるのである。

　どういう立場に立って歴史を評価するのか，立脚点や民族的体験が違うと，同じ歴史的事実であっても異なった歴史認識が生まれてくる。歴史認識がぴったり一致するというのはなかなか難しく，どうしても体験の違いによってズレが生じてしまう。したがって，どうしてこの人たちはこういう歴史認識を抱くに至ったのかということをきちんと理解することが重要である。違うから話し合えないではなく，違うからこそ，積極的な対話と相互理解が必要なのである。

# （２）歴史認識のバイアス（歪み）を考える

### ８月15日はどういう日か

　もう一つ重要なことは，歴史認識にはバイアス（歪み）があるということである。歴史的に形成された価値観が，歴史認識を歪めてしまうことがある。それゆえに、私たちは，自分たちが抱いている歴史認識について，何か欠けているところはないかということを常に検証しなければいけない。

　たとえば，「８月15日とはどういう日か」と問われたとき，多くの日本人は「戦争が終わった日」と答える。連合国側から見たら，「戦争に勝利した日」である。そして占領や植民地として支配を受けてきた人たちは，「占領・植民地支配が終わった日」ととらえる。韓国では日本による支配が終了した日，光復節なのである。多くのアジアの人びとはこういう認識である。ほとんどの日本人にとっては「戦争が終わった日」であって，「植民地支配が終わった日」という観点がない。８月15日は「戦争が終わった日」というのは間

違いではないが，歴史認識の上で欠落がある。「占領，植民地支配が終わった日」ととらえる人たちがいることを意識しなくてはいけないのであるが，この意識が日本ではきわめて薄い。それは，植民地支配の記憶がほぼ消滅しているからである。

## 歪んだ歴史認識の形成

　8月になると，テレビでも戦争の記憶を継承しようというドラマ，ドキュメンタリーが放映されたりする。最近は，ドキュメンタリーかどうかわからない作品が多く，再現ドラマ風にやる番組が多くなっているが，それでも戦争を記憶しようという考え方であることは間違いない。しかし，現代の日本では，植民地支配の記憶というのはほとんど継承されてはいない。そもそもそれは難しいのである。戦争を経験した人よりも植民地支配を経験した日本人は少ないのだから。しかし，気がついていないだけで，植民地支配は日本国内でも違った形で姿を現していたのである。朝鮮から連れてこられた人への虐待であるとか，差別であるとかという形で植民地支配が日本国内でもおこなわれていたのに，その事実を見ていながら，だいたい忘れてしまっているのである。

　近代日本における脱亜入欧という価値観が社会的に浸透したことによって歴史認識を歪めていった。また，間違った史実認識に基づいて歴史認識が形成されると明らかに歪みが生まれる。歴史修正主義的な言説の影響や，事実の検証がきちんとされていないと，誤った史実認識に基づいて歪んだ歴史認識が形成されてしまう。まさにこのことが歴史教育の課題であり，長いスパンで引き起こされる歴史認識の歪みと，史実認識の誤りに起因する歪みを，それぞれ自覚することが重要である。

# （3）私たちにとって歴史認識はなぜ大切なのか

## 現代を見つめて未来を構想するために過去の事実を知る

　歴史認識問題はある面で，国や民族が違うと体験が違うので衝突し合う部分があるのはやむをえない。しかしだからこそ，お互いにどうしてズレが起こるのかということを知らなければならない。ここが大事である。そのために何が事実であったのか，この部分が共通の土台である。ここをねじ曲げてはいけない。植民地支配をしたけれど，いいこともやったのだと言って正当化しても何にもならない。

　日本による韓国の植民地支配は，およそ35年間である。1910年に併合条約を結び1945年まで続いた。韓国の外交権を奪った第二次日韓協約からは40年になる。しかし，植民地支配が終了し，今日までにその倍の時間が経っても支配の傷痕は，ぜんぜん癒されていない。放っておいたら，何となく消え去る問題ではないということである。ここが非常に重要なことで，大きなギャップがある。支配した側というのは，放っておけば忘れてくれるのではないかと思いがちであるが，逆なのである。被支配や被害の記憶というものは，支配・加害の側がそれを清算しようとしないと，被支配・被害側では，むしろだんだん記憶がクローズアップされて非常に激しい形で引き継がれていく。

　過去を知るということは現代を相対化することにつながる。過去があって現在がある，

現在があって未来があるのだから，未来を構想するためには過去のことをきちんと知っておかなければいけない。

## 失敗も認め，事実と正面から向かい合うこと──忘却こそ罪悪

やはり，失敗を失敗として認めるということが重要である。明治の日本が戦争に勝ってよかったと評価をする人がいるが，そこから昭和の破壊の種がまかれてしまった。アジア太平洋戦争のときも，かつて日本よりもうんと強大なロシアと戦争をやって勝てたではないかと考えた。しかし条件が違うのである。日露戦争のときには，イギリスやアメリカは日本に戦費を貸し付けてくれた。借金して戦った戦争であった。表面的な成功体験だけにとらわれているので，かつてロシアに勝ったように，アメリカにも勝てるのではないか，というように，歪んだ歴史認識が無謀な路線決定につながってしまったわけである。

戦後70年以上経ったが，戦争と植民地支配の処理はいまだ終わっていない。日韓関係でもそうである。請求権協定が結ばれてみんな解決したのだと言われているが，日韓基本条約も日韓請求権協定も，議論が必要な面倒くさいことはみんな先送りにしただけである。しかも，日本側は「経済援助」はしているが，それは当時の韓国の独裁政権を支えただけで，被害者への補償はなされていない。そして，忘却こそが罪悪である。

私たちは、近代日本の歴史における戦争・植民地支配・人権抑圧を3点セットとして認識する必要がある。この3つは，密接につながっている。戦争は，植民地支配の拡大をめざして遂行されたものであり，戦争と植民地支配は、本国と植民地における反対派への弾圧、民衆への統制・動員を不可避のものにした。

私たちは，豊かな平和教育を構築しなければならない。自虐と反省とは違う。自虐は何も生み出さない。歴史認識は一筋縄ではいかず，どうしても他国と衝突するが，それを認識したうえで，共通の土台となるべき歴史的事実，起こったことをきちんと究明する，事実と正面から向かい合う，ということが大事である。

## 私たちの歴史認識の歪みはどこから形成されるかの自覚を

近現代150年間というもの，日本は脱亜入欧という考え方に基づいて，結局欧米に与して軍事同盟路線でやってきた。明治時代は日英同盟，アジア・太平洋戦争中は三国同盟，戦後は日米同盟である。自分で考えなくても，おれのうしろには強いのがついているぞ，ということでずっとアジアとの関係を処理してきた。それ自体，アジア諸国とのつきあい方を間違ってきた歴史だったといえる。しかし，もう条件が違う。アジアの状況というのは150年間の日本人の経験ではなかったことが起きているため，それをきちんと歴史をふり返って，私たちの歴史認識の歪みがどこから形成されているのかを自覚することが大切である。その自覚がないと，歴史認識における衝突は，何ものも生み出さず，ただナショナリズムの衝突だけに終わってしまう。歴史認識における衝突を，相互の対話と理解の促進を通して，近隣諸国との対等・平等な関係性の構築へと結びつけることが重要だ。

**参考文献** --------------------------------------------------------------------------------

　山田朗『日本の戦争──歴史認識と戦争責任』新日本出版社，2017年

（山田　朗）

戦後歴史教育と新科目「歴史総合」

# 1 「歴史総合」の新設と歴史教育の課題

## （1）新高等学校学習指導要領と高校「社会科」

**未来社会（Society 5.0）に向けた「資質・能力」の育成**

　2018年3月30日に告示された新高等学校学習指導要領は，教育内容（学習内容）にとどまらず，教育方法（学習方法），学習評価にまで及び，これまでの学習指導要領の性格を大きく変えている。このことは，学習指導要領を「大綱的基準」として「教師による創造的かつ弾力的な余地」を認めた1976年の最高裁学力テスト判決からも逸脱し，教育課程編成に対する「不当な支配」をいっそう強めるものになっている。

　こうした学習指導要領の性格の変化は，2006年の教育基本法の改定によってもたらされた。改定教育基本法では，教育の目的に「必要な資質を備えた」国民の育成という文言が入り，教育の目標に「我が国と郷土を愛する」という愛国心条項が加わった。このことが新しい学習指導要領に色濃く反映され，何を教えるのかよりも，どのような資質・能力を育てるのかに重点が置かれることになった。そして，その資質・能力は，①知識及び技能，②思考力，判断力，表現力等，③学びに向かう力，人間性等の3つからなり，その「頂点」をなすのが③の「学びに向かう力，人間性等」である。「人間性」といった人間の生き方に関わることまでが「教育課程の基準」として定められたのである。

「育成すべき資質・能力の三つの柱」

学びに向かう力
人間性等

どのように社会・世界と関わり，
よりよい人生を送るか

「確かな学力」「健やかな体」「豊かな心」
を総合的にとらえで構造化

何を理解しているか
何ができるか

知識・技能

理解していること・
できることを
どう使うか

思考力・判断力
・表現力等

　新高等学校学習指導要領は，この3つの資質・能力を盛り込んだために，きわめて複雑でわかりにくいものになった。さらに，「新しい時代に必要となる資質・能力」（傍点は引用者）が必要だとして，教科・科目を多く新設し，主体的・対話的で深い学び（アクティブ・ラーニング）やPDCAサイクルで管理するカリキュラム・マネジメントを導入したので

ある。

　では，「新しい時代」とはどのような社会を指すのだろうか。中央教育審議会の答申は2030年の社会を「予測困難な時代」だとした。そして，その「予測困難な時代」について，新高等学校学習指導要領の「解説」は，「Society 5.0とも呼ばれる新たな時代の到来が，社会や生活を大きく変えていくとの予測もなされている」と説明し，「予測困難」だが「新たな価値を生み出していく」社会だとしている。

　新高等学校学習指導要領の告示後の2018年6月，文部科学省は「Society 5.0に向けた人材育成〜社会が変わる，学びが変わる〜」を公表した。ここでは「公正に個別最適化された学び」など，新しい時代に即応したエリート人材をいかに育成するのかが提言されている。そして今後の教育政策の方向性は「Society 5.0の姿をしっかりと見据えつつ，決して浮き足立つことなく着実に新学習指導要領の理念を実現する」ことにあるという。Society 5.0の未来社会は，いわば「仮想社会」である。その「仮想社会」に向けた人材育成のために新しい学習指導要領があることを明確に物語っている。

　　＊　Society 5.0とは，狩猟社会（Society 1.0），農耕社会（Society 2.0），工業社会（Society 3.0），情報
　　　　社会（Society 4.0）に続く未来社会を超スマート社会（Society 5.0）とする考え方。内閣府は「サイ
　　　　バー空間（仮想空間）とフィジカル空間（現実空間）を高度に融合させたシステムにより，経済発展と
　　　　社会的課題の解決を両立する，人間中心の社会（Society）」であると説明している。

## 高校「社会科」の改変と「教科書検定基準」の改定

　今回の学習指導要領改訂は，1989年の高校社会科の「解体」（地理歴史科と公民科に分離）以来の大きな変化である。各2単位の必履修科目として「歴史総合」「地理総合」「公共」の3科目が新設された。地理歴史科では，世界史必修を廃止して「歴史総合」「地理総合」を新設し，選択科目は「地理探究」「日本史探究」「世界史探究」となり，すべてが新科目となった。

　公民科では，「現代社会」を廃止して「公共」を新設した。新科目「公共」は，道徳教育の「中核的な指導」をおこなう科目と位置づけられ，高校版「道徳科」ともいわれている。その内容は，日本国憲法の国民主権，基本的人権，平和主義を学習するのではなく，法や規範の意義と役割，国家主権，領土，安全保障と防衛，国際貢献を含む国際社会におけるわが国の役割など，時の政権の価値観や基本政策に沿った学習事項が列挙されている。このように，社会の規範と社会に適応する態度を育てることが前面にあらわれ，系統的な憲法学習，経済学習は大幅に後退している。

　今回の学習指導要領は，領土問題について多く言及している。「地理総合」では「竹島や北方領土が我が国の固有の領土であること」「尖閣諸島については我が国の固有の領土であり，領土問題は存在しないこと」，「歴史総合」では「領土の画定などを取り扱うようにすること。その際，北方領土に触れるとともに，竹島，尖閣諸島の編入についても触れること」，「公共」では「我が国が，固有の領土である竹島や北方領土に関し残されている問題の平和的な手段による解決に向けて努力していることや，尖閣諸島をめぐり解決すべき領有権問題は存在していないこと」を取り扱うとしている。政府見解のみを扱ったり，

「領土問題は存在しない」といった立場では，「多面的・多角的な考察や深い理解」ができるはずもない。

　また，学習指導要領改訂に合わせて「教科書検定基準」も改定された。「教科書検定基準」は 2014 年に，①未確定の時事問題で特定の事柄を強調しない，②近現代史で通説的な見解のない数字はその旨を例示する，③政府見解や最高裁判例がある場合は反映させる，の 3 点が改定されたが，今回新たに「多様な見解のある社会的事象の取り上げ方に不適切なところはなく，考えが深まるよう様々な見解を提示する」ことが追加された。こうした改定検定基準が，教科書の記述内容に影響を与えることが懸念されている。

## （2）「歴史総合」と近現代史学習

### 「期待・可能性」と「危惧・懸念」

　新科目「歴史総合」について，これまで多様な意見が交わされてきた。「期待や可能性」を込めた論文や報告もあれば，「危惧や懸念」を表明するものも少なくなかった。そして，歴史研究者のなかから「歴史総合」に期待や可能性を論じる傾向があったことも特徴的であった。このことは，日本学術会議の「歴史基礎」の提言と無関係ではない。

　日本学術会議は，世界史未履修問題，日本史必修化の動き，「知識詰め込み型」の教育の現状を打開するために新科目「歴史基礎」の創設を 3 回（2011, 14, 16 年）にわたって提言した。これを受けて日本歴史学協会は「日本史と世界史の統合教科としての『歴史基礎』の設置と必修化については，限られた高校教科教育の時間を前提とした場合ほとんど唯一の取り得る方向性に思われる」との見解（2015 年 3 月）を発表した。

　しかし，日本学術会議の提言した「歴史基礎」と中央教育審議会が構想する「歴史総合」とのあいだには大きな差異が生まれてきた。そして，「歴史総合」の内容が明らかになるにつれて，学校現場から懸念や疑問が出されてきた。とりわけ，高校世界史の教員からの批判が多くあった。世界史必修が廃止され，「歴史総合」が新設されることによって，世界史を学ぶ生徒が激減し，戦後歴史教育が追究・創造してきた世界史像や世界史認識の自主的形成が途絶することへの危機感からである。

　また，「歴史総合」は「日本史と世界史を統合した科目」といわれてきたが，新高等学校学習指導要領では「近現代の歴史の変化に関わる事象について，世界とその中の日本を広く相互的な視野から捉え，現代的な諸課題の形成に関わる近現代史の歴史を理解」し，「日本国民としての自覚，我が国の歴史に対する愛情」を深める科目となった。「近代化」「大衆化」「グローバル化」という特定の概念を使用する近現代史については，当初から多くの批判があったが，この 3 つの概念を使った近現代史のとらえ方になった。それゆえ，日本史や世界史とは異なる科目となる可能性があり，これまでとは違った歴史教育に転換する危うさがある。

### 歴史学と歴史教育に依拠した近現代史学習

　では，「歴史総合」は具体的にどのような近現代史を描こうとしているのだろうか。それは，18世紀から帝国主義までを「近代化と私たち」，2つの世界大戦を「国際秩序の変化や大衆化と私たち」，戦後世界を「グローバル化と私たち」でとらえる近現代史である。しかも，歴史の大きな変化を「近代化」「大衆化」「グローバル化」でとらえようとするのが特徴であるが，その3つの概念が何を意味しているのかは示されていない。また，基本的に前近代史を学ぶことがなく，近現代史もこれまでのような時系列に沿った「通史」ではない。このように，これまでの歴史学や歴史教育の学問体系とは異なった近現代史の構想となっている。

　こうした歴史のとらえ方で描かれる近現代史が，生徒の歴史認識の形成にどのような影響を及ぼすのかも危惧される。たとえば，「近代化と私たち」の(3)国民国家と明治維新では，「日本の近代化や日露戦争の結果が，アジアの諸民族の独立や近代化の運動に与えた影響とともに，欧米諸国がアジア諸国へ勢力を拡張し，日本が朝鮮半島や中国東北地方へ勢力を拡張したことに触れ」るとある。これでは日本の近代化や日露戦争がアジアの国々を独立させたとして「近代化」を礼賛し，朝鮮や中国への侵略を正当化する歴史認識になりかねない。2つの世界大戦を「国際秩序の変化」や「大衆化」の側面だけでとらえることは困難であり，戦後世界を「グローバル化」で理解することも，パレスチナ問題や中東戦争，北東アジアの平和と歴史などの学習は欠かせないものである。

　また，近現代史学習において今日の「現代的な諸課題」を学ぶことは重要である。国内外の貧困と格差，移民と難民の問題，地域紛争と地域統合，地球環境問題，核兵器，沖縄，憲法，戦後補償などを「現代的な諸課題」の主題として設定することは可能である。戦後補償の問題については，日本の植民地支配の責任，戦争責任についても言及する必要がある。

　戦後歴史教育には，こうした近現代史学習についての貴重な財産がある。世界史と日本史の統一的把握，歴史認識・世界史認識の形成などについても論議を積み重ねてきた。日本・韓国・中国の教師や生徒との交流も様々な形でなされている。「自国史と世界史」「東アジアの中の日本」という視点も大切にしてきた。こうした歴史教育の成果を継承・発展させるために，新高等学校学習指導要領で示された「歴史総合」を批判的に考察し，「歴史総合」の授業をどう創造するのか，私たちに問われている。


## （3）歴史教育と「主体的・対話的で深い学び」

### 「アクティブ・ラーニング」から「主体的・対話的で深い学び」へ

　「アクティブ・ラーニング」は，もともと，2012年の中教審答申（「新たな未来を築くための大学教育の質的転換に向けて」）において，大学が「生涯学び続け，主体的に考える力」を育む高等教育の場として機能していくために，学士課程教育の質的転換の中心として提起されたものであった。そこでは，「知識の伝達・注入を中心とした授業から」，「学生が主体的に問題を発見し解を見いだしていく能動的学修（アクティブ・ラーニング）への転換」

が唱えられ，施策用語としての「アクティブ・ラーニング」は，「発見学習，問題解決学習，体験学習，調査学習等が含まれるが，教室内でのグループ・ディスカッション，ディベート，グループ・ワーク等も有効な」方法と規定された。

　しかし，「アクティブ・ラーニング」の定義が多義的で概念が成熟していないなどの理由から，「主体的・対話的で深い学び」という表現が前面に打ち出され，強調されるようになった。そこには，「活動あって学びなし」というような活動主義への危惧があり，「主体的・協働的な学び」としての「アクティブ・ラーニング」では，教科学習の理解の質が低下するのではないかという懸念をも看て取ることができる。「主体的・対話的」な「学び」だけではなく，「深い学び」が追加されていく理由にもなっているが，後述するように，歴史学習において，その「深い学び」をどう実践的に提起できるのかということが，歴史教育にも，そして，歴史研究にも問われていくことになる。

## 何のための「主体的・対話的で深い学び」なのか

　グループ・ディスカッション，ディベートなど，本来は，一つの学習方法にすぎないにもかかわらず，それ自体を実施することが目的となってしまい，「手段の自己目的化」へと陥ってしまう風潮が見られた。それが，「アクティブ・ラーニング」が活動主義へと流れていく要因でもあった。その意味では，まず，何のための「主体的・対話的で深い学び」なのかという点を慎重に考察・吟味しながら，進めていくことが求められている。さらに，この点に関わっては，教育課程全体から，教科・科目，単元，時間など，いくつものレベルで，「何のためなのか」，その妥当性を真剣に検討する必要がある（「目的と手段の媒介」）。

　さらに，注意すべきは，これまでの学習指導要領は，何を教えるべきかという教育内容を軸に編成され，付随的に教育方法や評価なども規定されたが，今回は，育成されるべき「資質・能力」を軸に編成され，それを獲得するために教育内容と教育方法・評価が規定されているということになる。まさに，「教育課程全体を通して」あるいは，「単元や題材など内容や時間のまとまりを見通して，その中で育む資質・能力の育成に向けて，主体的・対話的で深い学びの実現に向けた授業改善」が唱導されるのである。

## 「歴史的な見方・考え方」を鍛える

　「主体的・対話的」とセットになって「深い学び」が強調され，この「深い学びの鍵」として，「見方・考え方」を働かせることが重視されていることは注目してよい（この点が，教科学習の本質的な意義と位置づけられている）。「歴史総合」でいえば，「時期，年代など時系列に関わる視点，展開，変化，継続など諸事象の推移に関わる視点，類似，差異など諸事象の比較に関わる視点，背景，原因，結果，影響，関係性，相互作用など事象相互のつながりに関わる視点，現在とのつながりなどに着目して，比較したり，関連させたりして社会事象を捉えること」として整理された部分になる。

　これらを参考にしながら，「歴史的な見方・考え方」を豊かなものに鍛えていくことが

必要になってくる。それは，様々な主題に関わって，あるいは，様々な歴史事象・出来事に関わって，そして一つの史・資料に関しても，「歴史的な見方・考え方」をすれば，それらが，よりいっそうよく見えるようになるということを具体的な実践として提起するということであろう。

　試みに，日英同盟を風刺した「火中の栗」（『中央新聞』1903年）を取り上げて，「歴史家のように読む」という視点でアプローチしたことがある。これは，コサック兵（ロシア）が調理している栗（韓国）を，紳士（イギリス）に少年（日本）が取ってこいとそそのかされている様子を示した，著名なものである。しかし，定番の教材であっても，「歴史家のように」この出典を読み解いてみれば，左側に英文のキャプションが示され，『中央新聞』のオリジナルではないことがわかる。実は，原図は，オランダの風刺画家ジョアン・ブラーケンシークが描いたもの（『アムルテルダーメル』誌）であり，その後，イギリスの『評論の評論』誌に転載されたものであることがわかる。とすれば，この風刺画は，日本国内で日英同盟をどうとらえていたかというレベルの問題ではなく，日露戦争直前の国際関係を，オランダで，イギリスで，そして世界でどうとらえていたかということを示すものであり，日英同盟を，世界史的な出来事として，あるいは，情報の世界的な広がり，同時代性を示すものとして意味づけることができる。

　こうした試みが，様々なレベルで，実践されていくことが必要なのではあるまいか。新たな教材開発というレベルを超えて，歴史研究の方法的視点を組み込みながら，生徒とともに，主体的・対話的に学びながら，新たな実践をつくっていく。端的にいえば，どのような見方・考え方をすれば，歴史が，社会が，よく見えるようになるのかという，きわめて根本的なことが，私たちに問われているのである。

**参考文献** --------------------------------------------------------------------------------

　「特集　高校『社会科』の改変」『歴史地理教育』2018年7月号
　今野日出晴「アクティブ・ラーニングという眩惑」『歴史評論』2016年3月号
　同「内面化される『規範』と動員される『主体』」『歴史評論』2019年4月号
　同「歴史家のように読む――時代の文脈をとらえる」『教育科学　社会科教育』2019年9月号
　米山宏史「学習指導要領の改訂と高校『社会科』教育の課題」『歴史学研究』2019年1月号

（河合美喜夫　(1)(2)／今野日出晴　(3)）

# 2 世界と日本をむすぶ近現代史とは

## （１）世界史と日本史の統一的把握

### 「統一的把握」をめぐる２つの側面

　従来の高等学校学習指導要領では，「世界史」と「日本史」は一貫して別の科目として扱われてきた。その一方で，上原専禄，吉田悟郎等による「世界史と日本史の統一的把握」を重視する考え方も 1950 年代から登場し，くり返し主張されてきていた。

　新科目「歴史総合」は一見したところ，世界史と日本史を合わせた内容になっているかのように見える。しかし，そこに示されている具体的な項目を見ると，「統一的把握」といえるようなものではない。なぜなら，日本に関する事項が，開国，明治維新，大日本帝国憲法，日清・日露戦争というように国家や政府の動きに関する事項のみで，民衆の生活や行動にふれていないからである。

　そのために，日本という国が様々な試練を乗り越えて，世界の流れに適応して近代化と工業化を達成してきたという成功の物語になっており，工業化を担った低賃金労働者とその背後にある零細小作農の苦しみは見えてこない。世界の各地で多くの犠牲者を出した戦争や植民地侵略による加害や被害についても，欧米列強を軸にした国際的な動きの現れの一つとして扱われているにすぎない。

　吉田悟郎は「世界史と日本史の統一的把握」について，２つの側面があることを指摘して，両面から見ていく必要があるとしている。第１の側面は，日本の各地域や人びとのなかには全日本的な問題，東アジア的な問題，さらに全世界的な問題が凝集され混在しており，同一の問題性が全世界を貫いているというとらえ方である。学習指導要領のとらえ方には，この点と共通する面もあるが，被害者や弱者の存在が切り捨てられている。

　第２の側面は，各地域や人びとの主体的な営みが日本の全体を形づくり，日本を含む東アジアその他の地域世界の有機的・複合的構造体として全世界が構成されており，全世界的な問題の現われ方やそれを受けとめる条件も各地域や国々によって異なるとして，それらの問題にとりくむ各地域の民衆の主体的な行動を重視するとらえ方である。[*]

　＊吉田悟郎『自立と共生の世界史学──自国史と世界史』青木書店，1990 年

　吉田は第１の側面についての意義は認めたうえで，第２の側面の重要性を強調している。そこでは，「世界史」とは世界全体という意味ではなく世界の各地域，各国々に暮らす人びとの個別の歴史を総合した概念として用いている。この主張のねらいは，世界史教育における欧米中心の世界史像と，日本の民衆の主体性を軽視した，支配者にとっての対外関係を軸とする日本史の扱い方とを批判し，それを克服する方向を示すことにあった。

### 他者の視点から問い直す

　日本における個人や地域の主体的な営みのなかに世界史との関わりを見出していくため

には，生徒たちの暮らす地域の歴史にふれるフィールド・ワークなどを利用して，世界と関係の深い出来事や世界の動きと向き合ってきた当該地域出身の人びとの存在に目を向ける必要がある。最近になってこうした学習の必要性が認識されて，各地で様々なとりくみが始まっている。*

＊桃木至朗監修，藤村泰夫・岩下哲典編『地域から考える世界史──日本と世界を結ぶ』勉誠出版，2017 年

　また，世界の各地域，各国々によって人びとがそれぞれに独自な課題にとりくみ，今日の社会をつくりあげてきている点を重視し，そうした動きに対して日本の人びとや政府がどのように向き合ってきたのか，世界の各地域の人びとが日本の対応をどのように受けとめたのかに注目する必要がある。

　ところが，日本の国内では第二次世界大戦による惨禍について，民衆がこうむった被害について語られることは多いが，東アジアや東南アジアの人びとが日本軍による加害の犠牲になって苦しめられたことが話題になることはほとんどなかった。

　その結果は，日本人とアジア諸国の民衆の歴史認識の大きな違いを生み出している。そのため，韓国では日本軍「慰安婦」や元徴用工の問題について，条約等によって問題は解決済みと見なす日本政府の姿勢に対する不信感が高まっている。

　「世界史と日本史の統一的把握」のためには，日本人の考える世界史認識を他者（世界の各地域，各国々や，そこで暮らしている人びと）の視点から問いなおしていくことが必要である。そのためには，世界の異なる地域，異なる国々の人びととの対話（直接に顔を合わせて話し合う場合だけではなく，相手の考えを知る機会をつくることも含めて）を通して，歴史的な問題も含めて，様々な見方の違いに気づき，その違いを認めたうえで，相手とどのように向き合っていけばよいかを考えていかなければならない。

　韓国に行ったことがなくても，在日韓国・朝鮮人と出会う機会は少なくない。留学生や労働者として日本に暮らしている外国人も急増している。生徒たちの身のまわりでも，世界の様々な地域との関わりを持った人びとがいることだろう。世界史は自分とは関係がないと思っている生徒たちがこうした現実に気づいていけるようにすることが大切である。

## （2）世界史と自国史の課題

### 社会科教科書攻撃から，比較史・比較歴史教育研究会の誕生へ

　1970 年代を通じ日本経済は「低成長下の成長」を遂げ，GNP 世界第 2 位を実現，政府および財界はその成果を謳歌するとともに，高校の社会科教育を通じて現状肯定的な意識の定着を図った。1978 年に高校の学習指導要領を改訂し，新たに「現代社会」という必修の新科目を設けた。それと並行して政財界に一部のマスコミ，学者が協力するなかで，今までの「社会科」教科書への攻撃を始め，アジアで唯一「近代化」に成功した日本＝「自国」礼賛の姿勢のキャンペーンを開始した。

　その流れのなかで，高校の歴史教科書に対して「書かせる検定」が強化され，歴史教科書の記述への修正要求となり，1982 年 6 月の新聞紙上に，東アジア・東南アジア諸国へ

の「侵略」という表現が「進出」と修正されたことなどが報じられた。教科書執筆者や近隣諸国は一斉に反発し，中国・韓国を中心に文部省による修正への批判が展開され，一挙に国際問題化していった。これに対し政府は，文部省ではなく内閣官房を中心に，近隣諸国への配慮を談話という形で出すことにより事態の収拾を図ったが，後に「日本を守る国民会議」や一部マスコミを中心とする誤報キャンペーンの動きへと連なっていき，その延長線上に1995年に結成される藤岡信勝を中心とする自由主義史観研究会の運動へと連なっていった。

　これらの動きと前後して，歴史研究者・教育者のあいだから，日本の歴史を一国史的に，「近代化」に成功した国として見るのではなく，世界史の動きと連動させて相対的に見ていくべきとの姿勢が話し合われた。そのきっかけとなったのが，1983年春に開催された第1回日米歴史学会議であった。主催責任者の成瀬治はこの会議について「いわゆる『西欧中心主義』とならんで『自国（自民族）中心主義』を克服することの必要をわれわれに教えた。また，思考が空廻りせぬためには，少なくともアジア諸国の歴史教育の具体的なありかたと直接に触れ，教科書の分析・検討と人的交流が積極的に行われなければならないであろう[*]」と提言し，その流れのなかで比較史・比較歴史教育研究会が発足し，同会を中心にその後4回にわたる東アジア歴史教育シンポジウムが企画・実行された。この動きは日韓・日中の歴史教育の相互交流となって，現在に至っている。

　＊　比較史・比較歴史教育研究会編『自国史と世界史──歴史教育の国際化をもとめて』未来社，1985年

　ここで問われたことは，2度の世界大戦を経た世界が獲得した平和・民主主義・人権などの普遍的な原理を基とし，「世界史」のなかに「自国史」を位置づけようと努力してきた戦後の社会科教育の流れをふまえた歴史教科書に対し，先に挙げた文部省を中心とする日本の「近代化」を無条件に礼賛する自国中心主義的な歴史のとらえ方や，歴史修正主義的な歴史教科書に，歴史教育の現場はどう向き合うかの問題であった。

## 世界史未履修問題と「世界史」「自国史」のあり方──「歴史総合」をめぐって

　2006年秋，世界史未履修問題が発覚し，それを機に世界史教育のあり方のみならず，歴史教育全般，授業方法論，入試のあり方などについて，日本学術会議や文科省も加わり百家争鳴，歴史教育の現場は激動期を迎えた。そのようななかで，今までの歴史教育は板書中心，講義中心，穴埋め中心の暗記を強いるものであって，歴史的な思考力は育たないのではないかとの主張が声高に議論されるようになった。文科省も1980年代後半の臨時教育審議会答申以来なかなか実行に移されなかった「新しい学力観」「生きる力」「総合的な学習」「確かな学力」などを教育現場に定着させる絶好のチャンスととらえ，学習指導要領の改訂に乗り出した。と同時に，今までの世界史必修に対し，「日本人である高校生になぜ必修で日本史を学ばせないのか」という日本史必修論も台頭しはじめた。研究者や現場の教師の側でも，歴史教科書における用語数の縮小，教師の側からの歴史の授業方法論の見なおし，歴史教科書のあり方などを問題点として指摘すると同時に，高大連携歴史教育研究会をはじめ，いろいろな研究会が授業実践報告を中心に活動を活発化していった。

そのような動きのなかで，2018年3月に新しい高等学校学習指導要領が告示され，必修の「世界史」に代わって，「歴史総合」の新設が決定された。文科省の説明では「歴史総合」は「世界とその中の日本を広く相互的な視野から捉え，現代的な諸課題の形成に関わる近現代の歴史を理解……」と記されているが，それに続けて「多面的・多角的な考察や深い理解を通して涵養される日本国民としての自覚，我が国の歴史に対する愛情，他国や他国の文化を尊重することの大切さについての自覚……」というとらえ方をしている。力点の置き方次第で「自国史（自民族）中心主義」を鼓舞する危険性が読み取れる。

　このとらえ方は，果たして今まで培ってきた「世界史」のなかの「自国史」の位置づけの論議を継承し，「自国中心主義」を克服する方向といえるであろうか。今までの戦後歴史教育の何が問題であって，何を継承していくべきか。昨今，世界的にも自国（自民族）中心主義，マイノリティの排除が横行し，歴史修正主義的な歴史観が声高に叫ばれているなかで，生徒たちに自ら考え，判断できるような歴史的思考力を育み，近隣諸国のみならず世界中の国との共生をめざすような歴史教育はいかにしたら可能か。問題は，授業方法を史資料の解釈や討論形式，発表形式にすれば解決するというような単純なものではない。いかにしたら生徒たちに相対的に物事を見る眼を養えるのか，物事を歴史的にかつ他の国々との比較史的な方法論によって考えることにより何が見えてくるのか，「世界史」のなかに「自国史」を位置づける試みは，まだ始まったばかりである。

# （3）東アジア（日中韓）の歴史教育

## 隣国，隣国史へのまなざし

　1990年代頃までの日本，中国，韓国の3国の歴史教育には，共通点があった。①自国史と世界史を別々の科目，教科書で教えること。②中学校と高校の両方で古代から近現代までを反復学習すること。③歴史教科書における隣国史に関わる記述が，ヨーロッパやアメリカといった他地域の歴史よりも少ないこと。④熾烈な受験戦争が存在しており，暗記偏重の歴史教育がおこなわれてきたことである。

　こうした特徴は，冷戦のなかで分断国家の朝鮮半島と，中国と台湾の両岸問題といった政治的，地理的な隔たりと相まって，各国における自国中心で隣国への理解の乏しい歴史教育を生み出し，近現代史における戦争，植民地支配の歴史や当事者の声が，他国や他者に伝わりにくい状況が，歴史認識の溝として存在していた。

　なかでも歴史認識の溝の象徴として問題が顕在化したのが，日本の歴史教科書における記述内容であった。そうした状況のなかで，他国はどのような歴史教育をおこなっているのか，授業で何を教えているのかへの関心が，各国で高まっていった。

## 変化する歴史教科書・歴史教育

　中国や韓国の歴史教科書は，かつて国定制であった。つまり，国が定めた同一記述，同一教材について，全国の子どもたちが世代を超えて学んできたことになる。国定教科書を

使う場合，どうしても，自国中心で画一的な授業内容や教授方法に陥りがちであった。

　ところが，1990年代に入ると，中国，韓国を問わず，検定教科書の導入へと移行していった。これは，国家によって管理，独占されてきた教育政策や歴史教科書の編纂に，研究者や教育者，保護者が関わったり，影響を与えたりするようになったことを意味している。また，受験に役立たないとされた教科書は刊行数が減少するなど，市場経済のなかで売れ行きに左右されるようにもなっていった。

　中国では，1990年代から上海において，自国史と世界史を一つにした歴史教科書がつくられ，授業で使われてきた。現在では，北京で編まれた全国で使える全国版教科書と，上海や広東，四川などで独自につくられ使用されている地方版教科書とが共存している。

　韓国でも，自国史を世界史に位置づけなおし，東アジア史を模索する科目として，2012年から高校の選択科目として東アジア史が設置され，新しい教科書が活用されている。

　このように歴史教科書が変化するにつれて，中国であれば文化大革命の歴史的な評価，韓国であればベトナム戦争における韓国軍のベトナム人への加害行為など，自国にとって向き合うことが難しい歴史を問いなおすきっかけにもなってきた。日本では2022年度から「歴史総合」が新科目として登場し，新しい教科書も使われるようになる。中国や韓国のように，自国史を問いなおす貴重な機会となるであろう。

### 共同歴史教材の作成，授業交流から自国史の問いなおしへ

　1980年代から，日本と韓国とのあいだには，歴史教科書の内容を共同して分析したり，自国でおこなった授業内容を紹介，検討したりするとりくみが始まった。いずれも，その後，共同歴史教材の作成や，両国の教員が他国の教室で生徒たちに授業をおこなう授業交流へとつながっていった。

　今日までに，日本と韓国とのあいだで作成された共同歴史教材は，6種類7冊。日本と中国，韓国との3ヵ国のあいだには，2種類3冊がある。このうち日中韓共同歴史教材は，編纂活動を続けており，2021年に新しい共同歴史教材を刊行する予定である。

　日本と韓国との授業交流は，日本の日韓教育実践研究会と韓国の慶南歴史教師の会を例にすると，すでに四半世紀の経験があり，小学校・中学校・高等学校と校種を問わずおこなわれている。日本と中国との授業交流は，歴史教育者協議会・日中交流委員会の場合，南京の金陵中学・南京市第一中学（ともに日本の高校に相当）との交流が5年以上続いている。

　日韓であれ，日中であれ，授業交流では，自己や自国の歴史認識，歴史教育を問いなおし，他者との対話を通じた授業づくりが模索されている。それは，一国史やヨーロッパ中心史観を超えて各地域の関係史や交流史を重視しつつ，さらには政治外交史だけでなく文化史や思想史，人物交流史に力をそそいでいる。また，教員による板書と説明に終始する授業スタイルではなく，班活動や班発表をおこなうなど，生徒一人ひとりの学びは，生徒と生徒との学び合いのなかから生まれるという視点が大切にされている。

日本と中国，韓国の歴史教育や歴史教科書は，近年，大きく変容を遂げ，それぞれを鏡とした授業や教材づくりが可能になってきている。この３ヵ国だけでなく，東アジアには日本の戦争と植民地支配という歴史が今も暗い影を落としているが，授業交流などを参考に，自国だけでなく他国の子どもたちとともにそうした歴史に向き合い，今を生きていることを実感する歴史教育が求められている。

**参考文献** --------------------------------------------------------------------------------

比較史・比較歴史教育研究会編『自国史と世界史──歴史教育の国際化をもとめて』未來社，1985年

鳥山孟郎「歴史教育における世界史認識をめぐる諸問題」歴史科学協議会編『歴史学が挑んだ課題──継承と展開の50年』大月書店，2017年

日韓教育実践研究会（日本）・慶南歴史教師の会（韓国）編集，三橋広夫編集代表『日韓共同の歴史教育──21世紀をきりひらく授業実践交流の軌跡』明石書店，2019年

（鳥山孟郎（1）／松本通孝（2）／齋藤一晴（3））

**編者　一般社団法人 歴史教育者協議会（略称　歴教協）**
戦前の教育への反省の中から 1949 年に結成され，以来一貫して日本国憲法の理念を踏まえた科学的な歴史教育・社会科教育の確立をめざし，その実践と研究・普及活動を積み重ねてきた。全国に会員と支部組織をもち，授業づくりの研究をはじめ，地域の歴史の掘り起こしやさまざまな歴史教育運動にもとりくむ。機関誌『歴史地理教育』を発行し，毎年夏には全国大会を開催している。2011 年 4 月より一般社団法人に移行した。https://www.rekkyo.org/

**本書編集委員　石出法太，河合美喜夫，関原正裕，丸浜 昭，米山宏史**

**執筆者（五十音順）**

| | |
|---|---|
| 飯塚真吾（いいづか　しんご） | 八千代松陰中学・高等学校教諭 |
| 石出法太（いしで　のりお） | 法政大学非常勤講師 |
| 石出みどり（いしで　みどり） | 東京都立大学非常勤講師 |
| 伊藤和彦（いとう　かずひこ） | 名古屋市立名東高等学校教諭 |
| 井ノ口貴史（いのくち　たかし） | 元・京都橘大学教授 |
| 河合美喜夫（かわい　みきお） | 中央大学法学部特任教授 |
| 久木山 咲（くきやま　さき） | 法政大学第二中・高等学校教諭 |
| 今野日出晴（こんの　ひではる） | 岩手大学教育学部教授 |
| 齋藤一晴（さいとう　かずはる） | 日本福祉大学教育・心理学部教員 |
| 周藤新太郎（すどう　しんたろう） | 千葉県立東葛飾高等学校教諭 |
| 関原正裕（せきはら　まさひろ） | 歴史教育者協議会副委員長 |
| 田城賢司（たしろ　けんじ） | 和歌山県立熊野高等学校教諭 |
| 手塚優紀子（てづか　ゆきこ） | 歴史教育者協議会会員 |
| 鳥山孟郎（とりやま　たけお） | 元・高等学校教諭 |
| 難波達興（なんば　たつおき） | 岡山県立矢掛高等学校非常勤講師 |
| 松本通孝（まつもと　みちたか） | 元・私立高校教諭 |
| 丸浜 昭（まるはま　あきら） | 歴史教育者協議会副委員長 |
| 山田 朗（やまだ　あきら） | 歴史教育者協議会委員長，明治大学文学部教授 |
| 米山宏史（よねやま　ひろふみ） | 法政大学中学高等学校教諭 |

DTP　編集工房一生社
装幀　森デザイン室

**世界と日本をむすぶ「歴史総合」の授業**

2020 年 5 月 22 日　第 1 刷発行
2022 年 10 月 15 日　第 3 刷発行

編　者　歴史教育者協議会（歴教協）

発行者　中川　進

発行所　株式会社 大月書店
　　　　〒 113-0033　東京都文京区本郷 2-27-16
　　　　電話（代表）03-3813-4651　FAX 03-3813-4656
　　　　振替 00130-7-16387
　　　　http://www.otsukishoten.co.jp/

印　刷　太平印刷社

製　本　中永製本

ISBN978-4-272-40597-8　C0337　Printed in Japan